Barriere- und diskriminierungsfreier Zugang zu öffentlichen Gaststätten

Europäische Hochschulschriften

Publications Universitaires Européennes
European University Studies

Reihe II
Rechtswissenschaft

Série II Series II
Droit
Law

Bd./Vol. 4648

PETER LANG
Frankfurt am Main · Berlin · Bern · Bruxelles · New York · Oxford · Wien

Uwe Jürgens

Barriere- und diskriminierungsfreier Zugang zu öffentlichen Gaststätten

PETER LANG
Internationaler Verlag der Wissenschaften

Bibliografische Information der Deutschen Nationalbibliothek
Die Deutsche Nationalbibliothek verzeichnet diese Publikation in der Deutschen Nationalbibliografie; detaillierte bibliografische Daten sind im Internet über <http://www.d-nb.de> abrufbar.

Zugl.: Kiel, Univ., Diss., 2007

D 8
ISSN 0531-7312
ISBN 978-3-631-57514-7

www.peterlang.de

Meinen Eltern

Vorwort

Die vorliegende Arbeit wurde im Sommersemester 2007 von der Juristischen Fakultät der Christian-Albrechts-Universität zu Kiel (Dekan Prof. Dr. Andreas Hoyer) als Dissertation angenommen. Die mündliche Prüfung fand im September 2007 statt. Literatur und Rechtsprechung sind bis Frühling 2007 berücksichtigt.

Mein besonderer Dank gebührt meinem hochverehrten Dokotorvater, Herrn Privatdozent Dr. Felix Welti, der mit der Arbeit ein praktisch relevantes und durch Gesetzgebung der letzten Jahre neu gestaltetes Thema angeregt hat. Seine zügige und detaillierte Würdigung meiner Entwürfe, die mir in persönlichen Gesprächen vermittelten Eindrücke und wertvollen Denkanstöße und die mir überlassene inhaltliche Freiheit haben das Zustandekommen der Arbeit entscheidend gefördert. Herrn Professor Edzard Schmidt-Jortzig danke ich herzlich für die zügige Erstellung des Zweitgutachtens.

Eine solche Arbeit ist stets nur möglich durch die ausdauernde Begleitung in der Zeit ihrer Entstehung. Ganz besonderer Dank gilt daher meinen Eltern Lena und Johann-Diedrich-Harald Jürgens. Während dieser Zeit haben sie mir stets mit Zuspruch, Rat und praktischer Hilfe zur Seite gestanden. Ohne ihre Unterstützung wäre diese Arbeit nicht möglich gewesen. Ihnen ist diese Arbeit gewidmet.

Kiel, im September 2007

Uwe Jürgens

Inhaltsverzeichnis

Einführung und Gang der Untersuchung 15

Erstes Kapitel

A. Allgemeiner Teil 21
I. Soziale Funktion der Gaststätte 21
II. Verfassungsrechtliche Einwirkungen auf das GastG 23
1. Struktur und normativer Gehalt des Art. 3 Abs. 3 GG 23
a. Begriff der Diskriminierung 24
aa. Diskriminierung iSd. Art. 3 Abs. 3 Satz 1 GG 24
bb. Diskriminierung iSd. Art. 3 Abs. 3 Satz 2 GG 26
cc. Zusammenfassung 26
b. Die Unterscheidungsmerkmale nach Art. 3 Abs. 3 Satz 1 GG 26
aa. Abstammung 27
bb. Rasse 27
cc. Heimat und Herkunft 28
dd. Keine kausale Benachteiligung 29
c. Art. 3 Abs. 3 Satz 2 GG 30
aa. Der verfassungsrechtliche Behinderungsbegriff 30
bb. Benachteiligung 31
d. Unterscheidung von unmittelbarer und mittelbarer Diskriminierung 32
aa. Unmittelbare Diskriminierung 33
bb. Mittelbare Diskriminierung 33
cc. Ausweitung des Art. 3 Abs. 3 GG auf mittelbare Diskriminierungen 34
2. Artikel 3 Absatz 1 GG 36
3. Wirkungsweise des Art. 3 Abs. 3 GG 36
a. Das verfassungsrechtliche Diskriminierungsverbot als Abwehrrecht gegen den Staat 37
b. Objektiv-rechtliche Schutzfunktion des Staates 38
aa. Staatliche Schutzpflicht aus Art. 3 Abs. 3 GG 38
(1) Prinzipientheorie 40
(2) Zwischenergebnis 41
bb. Inhalt der Schutzpflichten 41
B. Zusammenfassung 42

Zweites Kapitel

A. Völkerrechtliche Verpflichtungen aus dem Internationalen Übereinkommen zur Beseitigung jeder Form von Rassendiskriminierung 43
I. Anwendungsbereich des Art. 5 (f) RDK 44
1. Diskriminierung iSd. Rassendiskriminierungskonvention 45
2. Zwischenergebnis 46
II. Reichweite des Art. 5 (f) RDK 47
1. Kontrahierungszwang aus Art. 5 (f) RDK 47
2. Zwischenergebnis 48
III. Verbindlichkeit der RDK innerhalb der Bundesrepublik Deutschland 48
1. Innerstaatliche Geltung der Rassendiskriminierungskonvention 49
2. Unmittelbare oder mittelbare Anwendbarkeit des Art. 5 (f) RDK 50
a. Unmittelbare Anwendbarkeit 50
b. Mittelbare Anwendbarkeit 52
c. Zwischenergebnis 53
3. Umsetzung der Verpflichtung aus der RDK 53
4. Berücksichtigung der völkerrechtlichen Verpflichtungen aus Art. 5 (f) RDK in der Praxis 55
B. Zusammenfassung 56

Drittes Kapitel

A. Auswirkungen des Art. 3 Abs. 3 GG auf einfachgesetzliches Recht 57
I. Ausstrahlung auf die Privatrechtsordnung 58
1. Drittwirkung der Grundrechte 59
a. Keine Drittwirkung 59
b. Unmittelbare Drittwirkung 60
c. Mittelbare Drittwirkung 61
2. Zwischenergebnis 62
II. „Einbruchsstellen" in das Privatrecht 62
1. Mittelbarer Kontrahierungszwang 63
a. Definition 63
b. Gesetzlich geregelte Fälle des Kontrahierungszwangs 64
c. Kontrahierungszwang aus § 826 BGB 64
d. § 826 BGB als ausreichende gesetzliche Legitimation? 66
e. Allgemeines Gleichbehandlungsgesetz 69
2. Zwischenergebnis 70
3. § 1 GastG als hinreichende Gesetzesgrundlage 70
a. Auslegung des dem Bewirtungsvertrag zu Grunde liegenden Bürgerlichen Rechts unter Heranziehung von § 1 GastG 71

aa. Objektive Pflicht zur diskriminierungsfreien Bewirtung 71
(1) Wortlaut 71
(a) Bestimmter Personenkreis 72
(b) Kontrahierungszwang? 73
(c) Zwischenergebnis 74
(2) Historie und Regelungszusammenhang 75
(3) Verfassungskonforme Auslegung des dem Bewirtungsvertrag zu Grunde liegenden Bürgerlichen Rechts 76
(a) Abwägung zwischen Vertragsfreiheit und Diskriminierungsverbot 76
(b) Zwischenergebnis 79
bb. Subjektivierung der aus § 1 GastG erwachsenden Pflicht im vorvertraglichen Verhältnis des Bewirtungsvertrags durch §§ 311 Abs. 2, 241 Abs. 2 BGB 79
(1) Schutzpflichten als Nebenpflichten iSv. § 241 Abs. 2 BGB 80
(2) Keine Unmöglichkeit gemäß § 275 BGB 81
(3) Ausgleich nach § 249 Abs. 1 BGB 81
b. Zwischenergebnis 83
B. Zusammenfassung 83

Viertes Kapitel

A. Gefahrenabwehrrechtlicher Schutz vor Diskriminierungen 85
I. Die polizei- und ordnungsbehördliche Generalklausel 85
1. Diskriminierende Zutrittsverweigerung als Verstoß gegen die öffentliche Sicherheit 86
a. Unverletzlichkeit der Rechtsordnung 87
aa. Volksverhetzung, § 130 StGB 87
(1) Angriff auf Teile der Bevölkerung 88
(2) Schutzgut: öffentlicher Frieden 88
(3) Tathandlungen 89
(a) Aufstacheln zum Haß oder Auffordern zu Gewalt- oder Willkürmaßnahmen 89
(b) Angriff auf die Menschenwürde durch Beschimpfung, böswilliges Verächtlichmachen oder Verleumdung 90
(c) Verletzung der Menschenwürde 91
(d) Zwischenergebnis 92
bb. Beleidigung, § 185 StGB 92
cc. Belästigung der Allgemeinheit, § 118 OWiG 94

dd. Verstoß gegen Art. 5 (f) RDK 96
b. Individuelle Rechte und Rechtsgüter 98
2. Beeinträchtigung der öffentlichen Ordnung 99
3. Gefahrenlage 100
4. Durchsetzung der Gefahrenabwehrmaßnahmen 103
5. Zwischenergebnis 103
II. Gaststättenrecht 104
1. Historischer Überblick 105
2. Unzuverlässigkeit, § 4 Abs. 1 Nr. 1 GastG 106
a. Definition der Unzuverlässigkeit 107
b. Feststellung der Unzuverlässigkeit, §§ 15 Abs. 2 iVm. 4 Abs. 1 Nr. 1 GastG 108
aa. Verhältnismäßigkeitsprüfung 109
(1) Abmahnung 110
(2) Auflagen, § 5 GastG 110
bb. Zwischenergebnis 111
3. Gewerberechtliche Ermächtigungsvorschriften 111
III. Verhältnis des Gaststättenrechts zur polizeilichen Generalklausel 112
B. Zusammenfassung und Bewertung 113

Fünftes Kapitel

A. Barrierefreiheit im Gaststättengewerbe 115
I. Barrierefreiheit als Ausdruck der verfassungsrechtlichen Schutzpflicht 116
1. Erlaubtheit 117
2. Gebotenheit 118
3. Zusammenfassung 120
II. Begriff der Behinderung 120
1. Geschichtliche Entwicklung in der Bundesrepublik Deutschland 120
2. Begriff der Teilhabe 122
III. Der Behindertenschutz in sozialrechtlichen Regelungen 123
1. Sozialgesetzbuch IX 123
2. Das Gesetz zur Gleichstellung behinderter Menschen und anderer Gesetze 124
a. Für den Gaststättenbereich relevante Vorschriften des BGG 125
aa. Behinderung und Barrierefreiheit iSd. BGG 125
bb. Verbandsklagerecht, § 13 BGG 125
cc. Zielvereinbarungen zur Barrierefreiheit, § 5 BGG 125
b. Änderung des Gaststättengesetzes 127
c. Auswirkungen des BGG auf das Gaststättengesetz 127

aa. Gesetzgebungskompetenz zur Änderung des GastG 128
(1) Kritik des Bundesrats 128
(2) Stellungnahme 128
(a) Konkurrierende Gesetzgebung des Bundes nach Art. 72 Abs. 2 GG a. F. 129
(aa) Barrierefreiheit als Gegenstand der konkurrierenden Gesetzgebung gem. Art. 74 Abs. 1 Nr. 11 GG a. F. ? 129
(bb) Rechts- oder Wirtschaftseinheit 130
(cc) Erforderlichkeit 130
(b) Konkurrierende Gesetzgebung des Bundes nach Art. 72 Abs. 2 GG n. F. 131
(aa) Föderalismusnovelle 131
(bb) Übergangsregelung, Art. 125a GG 131
(c) Zwischenergebnis 132
bb. Bestimmtheit der Änderung des GastG 132
(1) Kritik des Wirtschaftsausschusses des Bundesrats 132
(2) Stellungnahme 133
III. § 4 Abs. 1 Satz 1 Nr. 2a GastG als zentrale Norm der Barrierefreiheit im Gaststättenrecht 134
1. Barrierefreiheit iSd. § 4 Abs. 1 Satz 1 Nr. 2a GastG 134
a. Wortlaut 135
b. Systematik 136
c. Normzweck 136
d. Zwischenergebnis 136
2. Zumutbarkeitsgrenze des § 4 Abs. 1 Satz 2 GastG 137
3. Stichtagsregelung nach § 4 Abs. 1 Satz 1 Nr. 2a GastG 138
4. Zusammenfassung 139
IV. Das bauordnungsrechtliche Gebot der behindertengerechten Gestaltung öffentlicher und öffentlich zugänglicher Gebäude 141
1. Individualschützende Wirkung bauordnungsrechtlicher Vorschriften zum barrierefreien Bauen 143
a. Wortlaut 144
b. Entstehungsgeschichte 144
c. Teleologische Auslegung 144
2. Zwischenergebnis 145
B. Zusammenfassung 146

Sechstes Kapitel

A. Das Allgemeine Gleichbehandlungsgesetz 149
I. Einführung 149
II. Entstehungsgeschichte des AGG 150
III. Anforderungen der RL 2000/43/EG im Bereich des Zivilrechts 152
1. Anwendungsbereich 152
a. Weite Auslegung 152
b. Einschränkende Auslegung 153
c. Stellungnahme 153
2. Sanktionen 154
IV. Umsetzung der inhaltlichen Vorgaben der RL 2000/43/EG durch den Gesetzesentwurf der Bundesregierung 154
1. Rechtliche Bewertung des AGG 155
2. Zwischenergebnis 158
B. Zusammenfassung 158

Schlussbemerkungen 159
A. Zusammenfassung der Ergebnisse 159
B. Abschließende Wertung 161

Literaturverzeichnis 163

Einführung und Gang der Untersuchung

„Ein Gaststättengewerbe im Sinne dieses Gesetzes betreibt, (...) wenn der Betrieb *jedermann oder bestimmten Personenkreisen zugänglich* ist" – so lautet die Vorschrift des § 1 Abs. 1 GastG, die zugleich das zentrale Problem der Arbeit aufwirft: Hat nunmehr jeder Besuchswillige einen Anspruch auf Zugang zur Gaststätte oder stehen das Hausrecht des Gastwirtes und die aus der Privatautonomie erwachsende Freiheit, sich seinen Vertragspartner selbst aussuchen zu können, dem entgegen? Diese Frage stellt sich in erster Linie bei diskriminierenden Zurückweisungen, mögen sie rassistisch motiviert sein oder in der mangelnden barrierefreien Ausgestaltung der Gaststättenräume gründen. Dass einzelne Mitglieder einer Gemeinschaft oder Gesellschaft bei ihrer Teilhabe am Leben in der Gemeinschaft und Gesellschaft und in ihrer Selbstbestimmung und Gleichheit beeinträchtigt werden, ist ein Phänomen, das die deutsche Gesellschaft wie auch jedes Land beschäftigt und vor Probleme stellt[1]. Die Gründe für Ungleichbehandlungen einzelner Menschen sind vielfältig, ebenso die sozialen Bereiche, in denen sie auftreten. Unzulässige Differenzierungen im Bildungswesen, im Arbeitsleben oder im kulturellen Bereich seien hier nur beispielhaft erwähnt. Mediale Beachtung fanden in den vergangenen Jahren insbesondere tätliche Angriffe, Brand- und Mordanschläge gegen „Fremde", seien es Asylbewerber, ansässige Migranten oder eingebürgerte Ausländer. Die Anschläge von Mölln, Solingen und Lübeck in den Neunziger Jahren stehen für diese aggressive Intoleranz in der Bundesrepublik Deutschland. Die Aggressionen richten sich dabei nicht nur gegen „Fremde", sondern in steigendem Maße auch gegen behinderte Menschen. Weniger im Fokus der Aufmerksamkeit stehen „alltägliche Diskriminierungen", die sich vor allem im alltäglichen Rechtsverkehr ereignen und denen sich potentiell jeder ausgesetzt sieht, der sich aufgrund bestimmter persönlicher Merkmale von der „Durchschnittsgesellschaft" unterscheidet. Zu unterscheiden ist zwischen einer *institutionellen* bzw. *staatlichen* Diskriminierung, der rechtliche Normen oder Aktivitäten staatlicher Einrichtungen zugrunde liegen, und einer *gesellschaftlichen* bzw. *privaten* Diskriminierung, die von Einzelpersonen und/oder sozialen Gruppen getragen wird.

Die vorliegende Arbeit untersucht mit der Problemstellung des öffentlichen Zugangs zu Gaststätten einen speziellen Bereich des kulturellen und gemeinschaftlichen Lebens, in dem typischerweise rassistische Zurücksetzungen oder Zurückweisungen wegen einer Behinderung anzutreffen sind. Die vertiefte Auseinandersetzung mit der „Zugangspolitik" zu Gaststätten findet ihre Berechtigung vor dem Hintergrund der sozialen Funktion der Gaststätte. Das gemeinschaftliche Leben ist geprägt von der Anbahnung und Pflege sozialer Kontakte,

---

[1] Vgl. speziell zur Rassendiskriminierung *Nickel*, Gleichheit und Differenz, S. 74.

die regelmäßig in Gaststätten als informeller Begegnungsstätte erfolgen. Der kommunikative Charakter sorgt für emotionale Stabilität und soziale Geborgenheit. Die Persönlichkeitsbildung und -entfaltung sowie die Formierung in der Gesellschaft sind im erheblichen Maße davon abhängig, welchen Platz der Einzelne in ihr einnimmt. Wird der Zugang zur Kultur und zum gemeinschaftlichen Leben durch Einlassverbote zu Gaststätten verwehrt, so ist der Einzelne in seiner sozialen Zugehörigkeit nachhaltig betroffen und gesellschaftlich zurückgesetzt. An dieser stellt sich die Frage, wie Diskriminierungen präventiv verhindert oder wirksam abgebaut werden können.

Es ist die Aufgabe des Gesetzgebers, durch Rechtsvorschriften die gleichberechtigte und diskriminierungsfreie Teilhabe am gesellschaftlichen Leben zu gewährleisten. Überlegungen zu einem „Antidiskriminierungsgesetz" bildeten bereits 1982 den Gegenstand der Schlussveranstaltung des 54. Deutschen Juristentages, allerdings stand zu dieser Zeit die Bekämpfung geschlechtsspezifischer Diskriminierung im Vordergrund[2]. Aktualität gewannen die Gesetzgebungsbemühungen durch den Erlass der sogenannten „Antidiskriminierungsrichtlinien" der Europäischen Gemeinschaft im Jahre 2000, die den Schutz vor Diskriminierung in verschiedenen Lebensbereichen zum Gegenstand hatten. Das Verbot der Rassendiskriminierung ist bereits seit langem als universell geltendes Recht anerkannt. Neben zahlreichen Spezialkonventionen besteht mit dem Internationalen Übereinkommen zur Beseitigung jeder Form von Rassendiskriminierung seit Mitte der Sechziger Jahre des vergangenen Jahrhunderts in der Völkergemeinschaft ein Vertragswerk, dass sich in Art. 5 (f) RDK zur Aufgabe gemacht hat, Rassendiskriminierung beim Zugang zu jedem Ort oder Dienst, der für die Benutzung durch die Öffentlichkeit vorgesehen ist, wie Verkehrsmittel, Hotels, Gaststätten, Cafés, Theater und Parks zu verbieten und Gleichheit vor dem Gesetz zu gewährleisten. Auf nationaler Ebene steht mit Art. 3 Abs. 3 GG sowie dem allgemeinen und besonderen Gefahrenabwehrrecht (hier allen voran das Gaststättenrecht) ein weites Spektrum an Möglichkeiten zur Verfügung, um Diskriminierungen entgegenwirken zu können.

Nach Einfügung des Art. 3 Abs. 3 Satz 2 GG in das Grundgesetz erfolgte auf einfachgesetzlicher Ebene ein Perspektivwechsel in der Behindertenpolitik und zugleich eine Intensivierung des Diskriminierungsschutzes für Menschen mit Behinderung. Neben dem am 01.07.2001 in Kraft getretenen Sozialgesetzbuch IX ist insbesondere das Bundesgleichstellungsgesetz für behinderte Menschen zu erwähnen, das in § 4 BGG die bedeutende Definition der Barrierefreiheit enthält und weitreichende Auswirkungen auf das Gaststättenrecht hat.

Hier offene Probleme zu finden, verwundert nicht - zum einen im Hinblick auf die vergleichsweise jungen einfachgesetzlichen Ausgestaltungen im

---

2 Verhandlungen des 54. Deutschen Juristentages, 1982, Band 2, Teil O, Gleichberechtigung der Frau: Aufgaben und Schwierigkeiten, Eine Erörterung der Überlegungen über ein „Antidiskriminierungsgesetz".

Behindertenrecht, zum anderen aufgrund der momentanen Aktualität des Themas vor dem Hintergrund intensiver Integrationsbemühungen seitens der Politik und der Ausländer- und Migrantenverbände. Der Schwerpunkt der Darstellung liegt auf einer Auseinandersetzung mit der deutschen Rechtslage. Völkerrechtliche Vorgaben bzw. Verpflichtungen werden überblicksartig dargestellt[3].

Das erste Kapitel befasst sich mit den verfassungsrechtlichen Grundlagen des Schutzes vor Diskriminierungen. Zentrale Vorschrift bildet hier Art. 3 Abs. 3 GG. Dessen Struktur und normativer Gehalt stellen die Grundvoraussetzungen für den weiteren Gang der Untersuchung dar. Neben der allgemeinen Begriffsklärung wird dabei vordergründig die Reichweite und Schutzrichtung untersucht.

Im zweiten Kapitel werden die völkerrechtlichen Verpflichtungen der Rassendiskriminierungskonvention für die Bundesrepublik Deutschland behandelt. Die Ausführungen beschränken sich dabei auf die Darstellung des Art. 5 (f) RDK und dessen Auswirkungen auf die nationale Rechtslage. Trotz der eindeutigen Vorgabe der Vorschrift ist die Rechtslage in der Bundesrepublik nicht endgültig geklärt. Auch an dieser Stelle stellt sich die Frage nach einem aus der Norm resultierenden Kontrahierungszwang oder ob Art. 5 (f) RDK seine Wirkung vielmehr bei der Auslegung unbestimmter Rechtsbegriffe entfaltet und so mittelbar auf die deutsche Rechtsordnung einwirkt.

Das dritte Kapitel beschäftigt sich mit den Auswirkungen des Art. 3 Abs. 3 GG auf einfachgesetzliches Recht. Allem voran stellt sich hier die Frage, ob sich aus §§ 311 Abs. 2, 241 Abs. 2 BGB iVm. § 1 GastG ein Kontrahierungszwang entwickeln lässt oder der Gastwirt in der Ablehnung seiner Gäste völlig frei ist.

Gefahrenabwehrrechtlicher Schutz vor Diskriminierungen ist Gegenstand des vierten Kapitels. In einem ersten Teil soll geklärt werden, ob die diskriminierende Einlassverweigerung potentieller Kunden gegen die öffentliche Sicherheit oder Ordnung im Sinne der polizeilichen Generalklausel verstößt. Dabei kommt eine Verletzung der objektiven Rechtsordnung als Schutzgut der öffentlichen Sicherheit in Betracht, indem neben den Straftatbeständen der Volksverhetzung gemäß § 130 StGB, der Beleidigung nach § 185 StGB und § 118 OWiG auch Art. 5 (f) RDK beeinträchtigt sein könnte. Zu beachten ist hierbei, ob der Gastwirt bei Zurückweisungen aufgrund der Furcht vor gewalttätigen Auseinandersetzungen oder aus Angst vor Ausbleiben der Stammkundschaft die tatbestandsauslösende Gefahrengrenze überschreitet.

Der zweite Teil geht der Frage nach, welche Möglichkeiten das Gaststättenrecht enthält, gegen Diskriminierungen vorzugehen. In Betracht kommt insbesondere der Widerruf der Konzession nach §§ 15 Abs. 2 iVm. 4 Abs. 1 Nr. 1 GastG. Zentrales Tatbestandsmerkmal ist der gewerberechtliche Begriff der Un-

---

3 Einen Aspekt dieses Bereichs behandelt die ausführliche Arbeit von *Fries*, Die Bedeutung von Artikel 5 (f) der Rassendiskriminierungskonvention im deutschen Recht.

zuverlässigkeit. Ziel der Untersuchung in diesem Teilbereich ist die Klärung der Frage, inwieweit die diskriminierende Einlasspraxis die Annahme der Unzuverlässigkeit vor dem Hintergrund der verfassungsmäßig garantierten Berufsfreiheit gemäß Art. 12 GG begründet.

Kapitel Fünf behandelt die Barrierefreiheit im Gaststättengewerbe und damit ausschließlich den Bereich der Diskriminierung von Menschen mit Behinderung. Der Begriff der Behinderung ist kein über lange Zeit gewachsener Begriff. Erst mit Einführung des Sozialgesetzbuch IX und des Gesetzes zur Gleichstellung behinderter Menschen in den Jahren 2001 bzw. 2002 wurde der am Defizit orientierte Behinderungsbegriff von dem Gedanken der Teilhabe und Rehabilitation abgelöst.

Nach der Skizzierung des Behindertenschutzes in sozialrechtlichen Regelungen mit dem Schwerpunkt auf der Darstellung des Behindertengleichstellungsgesetzes wird mit § 4 Abs. 1 Satz 1 Nr. 2a GastG die zentrale Norm der Barrierefreiheit im Gaststättenrecht untersucht. Nachdem der genaue Gehalt der Barrierefreiheit im Sinne der Vorschrift definiert ist, wird in einem zweiten Schritt der Frage nach der Reichweite der baulich barrierefreien Gestaltung der Gaststättenräume nachzugehen sein.

Flankierend zum Gaststättengesetz enthalten die Bauordnungen aller Bundesländer Vorschriften über barrierefreies Bauen. Vor der Novellierung des Gaststättengesetzes stellten sie die einzigen Vorschriften dar, die sich mit der Zulässigkeit von Bauvorhaben im Einzelfall befassten. Eine konsequente Durchsetzung des Gebots der Barrierefreiheit durch die Baubehörden findet jedoch nicht immer statt. Hauptgrund für die zögerliche Beachtung ist die Tatsache, dass nach herrschender Meinung kein subjektives Recht auf barrierefreie Bauausführung bzw. auf Einschreiten der Bauaufsichtsbehörde besteht[4]. Anhand der Auslegungsmethoden soll im weiteren Gang der Untersuchung aufgezeigt werden, ob den einschlägigen Vorschriften in den Landesbauordnungen entgegen der herrschenden Auffassung im Schrifttum individualschützende Wirkung beigemessen werden kann.

Das sechste Kapitel widmet sich dem Allgemeinen Gleichbehandlungsgesetz. Dabei werden die für die Untersuchung wichtigsten Regelungen und deren rechtlichen Auswirkungen dargestellt vor dem Hintergrund europarechtlicher Anforderungen der Richtlinie 2000/43/EG[5]. Zudem soll ein Vergleich mit der deutschen Rechtslage vor Inkrafttreten des Allgemeinen Gleichbehandlungsgesetzes aufzeigen, inwieweit sich der Diskriminierungsschutz durch Erlass des Regelwerks verbessert hat oder möglicherweise hinter den Erwartungen sogar zurückgeblieben ist.

---

4 Vgl. unten 4. Kapitel, IV., 1.

5 ABl. EG Nr. L 180, S. 22.

Eine umfassende Behandlung sämtlicher mit dem Zugang zu Gaststätten zusammenhängenden Probleme kann und soll nicht geleistet werden. Mit dieser Untersuchung sollen nur die Grundlagen des rechtlichen Umgangs mit Diskriminierungen beim Zugang zu Gaststätten systematisch erfasst und dargestellt werden.

Erstes Kapitel

A. Allgemeiner Teil

Nach § 1 GastG muss der Gaststättenbetrieb jedermann oder bestimmten Personenkreisen zugänglich sein. Eine nähere Erläuterung des unbestimmten Rechtsbegriffs der Zugänglichkeit enthält das Gaststättengesetz nicht. Gegenstand der folgenden Untersuchungen ist insoweit eine eingehende Begriffsklärung und die Erörterung, ob dem Gaststättenbetreiber bereits durch die vom Gesetzgeber gewählte Alternativformulierung („...jedermann *oder* bestimmten Personenkreisen zugänglich...“) in § 1 GastG die rechtliche Möglichkeit einer Differenzierung eingeräumt wurde. Für die Auslegung des einfachgesetzlichen § 1 GastG stehen hier allen voran die speziellen Diskriminierungsverbote des Artikels 3 Abs. 3 GG zur Verfügung. Von Bedeutung sind daneben der allgemeine Gleichheitssatz des Art. 3 Abs. 1 GG und möglicherweise das aus der Menschenwürde abgeleitete allgemeine Persönlichkeitsrecht gemäß Art. 2 Abs. 1 i.V.m. Art. 1 Abs. 1 GG.

Der Aussagegehalt des Art. 3 Abs. 1 GG im allgemeinen und des Absatzes 3 im speziellen für die Auslegung gaststättenrechtlicher Normen ist darüber hinaus für die Frage relevant, ob dabei die Berufsausübungsfreiheit des Gaststättenbetreibers und die Freiheits- und Gleichheitsrechte von rechtlicher oder faktischer Unzugänglichkeit einer Gaststätte betroffener Personen kollidieren. Hier wird im dritten Kapitel der Frage nachzugehen sein, ob ein aus § 826 BGB abgeleiteter mittelbarer Kontrahierungszwang eine gangbare Lösung des Konfliktes darstellt oder ob es einer weitergehenden gesetzlichen Legitimation für einen möglichen Kontrahierungszwang bedarf.

I. Soziale Funktion der Gaststätte

Einen typischen Bereich rassistischer und auf Behinderung abzielender Diskriminierung bilden Zutrittsverweigerungen zu Gaststätten[6]. Um zu verdeutlichen,

---

6 Ein Beleg für alltägliche Diskriminierungserfahrungen findet sich in der vom Bundesarbeitsministerium im Jahr 2001 veröffentlichten Repräsentativuntersuchung „Situation ausländischer Arbeitnehmer und ihre Familien in der Bundesrepublik Deutschland“ („Situation ausländischer Arbeitnehmer und ihrer Familienangehörigen in der Bundesrepublik Deutschland“, Repräsentativuntersuchung 2001, Teil A; Forschungsbericht im Auftrag des Bundesministeriums für Arbeit und Soziales, Offenbach und München 2002). Rund 30 % der Befragten geben an, in den letzten 12 Monaten mindestens einmal beim Zugang zu Gaststätten oder auch beim Zugang zu Beschäftigung und Aufstieg aufgrund

warum gerade dieser Bereich die von der Zurückweisung Betroffenen besonders schwer trifft, wird zunächst die soziale Funktion der Gaststätte, d. h. deren Bedeutungsgehalt in der Gesellschaft, dargestellt.

Der Begriff der Gaststätte im Sinne des Gaststättengesetzes ist weit gefasst. Das Gaststättengesetz umschreibt den Begriff des Gaststättengewerbes - und damit den Anwendungsbereich – abschließend in § 1 GastG. Ein solches betreibt hiernach, wer im stehenden Gewerbe

(1) Getränke zum Verzehr an Ort und Stelle verabreicht (Schankwirtschaft),
(2) zubereitete Speisen zum Verzehr an Ort und Stelle verabreicht (Speisewirtschaft) oder
(3) Gäste beherbergt (Beherbergungsbetrieb).

Gaststätten im Sinne des Gaststättengesetzes sind somit beispielsweise Trinkhallen, Imbisswirtschaften, Diskotheken, Hotels oder Bars.

Am Beispiel der Diskothek soll nachfolgend die soziale Relevanz der Gaststätte verdeutlicht werden. Das heutige Zusammenleben ist geprägt durch eine immer stärker werdende Privatisierung und Individualisierung[7]. Der zwischenmenschliche Kontakt nimmt dabei immer mehr ab. Wie schon zu Zeiten der beginnenden Industrialisierung in Deutschland im 19. Jahrhundert stellen Gaststätten heutzutage umso mehr wichtige Kommunikationszentren dar[8]. Sie dienen der Geselligkeit und Unterhaltung und fördern das Zusammenleben. So kann beispielsweise über das alltäglich Erlebte berichtet oder lediglich der Arbeitsstress abgebaut werden[9]. Insbesondere an den freien Tagen oder am Wochenende kommt den Gaststätten eine gewichtige Rolle zu. Nicht selten wird bei jungen Menschen zumindest ein Tag des Wochenendes für den Besuch einer Gaststätte eingeplant. In der Regel sind dies Diskotheken, die auch die Bezeichnung „Nachtclub“ oder „Club“ führen. Eine Diskothek ist ein Gastronomiebetrieb, in dem regelmäßig, vor allem an den Wochenenden, Tanzveranstaltungen stattfinden[10]. Hier treffen sich junge Leute zur Anbahnung und Pflege sozialer Kontakte, meist verbunden mit dem Konsum auch alkoholischer Getränke. Gerade diese Kombination wird oftmals mit einem bestimmten Lebensgefühl verbunden. Wird Menschen aufgrund ihrer Nationalität oder Abstammung oder auch wegen bestehender Barrieren der Zutritt verweigert bzw. erheblich er-

---

ihrer Herkunft benachteiligt worden zu sein. Der Anteil junger Menschen mit Diskriminierungserfahrungen liegt noch wesentlich höher.

7 *Mania,* Die Gaststätte als Kommunikationszentrum, S. 224.

8 Zu denken wäre beispielsweise an die Bergwerkarbeiter, die nach getaner Arbeit gesellig in ihrer „Stammkneipe“ ein Feierabendbier tranken. Heute kommt neben den Gaststätten besonders Sportvereinen eine soziale Funktion zu.

9 Seit einiger Zeit werden dazu in vielen deutschen Großstädten einmal oder mehrmals wöchentlich sogenannte „work-out-Partys“ veranstaltet.

10 Vgl. zum Begriff der Diskothek *Aßfalg*, GewArch 1987, S. 119.

schwert, so findet eine kulturelle Teilhabe in diesem Bereich nicht statt. In ländlichen Gebieten stellen Diskotheken häufig den einzigen wochenendlichen Treffpunkt dar und haben eine starke Bedeutung für die Jugendkultur. Darüber hinaus beeinträchtigt diese Form der Diskriminierung die Betroffenen besonders intensiv, weil sie in der Regel von einem großen Personenkreis wahrgenommen und dadurch den Opfern ihre sozial untergeordnete Stellung offenbar wird[11].

Es zeigt sich somit, dass die soziale Funktion der Gaststätte aufgrund der heutigen Gesellschaftsstruktur einen hohen Stellenwert einnimmt, insbesondere die Anbahnung und Pflege sozialer Kontakte fördert. Eine Zutrittsverweigerung durch den Gastwirt beeinträchtigt die Betroffenen nachhaltig.

II. Verfassungsrechtliche Auswirkungen auf das GastG

In diesem Abschnitt sollen Relevanz und Auswirkungen verfassungsrechtlicher Vorschriften untersucht und damit der Grundstein für die im dritten Kapitel erfolgende Auslegung und Anwendung gaststättenrechtlicher Normen (insbesondere § 1 GastG) gelegt werden. Allem voran steht hier die vertiefte Auseinandersetzung mit dem speziellen Diskriminierungsverboten des Art. 3 Abs. 3 GG. Neben der direkten oder unmittelbaren Diskriminierung wird auch auf die Gefahr einer Umgehung dieser Bestimmung durch Vorschieben anderer Gründe mit dem Ergebnis einer faktischen Benachteiligung der hier geschützten Personengruppen eingegangen[12]. Daneben soll auch auf den allgemeinen Gleichheitssatz des Art. 3 Abs. 1 GG eingegangen werden.

1. Struktur und normativer Gehalt des Art. 3 Abs. 3 GG

Gleichheit vor dem Gesetz und der Schutz aller Menschen vor Diskriminierungen ist ein Menschenrecht, das in Deutschland insbesondere in Artikel 3 des Grundgesetzes festgeschrieben ist. Das deutsche Verfassungsrecht untersagt in Art. 3 Abs. 3 Satz 1 GG, Personen wegen ihrer Zugehörigkeit zu einer ethnischen Gruppe zu benachteiligen[13]. Die genannten Merkmale charakterisieren in ihrer Aufzählung auch die typischen menschlichen Ungleichheiten, die vor allem in der nationalsozialistischen Zeit immer wieder Ansatzpunkt für Bevorzugungen oder Benachteiligungen aller Art waren. Das Verbot der Benachteiligung behinderter Menschen wurde mit der Grundgesetznovelle vom 27.10.1994

---

[11] *Fries*, Die Bedeutung von Art. 5 (f) der Rassendiskriminierungskonvention im deutschen Recht, S. 9.

[12] Gängiges Argumentationsmuster ist die Begründung aus Furcht vor Schlägereien oder Ausbleiben der Stammkundschaft, vgl. *Hoffmann/Seitter*, Einf. I, Nr. 2.

[13] Siehe auch die lesenswerte Aufzählung vergleichbarer nationaler und internationaler Normen bei *Starck* in: vM/Klein/Starck, Art. 3.

in Satz 2 in das Grundgesetz aufgenommen. Die Belange von Menschen mit Behinderung sind zwar bereits durch das Sozialstaatsprinzip im Rahmen des Art. 20 Abs. 1 GG zu berücksichtigen, durch Art. 3 Abs. 3 Satz 2 GG wurde die Behinderung als benachteiligendes Differenzierungsverbot darüber hinaus auf Verfassungsrang gehoben[14]. Dadurch wollte der Verfassungsgeber einerseits den Schutz behinderter Menschen verstärken[15], andererseits sollte ein deutliches Zeichen für einen Bewusstseinswandel in der Gesellschaft gesetzt werden[16].

Art. 3 Abs. 3 GG enthält somit besondere Differenzierungsverbote, die den allgemeinen Gleichheitsgedanken konkretisieren und spezialisieren, indem menschliche Verschiedenheiten vom Standpunkt der Rechtsordnung für unbeachtlich erklärt werden. Satz 2 unterscheidet sich von den Differenzierungsverboten des Satz 1 dadurch, dass er nur die Benachteiligung *behinderter* Menschen verbietet und nicht die Bevorzugung oder Benachteiligung von Angehörigen einer bestimmten Abstammung oder Rasse (Artgleichheit) untersagt. Insofern enthält Art. 3 Abs. 3 Satz 2 GG eine leichte Priorität des Verbots der Benachteiligung wegen einer Behinderung vor den anderen Diskriminierungsverboten. Allen anderen Diskriminierungsverboten des Art. 3 Abs. 3 GG fehlt eine vergleichbare Verstärkung.

Trotz der strukturellen Unterschiede besitzen beide Gleichheitssätze aber auch einen gemeinsamen Nenner, der sich in dem Schutz vor der Gefahr staatlicher und/ oder gesellschaftlicher Diskriminierung manifestiert.

a. Begriff der Diskriminierung

aa. Diskriminierung iSd. Art. 3 Abs. 3 Satz 1 GG

Der Begriff der Diskriminierung wird im Grundgesetz nicht verwendet, lediglich auf einfachgesetzlicher Ebene ist dies der Fall[17]. Das Bundesverfassungsgericht benutzt seit 1953 im Kontext mit Art. 3 Abs. 3 GG die Ausdrücke „Diskriminierungsverbot“ bzw. „verbotene Diskriminierung“[18].

Diskriminierung wird als strukturelle und interaktive Alltagserfahrung moderner Gesellschaften begriffen[19], die sich häufig durch alltägliche Verhaltensweisen ausgrenzend und benachteiligend auswirkt[20].

---

14 BT-Drs. 12/8165, S. 1 (28). In dem Benachteiligungsverbot sah die SPD-Fraktion, die den Gesetzesentwurf eingebracht hatte, eine nachhaltige Verstärkung des sozialstaatlichen Auftrages, auf die gleichberechtigte Teilhabe von Menschen mit Behinderung hinzuwirken.

15 BVerfGE 96, S. 288 (302).

16 BT- Drs. 12/6000, S. 52 (53).

17 So verwendet bspw. § 2 Abs. 1 des Landesgleichstellungsgesetzes von Berlin den Begriff der „Diskriminierung“; GVBl, Nr. 42, S. 433.

18 BVerfGE 2, S. 266 (286); 59, S. 128 (157); BVerfG EuGRZ 1995, S. 410 (415).

19 *Baer*, ZRP 2001, S. 500 (501).

20 *Scherr*, Neue Kriminalpolitik 1999, S. 23.

Das lateinische „discriminare“ hat zwei Bedeutungen: erstens Unterschiede zwischen Phänomenen wahrzunehmen, und zweitens Phänomene selektiv zu beurteilen. Es ist wohl die letztere Bedeutung, die dem Begriff dem heutigen alltagssprachlichen Gebrauch von Diskriminierung am nächsten kommt: Diskriminierung bezeichnet im Allgemeinen die benachteiligende Behandlung bestimmter sozialer Gruppen aufgrund gewisser Merkmale, die diesen Menschen zugeschrieben werden[21]. Diskriminierung heißt somit immer ungerechtfertigte Benachteiligung und Schlechterstellung und basiert auf einem spezifischen Verständnis von Gleichheit[22]. Aufgrund der für den Gang der Untersuchung wesentlichen in Art. 3 Abs. 3 Satz 1 GG aufgezählten Unterscheidungen (namentlich die Merkmale Abstammung und Rasse) richten sich die Benachteiligungen fast ausschließlich gegen Ausländer oder Bürger ausländischer Abstammung, so dass von Ausländerdiskriminierung gesprochen werden könnte. Dabei ist nicht der Ausländerstatus Gegenstand der Diskriminierungen, sondern in der Regel Ausländerfeindlichkeit bzw. Fremdenfeindlichkeit. Ausländerfeindlichkeit knüpft an tatsächliche Merkmale wie Aussehen, Sprache und Sitte an, also an Kriterien, die durch Art. 3 Abs. 3 Satz 1 GG gerade unterbunden werden sollen. Dies darf aber nicht zu der Ansicht führen, dass das Benachteiligungsverbot in Abs. 3 Satz 1 begrifflich ein Ausländerdiskriminierungsverbot darstellt[23]. Betroffen sind keineswegs nur Ausländer, sondern ebenso deutsche Staatsangehörige, die aufgrund ihres (nationalen) Ursprungs oder Aussehens abgelehnt werden. So muss das Merkmal „Rasse“ nicht ausschließlich ausländerbezogen sein, wie die Verfolgung deutschstämmiger Juden im Nationalsozialismus zeigt.

---

21 Diese Sinngebung ist moralischer Kategorie, nicht juristischer. Daher verlangt *Becker*, dass die doppelte Bedeutung des Diskriminierungsbegriffs im Kontext juristisch-verfassungsrechtlicher Debatten auf die „authentische“ Bedeutung in der „Verfassungssprache liberaler Demokratien“ reduziert werden müsse; Diskriminierung und Toleranz, in: *Joerden* (Hg.), Diskriminierung – Antidiskriminierung, S. 1 ff.

22 Einen „folgenorientierten“ Diskriminierungsbegriff vertritt *Baer*, ZRP 2001, 500 (502). Im Gegensatz zum tradierten Diskriminierungsbegriff setzt der folgenorientierte Begriff an der Perspektive des Diskriminierungsopfers an, wonach nicht Einstellungen und Motive, sondern objektiv messbare Folgen tatsächlichen Handelns oder Unterlassens bedeutsam sind.

23 Diese Ansicht liegt durchaus nahe, da Ausländerfeindlichkeit bzw, Diskriminierung stets im Zusammenhang mit Deutschen verstanden wird. Jedoch muss dies nicht zwingend der Fall sein. Ebenso gut ist eine Diskriminierung durch türkische Teestubenbetreiber denkbar, die bspw. deutschen Mitbürgen aufgrund ihrer Nationalität den Zugang verwehren. Ebenso findet es *Rädler* unangebracht, Rassendiskriminierung mit „Ausländerdiskriminierung“ gleichzusetzen, der Begriff sei zumindest irreführend; in: Verfahrensmodelle zum Schutz vor Rassendiskriminierung, S. 9.

bb. Diskriminierung iSd. Art. 3 Abs. 3 Satz 2 GG

Eine Diskriminierung im Sinne des Art. 3 Abs. 3 Satz 2 GG liegt vor, wenn Menschen mit Behinderung von einem Träger öffentlicher Gewalt oder Privatpersonen schlechter behandelt werden als Nichtbehinderte[24]. Dabei ist zwischen der gewollten Zugangsverweigerung wegen der Behinderung und mangelnder Barrierefreiheit zu unterscheiden.

Im ersten Fall geschieht die Diskriminierung gezielt. So sind Fälle bekannt, in denen Gaststättenbetreiber Menschen mit Behinderung vom Zugang ausschließen, da andere Gäste durch deren Anblick oder Nähe vom weiteren Besuch der Gaststätte abgehalten werden könnten[25].

Im zweiten Fall ist die diskriminierende Zurücksetzung nicht zwingend beabsichtigt, sondern sie kann durchaus unbeabsichtigte Nebenfolge sein, indem der Gaststättenbetrieb nicht barrierefrei ausgestattet ist und infolgedessen der Zugang verwehrt bleibt.

Beide Diskriminierungsformen fallen in den Gewährleistungsbereich von Art. 3 Abs. 3 Satz 2 GG. Die Zugangsverweigerung wegen der Behinderung knüpft direkt an dieses Merkmal an und stellt somit eine Ungleichbehandlung dar. Auch die Benachteiligung infolge mangelnder Barrierefreiheit erfolgt in Abhängigkeit von der Behinderung (wissentlich oder unbewusst) und eröffnet somit den Gewährleistungsbereich des Art. 3 Abs. 3 Satz GG.

cc. Zusammenfassung

Der Begriff der Diskriminierung lässt sich somit als eine Benachteiligung erfassen, die Menschen auf Grund von Eigenschaften erleiden, die sie innehaben oder die ihnen zugeschrieben werden.

b. Die Unterscheidungsmerkmale nach Art. 3 Abs. 3 Satz 1 GG

Nach Artikel 3 Abs. 3 Satz 1 GG darf niemand wegen seines Geschlechts, seiner Abstammung, seiner Rasse, seiner Sprache, seiner Heimat und Herkunft, seines Glaubens, seiner religiösen oder politischen Anschauungen benachteiligt oder bevorzugt werden. Im Vordergrund der Arbeit steht die Behandlung rassistischer Diskriminierung, so dass im Folgenden der Schwerpunkt auf der Untersuchung der Merkmale Abstammung, Rasse, Heimat und Herkunft liegt.

Mit dem Wort „niemand" formuliert begründen die Diskriminierungsverbote allgemeine Menschenrechte und berechtigen alle natürlichen Personen, ungeachtet ihrer deutschen Staatsangehörigkeit.

---

24 *Jarass* in: J/P, Kommentar zum GG, Art. 3 Rn. 130.

25 So wurde beispielsweise die Nähe zu Menschen mit Behinderung in einem Hotel während einer Reise als schadensersatzfähige Beeinträchtigung qualifiziert. Vgl. LG Frankfurt, NJW 1980, S. 1169 oder AG Flensburg, NJW 1993, S. 272.

aa. Abstammung

Das Bundesverfassungsgericht definiert den Begriff der Abstammung als „vornehmlich die natürliche biologische Beziehung eines Menschen zu seinen Vorfahren“[26]. Zweck dieses Merkmals ist es, Sippenhaft und Vetternwirtschaft zu unterbinden[27].

Fraglich ist die Relevanz des Kriteriums der Abstammung für den Zugang zu Gaststätten. Von rechtlicher oder faktischer Unzugänglichkeit einer Gaststätte betroffene Personen werden in der Regel nicht wegen der Verbindung zu ihren Vorfahren (Eltern oder Großeltern) diskriminiert, sondern weil sie selbst dieser Gruppe angehören.

Die praktische Bedeutung ist daher eher gering und für die Arbeit von untergeordneter Bedeutung[28].

bb. Rasse

Einer anderen Beurteilung hinsichtlich des Gaststättenzugangs unterzieht sich das Kriterium der Rasse.

In Lehre und Rechtsprechung wird der Begriff der Rasse vornehmlich als eine auf Gruppen mit bestimmten wirklich oder vermeintlich biologisch vererbbaren Merkmalen zielende Eigenschaft aufgefasst[29]. Dem Kriterium liegt somit kein wissenschaftlicher Bezug zugrunde, sondern der herkömmliche Gebrauch des Begriffs der Rasse[30]. Dabei wird insbesondere Rückgriff auf die nationalsozialistische Rassengesetzgebung genommen[31]. Wie aber bereits *Fries* zutreffend anmerkt, erscheint die Begriffsdefinition vor dem Hintergrund heutiger Fälle der Diskriminierung obsolet[32]. In der einschlägigen Kommentarliteratur wird immer noch überwiegend auf Beispiele wie Juden, Sinti und Roma verwiesen[33]. Diese Gruppen sind zwar nach wie vor von der Zutrittsverweigerung betroffen; in ei-

---

26 BVerfGE 9, S. 124 (128 f.).

27 So *Osterloh* in: Sachs, Kommentar zum GG, Art. 3 Rn. 292; *Sachs* in: Isensee/Kirchhof, HStR V, § 126 Rn. 43.

28 *Osterloh* spricht sogar von einer „praktischen Bedeutungslosigkeit“ im Zusammenhang mit der Entscheidung des Bundesverfassungsgerichts in BVerfGE 9, S. 201 (205) hinsichtlich eines Anspruchs auf Waisenrente; *Osterloh* in: Sachs, Art. 3 Rn. 291.

29 *Jarass* in: J/P, Art. 3 Rn. 110; *Gubelt* in: vM/K, Kommentar zum GG, Art. 3 Rn. 97; *Osterloh* in: Sachs, Art. 3 Rn. 293. Das Bundesverfassungsgericht hat zum Merkmal der Rasse bisher noch nicht Stellung genommen.

30 *Gubelt* in: vM/K, Art. 3 Rn. 97; *Starck* in: vM/Klein/Starck, BK, Art. 3 Rn. 387.

31 *Heun* in: Dreier, Kommentar zum GG, Art. 3 Rn. 128; *Hamann/Lenz*, Grundgesetzkommentar, Art. 3 Anm. B 8.

32 *Fries* spricht in diesem Zusammenhang von einer „rückständig anmutenden Definition des Rassebegriffs“, S. 226.

33 Vgl. nur *Gubelt* in: vM/K, Art. 3 Rn. 97.

nem viel stärkeren Maße werden in heutiger Zeit aber Gruppen wie „Türken", „Albaner" oder „Farbige" diskriminiert[34].

cc. Heimat und Herkunft

Mit dem Begriff der Heimat ist die örtliche Herkunft eines Menschen nach Geburt oder Ansässigkeit gemeint[35]. Entscheidend ist die persönlichkeitsprägende Bedeutung der Umgebung während der Kindheit und Jugend[36]. Das Kriterium der Heimat ist aufgrund der jederzeitigen Veränderbarkeit des Wohnsitzes oder des gewöhnlichen Aufenthaltsortes hiermit nicht identisch[37].

Bei der Normierung des Merkmals Herkunft ist auf die ständisch-soziale Abstammung und Verwurzelung abgezielt[38].

Beide Merkmale haben für den Zugang zu Gaststätten Relevanz. So fällt beispielsweise die Zutrittsverweigerung von Gastarbeitern unter Art. 3 Abs. 3 Satz 1 GG[39]. Anzumerken sei dazu, dass eine Zurückweisung von in Deutschland aufgewachsenen Ausländern nicht von diesem Kriterium erfasst wird[40]. Ebenso wenig fällt die Staatsangehörigkeit unter den Begriff der Heimat. Die an das rechtliche Band der Staatsangehörigkeit anknüpfenden Unterscheidungen sind weltweit eine Selbstverständlichkeit[41]. Eine Differenzierung aufgrund der Staatsangehörigkeit ist somit zulässig[42]. Eine Ausnahme hierzu stellt die Differenzierung nach der Staatsangehörigkeit bei Unionsbürgern gemäß Artt. 17 Abs.1, 12 EGV dar. Insoweit besteht ein Differenzierungsverbot nach Staatsangehörigkeit bezogen auf die Mitgliedstaaten der Gemeinschaft[43].

---

[34] Diese Gruppen sind vielfach Opfer verschiedenartiger Vorurteile, so werden sie oftmals als kriminell und gewaltbereit eingestuft. So zum Beispiel *Zuleeg* in DÖV 1973, S. 361, wonach Ausländer in der öffentlichen Meinung häufig nur als Störenfriede in Erscheinung treten würden.

[35] BVerfGE 102, S. 41 (53); 48, S. 281 (287); *Jarass* in: J/P, Art. 3 Rn. 111; *Osterloh* in: Sachs, Art. 3 Rn. 295.

[36] *Jarass* in: J/P, Art. 3 Rn. 111; *Osterloh* in: Sachs, Art. 3 Rn. 295.

[37] *Fries*, S. 227.

[38] BVerfGE 48, S. 281 (287); 106, S. 191 (194). Bei den Beratungen im Parlamentarischen Rat sollte mit dem Begriff der Herkunft die Rechte der Minderheiten und der Flüchtlinge und Vertriebenen gesichert werden, *in:* Parlamentarischer Rat, Schriftlicher Bericht zum Entwurf des Grundgesetzes für die Bundesrepublik Deutschland, 1948/49, S. 8.

[39] Vgl. *Rädler*, S. 8.

[40] Begrifflich werden die Kinder und Enkel dieser Gastarbeiter als „Ausländer der zweiten oder dritten Generation" bezeichnet, vgl. *Igstadt*, ZAR 1998, S. 99.

[41] So stellt auch Art. 1 Abs. 2 des Internationalen Übereinkommens zur Beseitigung jeder Form von Rassendiskriminierung klar, dass Unterscheidungen zwischen eigenen und fremden Staatsangehörigen ausdrücklich aus dem Begriff der Rassendiskriminierung ausgenommen sind.

[42] vM/Klein/Starck, Art. 3 Rn. 395; A.A. *Zuleeg*, DÖV 1973, S. 361 (363 f.).

[43] Vgl. hierzu *Streinz* in: Streinz, EUV/EGV, Art. 12 Rn. 43 ff. m. w. N.

dd. Keine kausale Benachteiligung

Nach Art. 3 Abs. 3 Satz 1 GG darf niemand aufgrund der dort genannten Merkmale benachteiligt oder bevorzugt werden. Eine solche verbotene Differenzierung kann sowohl durch positives Tun als auch durch Unterlassen erfolgen[44]. Personen, denen der Zutritt in eine Gaststätte verwehrt wird, werden im Gegensatz zu denen, die eingelassen werden, benachteiligt. Eine Benachteiligung durch Unterlassen würde sich beispielsweise dadurch kenntlich machen, dass „unerwünschte" Personen zwar Zutritt erlangt haben, die Bedienung aber absichtlich unterbleibt[45]. Unerheblich ist dabei der Grad der Beeinträchtigung. Auch geringfügige Benachteiligungen stellen eine verbotene Diskriminierung im Sinne des Art. 3 Abs. 3 Satz 1 GG dar[46].

Der Wortlaut des Art. 3 Abs. 3 GG, wonach niemand „wegen" einer der dort genannten Kriterien benachteiligt werden darf, deutet auf einen kausalen Zusammenhang zwischen der verbotenen Ungleichbehandlung und dem Abstellen auf das Kriterium hin[47]. Nicht gänzlich geklärt und bis heute umstritten ist die Frage, wie die vom Bundesverfassungsgericht als „Anknüpfungsverbot"[48] bezeichnete Ursächlichkeit zu interpretieren ist[49]. Dies ist insbesondere für die an späterer Stelle zu erörternde Problematik der mittelbaren Diskriminierung von Bedeutung.

So wird zum einen für ein striktes Unterscheidungsverbot mit der größtmöglichen Effektivität des Schutzzwecks der speziellen Gleichheitssätze des Art. 3 Abs. 3 GG argumentiert, um einen Mindeststandard unzulässiger Differenzierung zu garantieren[50]. Andererseits wird aufgrund der Verschiedenartigkeit der einzelnen Tatbestandsmerkmale der speziellen Diskriminierungsverbote eine differenzierende Interpretation des Verfassungstextes befürwortet[51].

---

44 *Gubelt* in: vM/K, Art. 3 Rn. 103.

45 Diese Art der Benachteiligung ist in vielen Gaststätten, hier vor allem in sog. „Szene-Bars" gängige Praxis. Auf Nachfragen wurde mir von einem Gaststättenbetreiber erläutert, dass unerwünschte Personen gar nicht bedient oder über einen längeren Zeitraum ignoriert würden. Dies sei eine einfache und dezente Lösung, ungebetene Gäste zukünftig vom Besuch abzuhalten.

46 *Heun* in: Dreier, Art. 3 Rn. 108; *Osterloh* in: Sachs, Art. 3 Rn. 251; *Jarass* in: J/P, Art. 3 Rn. 117.

47 *Rüfner* in: FS-Friauf, S. 331 (332).

48 BVerfGE 85, S. 191 (206)

49 Für ein striktes Anknüpfungsverbot *Sachs* in: Isensee/Kirchhof, HStR V, § 126 Rn. 74; A. A. *Starck* in: vM/Klein/Starck, Art. 3 Rn. 379. Vgl. auch *Schiek* in: Differenzierte Gerechtigkeit, S. 50. Das Bundesverfassungsgericht hat in der Nachtarbeitsentscheidung ausdrücklich entschieden, dass Finalität nicht erforderlich sei, vgl. BVerfGE 85, S. 191 (206).

50 *Sachs* in: Isensee/Kirchhof, HStR V, § 126 Rn. 74.

51 So *Osterloh* in: Sachs, Art. 3 Rn. 241.

Die sich in dieser Hinsicht in der Entwicklung befindliche Rechtsprechung des Bundesverfassungsgerichts ist auch nicht einheitlich. So führt es im 2. Band seiner Entscheidungen aus: „Ein Verstoß gegen Art. 3 Abs. 3 GG liegt nur dann vor, wenn die Sonderbehandlung gerade wegen einer der dort aufgeführten *Gründe* eintritt“[52]. Im 75. Band spricht es sich mithin gegen ein striktes Unterscheidungsverbot aus, indem es den Leitsatz aufstellt: „Das Verbot des Art. 3 Abs. 3 GG gilt mithin nicht absolut; es verbietet, wie sich aus seinem Wortlaut ergibt („wegen“), nur die *bezweckte* Benachteiligung oder Bevorzugung, nicht aber einen Nachteil oder einen Vorteil, der die Folge einer ganz anders intendierten Regelung ist“[53]. In der neueren Rechtsprechung formuliert das Gericht hingegen: „Das Geschlecht darf grundsätzlich – ebenso wie die anderen in Abs. 3 genannten Merkmale – nicht als *Anknüpfungspunkt* für eine rechtliche Ungleichbehandlung herangezogen werden. Dies gilt auch dann, wenn eine Regelung nicht auf eine nach Art.3 Abs. 3 GG verbotene Ungleichbehandlung angelegt ist, sondern in erster Linie andere Ziele verfolgt (Klarstellung von BVerfGE 75, 40 [70])“[54].

Demnach enthalten die Diskriminierungsverbote ein prinzipielles Anknüpfungsverbot[55]. Dieses vom Bundesverfassungsgericht geprägte Unterscheidungsverbot kann nur als Anlass für eine differenzierende Auslegung der Ungleichbehandlung an Hand der in Art. 3 Abs. 3 GG genannten Merkmale verstanden werden.

c. *Art. 3 Abs. 3 Satz 2 GG*

Im Gegensatz zu Abs. 3 Satz 1 GG handelt es sich bei Satz 2 um eine behinderungsbezogene Ungleichbehandlung, d.h. der Anwendungsbereich ist eröffnet bei einer unterschiedlichen Behandlung vergleichbarer Sachverhalte in Abhängigkeit von der Behinderung des Grundrechtsinhabers[56].

aa. *Der verfassungsrechtliche Behinderungsbegriff*

Eine hinreichende Definition existiert bisher noch nicht. Dies mag in erster Linie an der Komplexität dieses Begriffs liegen, welche erkennbar wird, wenn man sich bereits die Arten der Behinderung verdeutlicht[57]. Die einzelnen Definitio-

---

52 BVerfGE 2, S. 266 (267).
53 BVerfGE 75, S. 40 (70).
54 BVerfGE 85, S. 191 (206).
55 *Osterloh* in: Sachs, Art. 3 Rn. 250.
56 Vgl. *Jarass* in: J/P, Art. 3 Rn. 127.
57 Behinderungen werden verschiedenen Kategorien zugeordnet, so bspw. der geistigen Behinderung, der Schwer- oder Schwerstbehinderung oder auch der Seh- oder Hörschädigung.

nen des Wortes Behinderung divergieren dementsprechend[58]. Das Bundesverfassungsgericht hat sich im Beschluss zur Sonderschuleinweisung erstmals mit der Interpretation des Behinderungsbegriffs beschäftigt[59]. Das Gericht führt aus, dass sich den Gesetzesmaterialien zwar nicht unmittelbar entnehmen lasse, was unter Behinderung zu verstehen sei. Der verfassungsändernde Gesetzgeber habe aber erkennbar an das im Zeitpunkt der Verfassungsänderung gebräuchliche Begriffsverständnis anknüpfen wollen. Dieses finde in § 3 Abs. 1 SchwbG und im inhaltlich übereinstimmenden Behinderungsbegriff des Dritten Behindertenberichts der Bundesregierung Ausdruck und stimme darüber hinaus auch mit international üblichen Begriffsabgrenzungen überein. Aus diesen Überlegungen folgert das Gericht, dass bei der Auslegung des Art. 3 Abs. 3 Satz 2 GG „grundsätzlich" von der Definition des Schwerbehindertengesetzes auszugehen sei, lässt dann aber offen, ob damit eine abschließende Begriffsbestimmung erreicht sei. Durch Einführung des Sozialgesetzbuches IX im Jahre 2001 erfolgte in § 2 Abs. 1 die Definition von Behinderung nicht mehr defizitorientiert, sondern die *Teilhabe* behinderter Menschen am Leben in der Gesellschaft rückte in den Mittelpunkt des Begriffsverständnisses[60]. Danach liegt eine Behinderung vor, wenn ihre körperliche Funktion, geistige Fähigkeit oder seelische Gesundheit mit hoher Wahrscheinlichkeit länger als sechs Monate von dem für das Lebensalter typischen Zustand abweichen und daher ihre Teilhabe am Leben in der Gesellschaft beeinträchtigt ist. Es bleibt abzuwarten, ob das Bundesverfassungsgericht künftig bei der Auslegung des Art. 3 Abs. 3 Satz 2 GG nunmehr auf § 2 Abs. 1 SGB IX zurückgreifen wird. Eine detaillierte Nachzeichnung der Entwicklung des Behinderungsbegriffs erfolgt an späterer Stelle[61].

bb. Benachteiligung

Laut Verfassungstext ist abweichend von Art. 3 Abs. 3 Satz 1 GG nur die Benachteiligung behinderter Menschen verboten. Bevorzugungen sind ausdrücklich durch den Verfassungsgeber erlaubt[62]. Dadurch wird neben dem Schutz der

---

58 Bei Einführung des Satz 2 ist in der Verfassungskommission und der Gesetzberatung keine einheitliche Definition verwendet oder festgelegt worden. Zum Zeitpunkt der Verfassungsänderung war der in § 3 I SchwbG verwendete Begriff gebräuchlich. Die Weltgesundheitsorganisation ging bis 2001 bei Behinderung von drei Begriffen aus: 1. impairment (Schädigung), 2. disability (Beeinträchtigung), 3. handicap (Behinderung). Die ICIDH wurde 2001 durch die Internationale Klassifikation der Funktionsfähigkeit, Behinderung und Gesundheit (ICF) modifiziert.

59 BVerfGE 96, S. 288 (301).

60 Vgl. hierzu auch *Welti*, Behinderung und Rehabilitation im sozialen Rechtsstaat, S. 84 ff.

61 Vgl. 5. Kap., A., II., 1.

62 BT-Drs. 12/6000, S. 52 (53).

Menschenwürde nach Art. 1 Abs. 1 GG auch der bereits vielfach einfachgesetzlich vorgeschriebenen Bevorzugung Rechnung getragen[63].

Eine Benachteiligung im Sinne des Art. 3 Abs. 3 Satz 2 GG liegt vor, wenn Regelungen oder Maßnahmen der öffentlichen Gewalt Menschen mit Behinderung schlechter als Menschen ohne Behinderung behandeln[64]. Dieses am Vergleichsmaßstab der Nichtbehinderung orientierte Verschlechterungsverbot ist u.a. dann verletzt, wenn der tatsächlich mögliche Zutritt zu öffentlichen Einrichtungen verwehrt wird oder Leistungen, die grundsätzlich jedermann zustehen, verweigert werden[65].

d. *Unterscheidung von unmittelbarer und mittelbarer Diskriminierung*

Im Zusammenhang mit dem Recht der Europäischen Gemeinschaft zum Schutz vor geschlechtsspezifischer Diskriminierung werden explizit die Begriffspaare der „unmittelbaren" und „mittelbaren" Diskriminierung verwendet[66]. Der Verfassungstext verwendet diese Termini zwar nicht (ebenso wenig wird der Begriff der Diskriminierung bemüht), eine solche Unterscheidung könnte aber auch dem deutschen Verfassungsrecht zu Grunde liegen. Im Gegensatz zum Recht der Europäischen Gemeinschaft, welches die mittelbare Diskriminierung ausdrücklich verbietet, ist im Rahmen des Art. 3 Abs. 3 Satz 1 GG hingegen umstritten, ob sich die Ungleichbehandlung lediglich in einem Verbot der *unmittelbaren* Anknüpfung an die verpönten Merkmale erschöpft[67].

---

63 So sind Schwerbehinderte beispielsweise nach § 11 I WehrpflichtG bzw. § 10 I ZivildienstG vom Wehr- und Zivildienst befreit.

64 *Gubelt* in: vM/K, Art. 3 Rn. 104 d; *Jarass* in: J/P, Art. 3 Rn. 130.

65 BVerfGE 96, S. 288 (303); 99, S. 341 (357); *Eckertz-Höfer* in: AK-GG, Art. 3 Rn. 137. Umfassend zum Begriff der Benachteiligung im Sinne des Art. 3 Abs. 3 Satz 2 GG *Buch* in: Das Grundrecht der Behinderten (Art. 3 Abs. 3 Satz 2 GG), S. 99 ff.

66 Vgl. beispielsweise *Nickel* in: NJW 2001, 2668 (2670). In der Richtlinie 2000/78/EG des Rates vom 27.11.2000 zur Festlegung eines allgemeinen Rahmens für die Verwirklichung der Gleichbehandlung in Beschäftigung und Beruf wird in Art. 2 detailliert eine Begriffsbestimmung für unmittelbare und mittelbare Diskriminierung geliefert. Ursprünglich kommt der Gedanke aus den Vereinigten Staaten und erlangte dort Bedeutung in der Frage der Rassendiskriminierung von überwiegend dunkelhäutigen Personen, s. *Schlachter*, Wege zur Gleichberechtigung, S. 318 ff.

67 Bejahend *Osterloh* in: Sachs, Art. 3 Rn. 255 ff.; *Gubelt* in: vM/K, Art. 3 Rn. 86; verneinend die wohl h.M., *Sachs* in: Isensee/Kirchhof, HStR V, § 126 Rn. 88 f.; *Ebsen* in: Benda/Maihofer/Vogel, HdbVerfR, § 8 Rn. 20, 36. Nicht unter dieses Problem fallen sogenannte „verdeckte" Diskriminierungen. Verdeckte Diskriminierungen sind unmittelbare Diskriminierungen, deren Nachweis durch eine Verschleierung des wahren Diskriminierungsgrundes erschwert ist, vgl. *Eckertz-Höfer*, AK-GG, Art. 3 Rn. 108; *Heun* in: Dreier, Art. 3 Rn. 108; *Rüfner* in: FS-Friauf, S. 331 (336). Ebenso soll hier von der kontrovers diskutierten Sonderentwicklung im Bereich der Gleichberechtigung abgesehen werden.

aa. Unmittelbare Diskriminierung

Eine unmittelbare Diskriminierung liegt bei einer Ungleichbehandlung aufgrund der verbotenen Merkmale vor, d. h. wenn eine Person aufgrund ihrer Rasse oder ethnischen Herkunft, ihrer Religion oder Behinderung in einer vergleichbaren Situation eine weniger günstige Behandlung als eine andere Person erfährt oder erfahren hat. Dies ist beispielsweise der Fall, wenn ein Hoteldirektor, der einer Person, in der er einen Angehörigen der Sinti oder Roma vermutet, lediglich aus diesem Grund den Zutritt zur Bar verweigert.

bb. Mittelbare Diskriminierung

Bei mittelbarer Diskriminierung knüpft die Ungleichbehandlung nicht an ein verbotenes Merkmal an, sondern dem Anschein nach neutrale Kriterien oder Vorschriften benachteiligen in besonderer Weise bestimmte Personen aufgrund ihrer Rasse, ethnischen Herkunft oder Behinderung. Damit tritt die Benachteiligung als Wirkung von Anforderungen ein, die eine bestimmte Gruppe besonders beeinträchtigen[68].

Die Fälle mittelbarer Diskriminierung sind eng verbunden mit denen faktischer Ungleichbehandlung, begrifflich jedoch nicht zwingend gleichzusetzen. Faktische Gleichheit ist zu unterscheiden von rechtlicher Gleichheit. Das Grundgesetz statuiert in dem grundlegenden allgemeinen Gleichheitssatz des Art. 3 Abs. 1 GG die rechtliche Gleichheit aller Menschen und konkretisiert diesen Grundsatz in den Differenzierungsverboten des Art. 3 Abs. 3 GG[69]. Wegen der dort genannten Merkmale darf nicht benachteiligt oder (mit Ausnahme von Abs. 3 Satz 2 GG) bevorzugt werden. Insofern könnten den speziellen Diskriminierungsverboten möglicherweise grundrechtliche Schutzpflichten entnommen werden, die gerade im Hinblick auf Diskriminierungen im Privatrechtsverkehr den Staat zur Herstellung rechtlicher Gleichheit verpflichten[70]. Rechtliche Freiheit ist somit die Abschaffung der aus einer diskriminierenden Gesetzgebung resultierenden Unterscheidung.

Faktischer Gleichheit kommt zweierlei Bedeutung zu: zum einen beinhaltet der Begriff die tatsächliche Durchsetzung rechtlicher Gleichheit, also das Abwenden versteckter bzw. mittelbarer Diskriminierung. Hierunter fällt im Gaststättenbereich beispielsweise die sogenannte Eingangsselektion in Diskotheken. Zum anderen bedeutet faktische Gleichstellung auch *soziale* Gleich-

---

68 *Rädler*, S. 16. Ein durchaus plastisches Beispiel der mittelbaren Diskriminierung im Gaststättenbereich liefert *Fries*, S. 297: Werden in einer Diskothek nur Menschen mit einer bestimmten Körpergröße eingelassen, so seien Kleinwüchsige ausgeschlossen. Sind in einer rassischen Gruppe besonders viele kleinwüchsige Menschen, so liege dann eine mittelbare Ungleichbehandlung wegen der Rasse vor.

69 Vgl. hierzu auch *Starck* in: vM/Klein/Starck, Art. 3 Abs. 3 Rn. 371.

70 *Heun* in: Dreier, Art. 3 Rn. 66. Auf die aus Art. 3 Abs. 3 GG gegebenenfalls erwachsenen Schutzpflichten wird später vertieft einzugehen sein.

heit[71]. Wenn das Recht sehende, hörende, bewegungs- und arbeitsfähige Menschen voraussetzt und anspricht, sind blinde, gehörlose, mobilitätsbehinderte und erwerbsgeminderte Menschen in ihrer sozialen Realität ungleich betroffen[72]. Gerade unter Berücksichtigung des Grundsatzes der Menschenwürde ist Art. 3 Abs. 1 GG ein solcher Mindestschutz sozialer Gleichheit zu entnehmen[73].

Ziel der rechtlichen Gleichheit ist die Verbesserung der Chancen auf faktische bzw. „tatsächliche“ Gleichheit[74], d.h., bezogen auf das Thema der Arbeit, faktische Diskriminierung im Gaststättenbereich zu vermeiden. Um Gleichheit auch faktisch erreichen zu können, bedarf es gezielter Förderung der benachteiligten Gruppen. Den verfassungsrechtlichen Rahmen hierfür bietet das im Grundgesetz verankerte Sozialstaatsprinzip[75]. Soziale Gleichheit kann dabei in verschiedenen Formen angestrebt und verwirklicht werden, wobei eine enge Verbindung zum Begriff der sozialen Gerechtigkeit zu erkennen ist[76]. Nach *Welti* kann demnach zwischen Ergebnisgleichheit, Chancengleichheit und Besitzstandsgleichheit unterschieden werden, wodurch sich unterschiedliche Perspektiven bei der Herstellung sozialer Gleichheit ergeben[77].

cc. *Ausweitung des Art. 3 Abs. 3 GG auf mittelbare Diskriminierungen*

Sieht man in Art. 3 Abs. 3 Satz 1 GG ein striktes Anknüpfungsverbot an die verpönten Merkmale, dann ist die indirekte Diskriminierung kein Fall der besonderen Gleichheitssätze. Denn danach ist Anknüpfungspunkt nie ein Merkmal nach Art. 3 Abs. 3 Satz 1 GG, sondern ein davon unabhängiges „neutrales“ Merkmal[78]. Als rein formales Anknüpfungsverbot werden mittelbare Diskriminierungen von vornherein und bewusst überhaupt nicht erfasst. Diese Sichtweise unterstützt möglicherweise auch die Intention des Grundgesetzes, wonach Art. 3 Abs. 3 GG ein scharfes Verbot jeder Benachteiligung oder Bevorzugung wegen eines der dort genannten Merkmale bewirkt. Andere Ungleichbehandlungen, so

---

71 Vgl. *Zacher*, AöR 93 (1968), S. 341 (360 ff.).

72 *Welti*, S. 431.

73 *Theben* in: Igl/Welti, Die Verantwortung des sozialen Rechtsstaats für Personen mit Behinderung und für die Rehabilitation, S. 33, 46 ff.; *Welti*, S. 432; ablehnend: *Schoch*, DVBl. 1988, S. 863 (869); *Podlech*, Gehalt und Funktionen des allgemeinen verfassungsrechtlichen Gleichheitssatzes, S. 200 ff.

74 *Starck* in: vM/Klein/Starck, Art. 3 Abs. 3 Rn. 371. Diesbezüglich stellt sich allerdings die Frage, inwieweit überhaupt die Realisierung faktischer Gleichheit durch den Staat möglich erscheint. Vgl. hierzu *Kirchhof*, NJW 1987, S. 2354 f.

75 *Isensee*, VVDStRL 32 (1974), S. 49 (86); *Starck* in: vM/Klein/Starck, Art. 3 Rn. 371.

76 Hierzu ausführlich *Welti*, S. 288 ff.

77 *Welti*, S. 435.

78 Beispiele bietet hier das Arbeitsleben: wenn für Teilzeitbeschäftigte ein geringerer Stundenlohn als für Vollzeitbeschäftigte bezahlt wird, so liegt zunächst keine Ungleichbehandlung vor. Teilzeitarbeit wird aber überproportional von Frauen ausgeübt. Insofern sind nahezu ausschließlich Frauen von den Nachteilen betroffen.

auch die mittelbaren Diskriminierungen, sind nach den allgemeinen Rechtfertigungsanforderungen des Art. 3 Abs. 1 GG zu beurteilen[79]. Dabei sind die strengen Wertungen des Abs. 3 zu beachten, d.h., es sind erhöhte Anforderungen an die Rechtfertigungen von Maßnahmen zu stellen[80].

Folgt man hingegen der Auffassung, die Diskriminierungsverbote enthielten ein grundsätzliches Anknüpfungsverbot, welches Anlass für mögliche differenzierende Interpretationen biete, so erfasst Art. 3 Abs. 3 Satz 1 GG mittelbare Ungleichbehandlungen, allerdings mit abgeschwächten Rechtfertigungsanforderungen[81].

Die Einbeziehung mittelbarer bzw. faktischer Diskriminierung in den Anwendungsbereich des Abs. 3 GG ist abhängig von dem jeweils zugrunde liegenden Verständnis der Unterscheidungsverbote. Meines Erachtens könnte die Frage letztlich sogar offen bleiben. Es macht nahezu keinen Unterschied, ob mittelbare Diskriminierungen unter Art. 3 Abs. 1 GG gefasst werden unter Zugrundelegung erhöhter Anforderungen an die Rechtfertigung (insbesondere die Wertungen des Abs. 3) oder ob im Rahmen des Abs. 3 GG abgeschwächte Rechtfertigungsanforderungen zum Maßstab genommen werden.

Nach der hier vertretenen Auffassung enthält Art. 3 Abs. 3 GG kein striktes Anknüpfungsverbot, sondern es kann der Norm lediglich ein Begründungsverbot entnommen werden. Fordert man eine substantielle, nicht merkmalsbezogene Begründung der Geeignetheit und Notwendigkeit der Ungleichbehandlung, so lässt sich das Verbot mittelbarer Diskriminierung auf Fälle begrenzen, in denen kein Zweifel besteht, dass Merkmalsträger als Gruppe nachteilig betroffen werden. Es entspricht daher dem abwehrrechtlichen Schutzgehalt der speziellen Gleichheitssätze, auch typische mittelbare Ungleichbehandlungen unter Art. 3 Abs. 3 Satz 1 zu fassen.

Im Ergebnis sind die Fälle der mittelbaren bzw. faktischen Diskriminierung in den Anwendungsbereich des Art. 3 Abs. 3 GG einzubeziehen. Dies gilt auch uneingeschränkt für die Fälle mittelbarer Ungleichbehandlung nach Art. 3 Abs. 3 Satz 2 GG[82]. Eine rechtliche Stütze findet diese Auffassung inzwischen durch den Ersten Senat des Bundesverfassungsgerichts, der im Anschluss an die Rechtsprechung des Europäischen Gerichtshofs und des Bundesarbeitsgerichts

---

79 *Rüfner* in: BK, Art. 3 Rn. 566; *Fries*, S. 247.

80 Vgl. *Osterloh* in: Sachs, Art. 3 Rn. 257.

81 *dies.*, Art. 3 Rn. 256. *Osterloh* bietet zudem einen interessanten Ansatz, indem sie in Fällen der mittelbaren Diskriminierung die Frage nach einer analogen Anwendung des Abs. 3 GG aufwirft, das Ergebnis aber offen lässt, da es sich nicht um eine ergebnisrelevante, sondern eher dogmatische Frage handele.

82 *Umbach* in: U/C, Kommentar zum Grundgesetz, Art. 3 Rn. 408; *Heun* in: Dreier, Art. 3 Rn. 137; *Jarass* in: J/P, Art. 3 Rn. 128.

die Bereitschaft zur Einbeziehung auch mittelbarer Diskriminierungen in den Anwendungsbereich des Art. 3 Abs. 3 GG signalisiert hat[83].

2. Artikel 3 Absatz 1 GG

Der allgemeine Gleichheitssatz des Art. 3 Abs. 1 GG ist gegenüber den speziellen Gleichheitssätzen subsidiär[84]. Haben Zugangsverweigerungen ihre Ursache in Anknüpfungen an die in Art. 3 Abs. 3 GG aufgezählten Merkmale, so kommt ausschließlich Abs. 3 GG in Betracht. Da nach der hier vertretenen Auffassung auch die mittelbaren Ungleichbehandlungen unter Art. 3 Abs. 3 GG zu fassen sind, ist der Anwendungsbereich des Abs. 1 GG nicht eröffnet[85]. Art. 3 Abs. 1 GG hat daher für die Auslegung einfachgesetzlicher Normen, insbesondere solche des Gaststättengesetzes, bei der hier behandelten Fragestellung keine Relevanz und bedarf somit auch keiner vertieften Auseinandersetzung.

3. Wirkungsweise des Art. 3 Abs. 3 GG

Grundrechte beinhalten anerkanntermaßen objektive Wertentscheidungen mit Ausstrahlungswirkung auf die gesamte Rechtsordnung[86]. So gebietet es der aus dem Prinzip der Einheit der Rechtsordnung abzuleitende Grundsatz der verfassungskonformen Auslegung einfachgesetzlichen Rechts, die in Art. 3 Abs. 3 GG getroffene Wertentscheidung zur Inhaltsbestimmung heranzuziehen[87], beispielsweise hinsichtlich des unbestimmten Rechtsbegriffs der öffentlichen Ordnung im Polizeirecht[88].

Vordergründig werden im Folgenden zwei Aspekte untersucht: zum einen ist der Frage nachzugehen, welche Aussage Art. 3 Abs. 3 GG für die Auslegung gaststättenrechtlicher Normen, insbesondere § 1 GastG, trifft. Zum anderen stellt sich die Frage, ob und ggf. auf welche Weise Grundrechte normativ steuernd auf die gesetzliche Gestaltung privatrechtlicher Rechtsverhältnisse wie auch auf den rechtsgeschäftlichen Verkehr zwischen Privaten Einfluss nehmen.

---

[83] BVerfGE 97, S. 35 (43 f.); 104, S. 373 (393).
[84] BVerfGE 59, S. 128 (156); *Bezzenberger*, AcP 196 (1996), S. 395 (407).
[85] *Rüfner* in: FS-Friauf, S. 337; *Bezzenberger*, AcP 196 (1996), S. 395 (412).
[86] BVerfGE 17, S. 1 (27).
[87] *Hesse*, Grundzüge des Verfassungsrechts der Bundesrepublik Deutschland, Rn. 60 ff.
[88] *Ehlers* in: Erichsen/Ehlers, Allg. VerwR., § 4 Rn. 5.

a. Das verfassungsrechtliche Diskriminierungsverbot als Abwehrrecht gegen den Staat

Die Grundrechte sind in erster Linie geprägt durch eine subjektive Abwehrfunktion gegen den Staat[89]. Aufgabe der Grundrechte ist damit die Sicherung der Freiheitssphäre des Einzelnen vor Eingriffen der öffentlichen Gewalt. Diese zuvörderst den Freiheitsrechten zukommende Funktion ist auch den Gleichheitsrechten immanent. Der Staatsgewalt ist mithin zur Rechtfertigung einer Ungleichbehandlung ein Anknüpfen an die in Art. 3 Abs. 3 GG genannten Merkmale nicht erlaubt.

So darf der Staat als Anbieter öffentlich zugänglicher Leistungen nicht aufgrund der Rasse diskriminieren oder an Art. 3 Abs. 3 GG anknüpfende Diskriminierungen in irgendeiner Weise fördern. Verdeutlichen lässt sich dies am Beispiel der gaststättenrechtlichen *Konzession*. Die gewerberechtliche Konzession ist Ausdruck der in Art. 12 Abs. 1 GG gewährleisteten Berufsfreiheit. § 1 Abs. 1 GewO stellt die einfachgesetzliche Verankerung der von der Berufsfreiheit umfassten Gewerbefreiheit dar[90]. Der gaststättenrechtlichen liegt im Gegensatz zur gewerberechtlichen Konzession ein Verbot mit Erlaubnisvorbehalt zugrunde, wodurch der Grundsatz der Gewerbefreiheit eingeschränkt wird[91]. Zweck dieses Konzessionszwangs ist die Tatsache, dass das Gaststättengewerbe erfahrungsgemäß einen Hort häufiger und typischer Ordnungsstörungen darstellt[92]. Ziel der Kontrollerlaubnis ist somit Gefahrenabwehr bzw. Schutz von Belangen Dritter durch die Verwaltung, insbesondere durch die Versagung einer Gaststättenerlaubnis bei unzureichenden persönlichen und sachlichen Voraussetzungen[93].

In ihrer Funktion als Abwehrrechte wirken die Grundrechte lediglich gegen *staatliches* Handeln. Zutrittsverweigerungen zu Gaststätten sind in erster Linie aber Handlungen von Privatrechtssubjekten, so dass die grundrechtliche Abwehrfunktion keinen hinreichenden Schutz der Betroffenen zu vermitteln vermag. Insofern ist vorliegend auf die möglicherweise aus Art. 3 Abs. 3 GG erwachsenen staatlichen Schutzpflichten einzugehen.

---

[89] Vgl. dazu auch *Brugger*, Elemente verfassungsliberaler Grundrechtstheorie, JZ 1987, S. 633 ff.

[90] *Tettinger* in: Tettinger/Wank, GewO, § 1 Rn. 68.

[91] *Michel/Kienzle*, § 2 Rn. 1.

[92] *Mörtel/Metzner*, GastG, § 2 Rn. 1.

[93] *Mörtel/Metzner*, § 2 Rn. 2; *Gusy*, JA 1981, S. 80 (81). Insofern würde eine verbotene Form der Förderung seitens des Staates vorliegen, wenn das Gewerbeaufsichtsamt einem Gastwirt die zum Betrieb notwendige Konzession erteilt, obwohl hinlänglich klar ist, dass Menschen anderer Hautfarbe nicht eingelassen werden.

b. *Objektiv-rechtliche Schutzfunktion des Staates*

aa. *Staatliche Schutzpflicht aus Art. 3 Abs. 3 GG*

Grundrechte wehren in ihrer Abwehrfunktion Eingriffe des Staates kraft eines Unterlassungsanspruchs ab. Die Lehre von den grundrechtlichen Schutzpflichten kehrt diese Wirkungsrichtung gewissermaßen um. Danach ist es Aufgabe des Staates, den einzelnen Bürger vor Übergriffen Privater zu schützen und durch das Ergreifen geeigneter Maßnahmen Rechtsgutsverletzungen zu vermeiden, wenn offensichtliche Fehlentwicklungen entstehen[94]. Plastisch verdeutlicht werden kann die dogmatische Figur der grundrechtlichen Schutzpflichten des Staates anhand des von *Isensee*[95] so genannten Rechts-Dreiecks, das sich aus dem schutzpflichtigen Staat und zwei Privatpersonen zusammensetzt, denen jeweils unterschiedliche Rollen zugedacht sind. In der Störerposition findet sich die Privatperson wieder, die das grundrechtliche Rechtsgut beeinträchtigt, wohingegen der anderen Privatperson die Opferrolle zufällt. In dieser Konstellation ist nunmehr der Staat aufgerufen, zwischen dem Urheber der Beeinträchtigung und dem Schutzbedürftigen zugunsten des privaten Opfers *Schutz* gegen den privaten Störer zu gewährleisten[96].

Die grundrechtliche Schutzpflicht ist in Art. 1 Abs. 1 Satz 2 GG für das Grundrecht der Menschenwürde ausdrücklich genannt: *„Sie zu achten und zu schützen ist Verpflichtung aller staatlichen Gewalt."*

Trotz Fehlens dieser Formulierung in den übrigen Grundrechtsbestimmungen[97] ist heute allgemein anerkannt, dass sich die Funktion der Grundrechte nicht in der Abwehr von staatlichen Eingriffen erschöpft, sondern die in der Formulierung des Art. 1 Abs. 1 Satz 2 GG enthaltene Verhaltenspflicht auf andere Grundrechte übertragbar ist[98]. Die Schutzpflichtlehre ist vom Bundesverfassungsgericht in Bezug auf das Schutzgut des Art. 2 Abs. 2 Satz 1 GG entwickelt worden[99]. Hinsichtlich des Schutzes von Leben und körperlicher Unver-

---

94 *Jarass*, AöR 120 (1995), S. 345 (351 ff.); *Rädler*, DÖV 1997, S. 109 (112).

95 *Isensee*, Das Grundrecht auf Sicherheit, S. 34.

96 Siehe hierzu *Isensee* in: Isensee/Kirchhof, HStR V, § 111, Rn. 116; *Stern*, Staatsrecht III/1, S. 945 f., mit Hinweis auf den „entscheidenden Rollenwechsel" des Staates: „Er wird vom potentiellen Grundrechtsgegner zum Grundrechtsschützer. Es ist das Verblüffendste an der Schutzpflichtenargumentation, dass die Staatsgewalten plötzlich in die Position eines „Grundrechtsfreundes" rücken."

97 Eine solche auf die Funktion des Schützens bezugnehmende Formulierung findet sich noch in Art. 6 Abs. 1 und Abs. 4 GG.

98 Ausführlich hierzu *Klein*, Die grundrechtliche Schutzpflicht, DVBl. 1994, S. 489 ff.

99 Die Pflicht des Staates, das menschliche Leben zu schützen, wird erstmalig im ersten Abtreibungsurteil erwähnt und ist auch auf das ungeborene Leben bezogen. Dabei formuliert das Gericht zusammenfassend wie folgt: „Die Pflicht des Staates, jedes menschliche Leben zu schützen, läßt sich deshalb bereits unmittelbar aus Art. 2 Abs. 2 Satz 1 GG ab-

sehrtheit formuliert es in ständiger Rechtsprechung, dass sich aus dem objektivrechtlichen Gehalt die Pflicht der staatlichen Organe ergebe, „sich *schützend* und fördernd vor die in Art. 2 Abs.2 GG genannten Rechtsgüter zu stellen und sie *insbesondere* vor rechtswidrigen Eingriffen von Seiten anderer zu bewahren“[100]. Die Herleitung grundrechtlicher Schutzpflichten aus Art. 1 GG führt daher zu der Erkenntnis, dass die Annahme von Schutzpflichten nicht auf Art. 2 GG beschränkt sein kann[101].

Allerdings wird die grundrechtliche Schutzfunktion bei den Gleichheitsrechten teilweise verneint[102]. Nach *Heun* beschränkt sich die objektive Wirkung des Art. 3 Abs. 3 GG ausschließlich auf die Drittwirkung, schutzpflichtähnliche Ansprüche ließen sich unstreitig nicht ableiten[103]. Hinsichtlich des allgemeinen Gleichheitssatzes kann dieser Ansicht durchaus gefolgt werden. Das in Art. 3 Abs. 1 GG enthaltene Gebot der Rechtsanwendungs- sowie der Rechtssetzungsgleichheit ist nämlich der Sache nach eine ausschließlich staatsbezogene Pflicht, denn der Staat darf weder privilegieren noch diskriminieren[104]. Die Gleichheit vor dem Gesetz kommt daher nicht als schutzfähiges Rechtsgut in Betracht.

Anders zu beurteilen ist hingegen das Diskriminierungsverbot aus Art. 3 Abs. 3 GG. Obwohl Abs. 3 GG als konkrete Ausprägung des allgemeinen Gleichheitssatzes aus Art. 3 Abs. 1 GG verstanden wird[105], lässt sich der objektiven Wertentscheidung eine Schutzpflicht entnehmen, da aufgrund der aufgezählten Differenzierungsverbote Abs. 3 ein persönlichkeitsrechtliches Schutzgut enthält, das auch Übergriffen nichtstaatlicher Dritter ausgesetzt ist[106]. Argumentiert wird in erster Linie mit dem besonders engen Zusammenhang des Art. 3 Abs. 3 Satz 1 GG zum Menschenwürdegebot[107]. Dabei ist der Bezug zur Menschenwürde, insbesondere im Gaststättenbereich, nicht von der Hand zu weisen. Rassisch motivierte Zugangsverbote zu Gaststätten stellen primär die Verach-

---

leiten.“; BVerfGE 39, S. 1 (41). Dieser Satz wird in späteren Entscheidungen immer wieder in Bezug genommen, vgl. BVerfGE 46, S. 160; 49, S. 89; 53, S. 30; 56, S. 54.

100 BVerfGE 39, S. 1 (42); 88, S. 203 (251); NJW 1996, S. 651.

101 *Erichsen*, Jura 1997, S. 85 (86).

102 *Heun* in: Dreier, Art. 3 Rn. 138; *Isensee* in: Isensee/Kirchhof, HStR V, § 111 Rn. 86 ff.

103 *Heun* in: Dreier, Art. 3 Rn. 138.

104 Hierzu ausführlich *Dietlein*, Die Lehre von den grundrechtlichen Schutzpflichten, S. 84.

105 *Lepa*, Der Inhalt der Grundrechte, Art. 3 Rn. 53 und 59.

106 *Dietlein*, S. 84; *Osterloh* in: Sachs, Art. 3 Rn. 236 f.; *Rüfner* in: BK, Art. 3 Rn. 589; *Canaris*, AcP 184 (1984), S. 201 (235 f); *Erichsen*, Jura 1997, S. 85 (87). Allerdings hat der verfassungsreformierende Grundgesetzgeber 1994 Art. 3 Abs. 3 GG im Gegensatz zu Abs. 2 nicht als staatliches Schutzgebot formuliert. Vgl. hierzu auch *Stemmler*, Grundrechtswirkung und Privatrechtsentfaltung, S. 89 ff.

107 So beispielsweise *Dürig* in: Maunz/Dürig, Art. 3 III Rn. 1. *Osterloh* sieht in dem Mittel der Würdeverletzung, welches zur Anerkennung des Diskriminierungsverbotes geführt hätte, stets eine *Freiheitsgefährdung* und *-verletzung*. Die Verbote des Art. 3 Abs. 3 wirkten daher vor allem als flankierender Freiheitsschutz; in: Sachs, Art. 3 Rn. 236.

tung gegenüber den betroffenen Personen dar und sind mithin eine gegen die Menschenwürde verstoßende Behandlung[108].

Auch unter dem Blickwinkel der an anderer Stelle bereits erörterten sozialen Funktion der Gaststätte ergibt sich ein besonderes Bedürfnis, vor Ungleichbehandlungen im Gaststättengewerbe zu schützen. Diskriminierung erfolgt hier in erster Linie durch Privatpersonen, nämlich durch die Gastwirte oder das angewiesene Personal. Auch im Privatrechtsverkehr gilt es, die Menschenwürde zu achten und zu respektieren. Insofern ist es Aufgabe des Staates, „private" Diskriminierungen zu unterbinden, bzw. die möglicherweise Betroffenen davor zu schützen. Würde man diese dem Staat aus Art. 3 Abs. 3 Satz 1 GG auferlegte Schutzpflicht nicht anerkennen, wäre Eingriffen Privater keine Grenze gesetzt.

(1) Prinzipientheorie

Von zentraler Bedeutung für die Untersuchung grundrechtlicher Rechte auf Schutz ist die Differenzierung von Regeln und Prinzipien im Sinne der Prinzipientheorie.

Wenngleich das Bestehen grundrechtlicher Schutzpflichten heute im Ergebnis nahezu nicht mehr bestritten wird, so beschränken sich die ausdrücklich im Verfassungstext verankerten Schutzpflichten auf ganz bestimmte Einzelfälle. Ergänzend soll daher im Folgenden dargelegt werden, ob die Prinzipientheorie eine über das Abwehrrecht hinausgehende Grundrechtsfunktion im Sinne einer staatlichen Schutzpflicht zu begründen vermag.

In der heute am meist diskutierten Form ist die Prinzipientheorie zuerst von *Ronald Dworkin* entwickelt und ausgearbeitet worden[109]. Die Dworkinsche Prinzipientheorie fand in Deutschland eine Rezeption durch *Robert Alexy*, der sie teilweise modifiziert und präzisiert hat[110]. An dieser Stelle wird die von *Alexy* entwickelte Prinzipientheorie nicht in Gänze nachgezeichnet, sondern nur die für den Gang der Arbeit wichtigsten Aussagen werden dargestellt. Basis der Prinzipientheorie ist die strukturelle Differenz zwischen Regeln und Prinzipien. Regeln sind Normen, die aus Tatbestand und Rechtsfolge bestehen, mit der Folge, dass bei Anwendbarkeit und Geltung der Regel stets ihre Rechtsfolge eintritt[111]. So kann der Regel des § 5 Abs. 1 StVO („Es ist links zu überholen") entweder gefolgt oder nicht gefolgt werden.

---

108 *Neuner*, NJW 2000, S. 1822 f. Die Ungleichbehandlung von Menschen mit Behinderung berühre Art. 1 Abs.1 GG, sofern die Ungleichbehandlung einen herabwürdigen Charakter aufzeige.

109 *Dworkin*, Taking Rights Seriously.

110 *Alexy*, Recht, Vernunft, Diskurs, S. 177 - 212, *ders.*, Der Staat 1990, S. 49 ff.; *ders.*, Theorie der Grundrechte, S. 410 ff., 428 ff., 454 ff.; daran anknüpfend *Borowski*, Grundrechte als Prinzipien, S. 237 ff.

111 *Borowski*, JöR 50 (2002), S. 301 (314).

Hingegen sind Prinzipien nach *Alexy* Optimierungsgebote, die in unterschiedlichem Grade erfüllt sein können. Anders ausgedrückt sind Prinzipien Ziele oder Werte, die in einem möglichst hohen Maße realisiert werden sollen[112]. Prinzipien in diesem Sinne sind beispielsweise die Staatszielbestimmungen, etwa die aus Art. 20 GG ableitbare Rechtsstaats-, Demokratie- und Sozialstaatsprinzipien als auch wertentscheidene Grundsatznormen, die für alle Bereiche des Rechts Geltung beanspruchen (insbesondere Artt. 1 – 3 GG)[113]. So kann aus der Formulierung des Art. 2 Abs. 2 GG („Jeder hat das Recht auf Leben und körperliche Unversehrtheit") das Prinzip des Schutzes des Lebens abgeleitet werden[114].

Überträgt man den Gedanken des Optimierungsgebots auf die besonderen Gleichheitssätze des Art. 3 Abs. 3 GG, so ist das Prinzip des Schutzes vor Diskriminierungen ableitbar. Diese Grundregel verlangt entsprechend der Prinzipientheorie, dass es auf die tatsächlichen und rechtlichen Möglichkeiten in denkbar höchstem Maße realisiert wird, ihm mehr Bedeutung zukommt, als die bloße Statuierung eines objektiven Gebots[115]. Die reale Umsetzung kann adäquat in der Weise geschehen, dass der Staat schützend in die Privatrechtsbeziehungen zugunsten des Opfers eingreift. Insofern lässt sich auch unter Zugrundelegung der Prinzipientheorie eine staatliche Schutzpflicht aus den Grundrechten und damit aus Art. 3 Abs. 3 GG begründen.

(2) Zwischenergebnis

Aus den objektiv-rechtlichen Wirkungen des Diskriminierungsverbotes des Art. 3 Abs. 3 GG lassen sich Schutzpflichten des Staates herleiten, Zugangsverweigerungen vorzubeugen. Die Schutzpflichten gelten sowohl für Grundrechtsverletzungen seitens des Staates als auch seitens nichtstaatlicher Dritter.

bb. Inhalt der Schutzpflichten

Dass sich staatliche Handlungspflichten aus Grundrechten ableiten lassen, hat zur Folge, dass der Gesetzgeber insoweit in die Pflicht genommen ist, für einen Mindeststandard ausreichender Schutznormen zu sorgen[116]. Denn das spezielle Diskriminierungsverbot des Art. 3 Abs. 3 GG bindet die Staatsgewalt in all ihren hoheitlichen Erscheinungsformen unmittelbar[117]. Damit aber überhaupt ein Bedürfnis staatlichen Einschreitens besteht, bedarf es eines tatbestandlichen Auslösers, der in dem rechtswidrigen Eingriff eines Privaten auf ein grundrechtliches Schutzgut besteht[118]. Bei der Erfüllung der daraus entstehenden Schutzpflicht

---

112 *Alexy*, Theorie der Grundrechte, S. 75 ff.
113 *Dreier*, NJW 1986, S. 890 (892).
114 *Alexy*, Theorie der Grundrechte, S. 414.
115 *Alexy*, a.a.O., S. 414.
116 *Dreier* in: Dreier, Vorb. Rn. 101 ff.; *Jarass* in: J/P, Vorb. vor Art. 1 Rn. 6 f.
117 *Dürig* in: Maunz/Dürig, Art. 3 III Rn.. 170.
118 *Isensee* in: Isensee/Kirchhof, HStR V, § 111 Rn. 89.

steht der Legislative laut Bundesverfassungsgericht ein *„weiter Einschätzungs-, Wertungs- und Gestaltungsbereich“* zu[119].

Aus dem Bereich des öffentlichen Rechts kommen vorrangig Normen des Gaststättengesetzes sowie die polizeiliche Generalklausel in Betracht, um auf private Zutrittsverbote angemessen reagieren zu können, hier insbesondere §§ 15 i.V.m. 4 GastG sowie § 1 GastG. Zur Klärung der Frage, ob die gaststättenrechtlichen Normen den aus den grundrechtlichen Schutzpflichten erwachsenden Mindeststandard erfüllen, bedarf es der Auslegung anhand von Art. 3 Abs. 3 GG. Als Bestandteil der objektiven Wertordnung, die nach der Rechtsprechung des Bundesverfassungsgerichts in den Grundrechten zum Ausdruck kommt, muss Art. 3 Abs. 3 GG von Gerichten und Behörden bei der Auslegung einfachgesetzlichen Rechts berücksichtigt werden[120].

Grundrechtliche Schutzpflichten beinhalten zusammenfassend somit zweierlei: in erster Linie hat der Gesetzgeber grundrechtliche Schutzpflichten im Wege der Gesetzgebung zu realisieren, in zweiter Linie sind die Gerichte und Verwaltungsbehörden aufgefordert, diese Schutzpflichten bei Auslegung und Anwendung der Gesetze zu beachten[121].

B. Zusammenfassung

Der bisherige Gang der Untersuchung hat gezeigt, dass rassistisch motivierte oder auf körperliche Nachteile abzielende Diskriminierungen ein alltägliches Vorkommnis in der heutigen Gesellschaft darstellen. Neben der Benachteiligung im Beruf sind es gerade Ungleichbehandlungen im Gewerbe, wie Zugangsverweigerungen zu Gaststätten, die aufgrund ihrer sozial-gesellschaftlichen Funktion die Betroffenen nachhaltig beeinträchtigen, da ihnen in besonderem Maße ihre sozial untergeordnete Stellung in der Gesellschaft offenbart bzw. diese hergestellt wird. Umsomehr bedarf es eines umfassenden Rechtsschutzes gegen diskriminierende Zutrittsverweigerungen.

Diesen Schutz gewährleistet die aus Art. 3 Abs. 3 GG erwachsene staatliche Schutzpflicht, indem Gerichte und Verwaltungsbehörden gehalten sind, bei Anwendung und Auslegung einfachen Rechts die Schutzpflichten zu beachten.

---

[119] BVerfGE 77, S. 170 (214); 79, S. 174 (202); 85, S. 191 (212). Aus dieser gesetzgeberischen Einschätzungsprärogative folgt als grobe Richtschnur, dass nur das „Ob“, nicht das „Wie“ als grundrechtsgeboten eingestuft werden kann, sog. *Untermaßverbot,* BVerfGE 88, S. 203

[120] *Canaris*, AcP 184 (1984), S. 201 (225 ff.).

[121] *Starck*, JuS 1981, S. 237 (245).

A. Völkerrechtliche Verpflichtungen aus dem Internationalen Übereinkommen zur Beseitigung jeder Form von Rassendiskriminierung[122]

Seit 1969 ist die Bundesrepublik Deutschland Vertragspartei der Rassendiskriminierungskonvention vom 7. 3. 1966[123]. Das Abkommen orientiert sich an Regelungen im innerstaatlichen Recht Großbritanniens und insbesondere der Vereinigten Staaten, in denen in dem Civil Rights Act von 1964 in Title II eine Art. 5 (f) RDK vergleichbare Norm erlassen wurde[124]. Verhindert werden sollte dadurch der Ausschluss von der Benutzung der Allgemeinheit zugänglicher, aber in privater Hand befindlicher Einrichtungen aus rassischen Gründen[125]. Der die Konvention beherrschende Grundgedanke sind die Menschenrechte als Grundlage jeder politischen Gemeinschaft. Allerdings bezweckt die Rassendiskriminierungskonvention im Rahmen der Menschenrechte *ausschließlich* die Bekämpfung der Diskriminierung unter dem Gesichtspunkt von Rasse, Farbe und nationaler oder ethnischer Herkunft[126].

Die Relevanz dieses Abkommens für den Zugang zu Gaststätten und damit für den weiteren Gang der Untersuchung ergibt sich aus der Tatsache, dass das Verbot der Rassendiskriminierung nicht nur im Verhältnis der Staatsgewalt zum Bürger sicherzustellen ist, sondern vielmehr von den Vertragsparteien die rechtliche Durchsetzung des Diskriminierungsverbots auch im Bereich der Privatrechtsbeziehungen gefordert wird. Diese Verpflichtung ergibt sich aus Art. 2 Abs. 1 (d) des Abkommens, wonach die Vertragsstaaten sich verpflichten,

„mit allen geeigneten Mitteln unverzüglich eine Politik der Beseitigung der Rassendiskriminierung in jeder Form...zu verfolgen; zu diesem Zweck
d) verbietet und beendigt jeder Vertragsstaat jede durch Personen, Gruppen oder Organisationen ausgeübte Rassendiskriminierung mit allen geeigneten Mitteln einschließlich der durch die Umstände erforderlichen Rechtsvorschriften."

Durch Unterzeichnung des Abkommens hat sich die Bundesrepublik Deutschland verpflichtet, rassistisch motivierte Ungleichbehandlungen unter Privat-

---

122 Im folgenden als „Rassendiskriminierungskonvention" bezeichnet.
123 Vgl. BGBl. 1969 II, S. 961 und 2211.
124 Zum Civil Rights Act vgl. *Delbrück*, Die Rassenfrage als Problem des Völkerrechts und nationaler Rechtsordnungen, S. 199 ff.
125 *Kühner*, NJW 1986, S. 1397 (1398).
126 Vgl. Art. 1 RDK.

rechtssubjekten zu unterbinden, mithin auch diskriminierende Zurückweisungen vom Besuch von Gaststätten. Art. 5 RDK enthält hierfür einen speziellen Katalog von Menschenrechten und Grundfreiheiten im wirtschaftlichen, politischen und sozial-kulturellen Bereich, wonach *„ohne Unterschied der Rasse, der Hautfarbe, des nationalen Ursprungs oder des Volkstums"* Gleichheit vor dem Gesetz gewährleistet werden soll. Nach Art. 5 (f) RDK gilt dieser Grundsatz insbesondere für

„das Recht auf Zugang zu jedem Ort oder Dienst, der für die Benutzung durch die Öffentlichkeit vorgesehen ist, wie Verkehrsmittel, Hotels, Gaststätten, Cafés, Theater und Parks."

Die Rassendiskriminierungskonvention beinhaltet eine Vielzahl interessanter Aspekte[127], bezüglich derer es einer vertieften Auseinandersetzung bedürfte. Für die vorliegende Arbeit soll der Schwerpunkt jedoch ausschließlich auf einer Auseinandersetzung mit Art. 5 (f) RDK liegen. Aufzuzeigen sind die Rechtswirkungen des Internationalen Übereinkommens, wobei zunächst der Anwendungsbereich der Konvention festgelegt wird. Neben der Behandlung der Reichweite des Art. 5 (f) RDK wird im Schwerpunkt die Verbindlichkeit der Rassendiskriminierungskonvention innerhalb der Bundesrepublik Deutschland untersucht, da sich die Vorschriften in erster Linie an die Vertragsstaaten richten. Laut Vertragstext sollen die Vertragsstaaten Gleichheit vor dem Gesetz auch für den Zugang zu öffentlichen Einrichtungen wie Gaststätten gewährleisten. Insofern stellt sich auch hier die Frage, inwieweit aus der Konvention Individualrechte für diskriminierte Personen erwachsen, beispielsweise in Form eines Kontrahierungszwangs, und inwiefern der Vorschrift des Art. 5 (f) RDK Bedeutung bei der Anwendung einfachen Rechts zukommt.

I. Anwendungsbereich des Art. 5 (f) RDK

Bedeutend für den weiteren Gang der Untersuchung ist die Frage des Anwendungsbereichs der Rassendiskriminierungskonvention. Die Zutrittsverweigerung zu Gaststätten fällt nur dann in den Anwendungsbereich des Art. 5 (f) RDK, wenn durch die Abweisung eine Rassendiskriminierung im Sinne des Art. 1 Abs. 1 RDK vorliegt.

Vernachlässigt wird eine Auseinandersetzung mit den verbotenen Unterscheidungskriterien des Art. 1 Abs. 1 RDK. Insoweit kann auf die Ausführungen

---

[127] Vgl. aus dem umfangreichen Schrifttum zu diesem Abkommen nur *Delbrück*, Die Rassenfrage als Problem des Völkerrechts und nationaler Rechtsordnungen, S. 61 ff.; *Partsch*, Rassendiskriminierung – Die UN-Konvention und ihre Wirkungsweise; *Meron*, AJIL 79 (1985), S. 283 ff.; *Fries*, S. 1 ff.

zu den Unterscheidungsmerkmalen des Art. 3 Abs. 3 GG im Allgemeinen Teil verwiesen werden[128].

1. Diskriminierung im Sinne der Rassendiskriminierungskonvention

In der völkerrechtlichen Terminologie bezeichnet der Begriff Diskriminierung eine ungerechtfertigte Unterscheidung, die von der gerechtfertigten Differenzierung abzugrenzen ist[129]. Im Gegensatz zu Art. 3 Abs. 3 GG wird in Art. 1 Abs. 1 RDK die (Rassen-)diskriminierung legaldefiniert. Danach bezeichnet der Ausdruck *Rassendiskriminierung*

„jede auf der Rasse, Hautfarbe, der Abstammung, dem nationalen Ursprung oder dem Volkstum beruhende Unterscheidung, Ausschließung, Beschränkung oder Bevorzugung, die zum Ziel oder zur Folge hat, dass dadurch ein gleichberechtigtes Anerkennen, Genießen oder Ausüben von Menschenrechten und Grundfreiheiten im politischen, wirtschaftlichen, sozialen, kulturellen oder jedem sonstigen Bereich des öffentlichen Lebens vereitelt oder beeinträchtigt wird."

Im Hinblick auf den Regelungsbereich unter Zugrundelegung dieser Legaldefinition der Rassendiskriminierung ist der Frage nachzugehen, ob die Konvention auch anzuwenden ist, wenn ein Gastwirt den Zugang zu seiner Gaststätte beispielsweise nicht wegen der Hautfarbe, sondern aufgrund der Staatsangehörigkeit verweigert.

Den „klassischen" Fall einer Rassendiskriminierung nach Art. 5 (f) RDK stellt die Zutrittsverweigerung Farbiger dar. Verweigert ein Gastwirt einem Schwarzafrikaner den Zugang zu seinem Betrieb, dann liegt eine Diskriminierung im Sinne der Konvention vor. Einer anderen Beurteilung unterzieht sich die Zurückweisung, wenn der Gaststättenbetreiber nicht wegen der Hautfarbe, sondern wegen der nationalen Zugehörigkeit den Einlass verwehrt (zum Beispiel Türken oder Russen). An sich stellt diese Form der Zurückweisung keine Diskriminierung im Sinne der Konvention dar, ist doch die Unterscheidung aufgrund der Staatsangehörigkeit nach Art. 1 Abs. 2 RDK gerade keine verpönte Ungleichbehandlung:

„Dieses Übereinkommen findet keine Anwendung auf Unterscheidungen, Ausschließungen, Beschränkungen oder Bevorzugungen, die ein Vertragsstaat zwischen eigenen und fremden Staatsangehörigen vornimmt."

---

128 Eine detaillierte Erörterung findet sich bei *Fries*, S. 42 ff.
129 *Tomuschat*, FS Schlochauer, S. 691 (713); *Zimmer*, Hate Speech im Völkerrecht, S. 30 ff.

Die an die Staatsangehörigkeit anknüpfenden Unterscheidungen sind eine weltweite Selbstverständlichkeit[130]. Insoweit besteht eine Parallele zu Art. 3 Abs. 3 GG, wonach die Staatsangehörigkeit kein verbotenes Kriterium darstellt.

Die Unterscheidung zwischen eigenen und fremden Staatsangehörigen ist in den einzelnen Staaten historisch gewachsen und seit jeher üblich. Über die Rechtsnatur der Staatsangehörigkeit besteht Uneinigkeit, nach überwiegender Auffassung wird sie aber als gegenseitiges Rechte- und Pflichtenverhältnis verstanden[131]. Aus diesem Treueverhältnis leitet sich die staatliche Befugnis ab, fremden Staatsangehörigen gewisse Rechte nur dann zu gewährleisten, wenn der andere Staat den Angehörigen des ersten Staates die gleichen Rechte gewährt. Nach Sinn und Zweck des Art. 1 Abs. 2 RDK sollte gerade diese geschichtlich bedingte Unterscheidung zwischen Fremden und eigenen Staatsangehörigen weiterhin ermöglicht bleiben. Die Schaffung einer völkerrechtlichen Vorschrift, die das Kriterium der Staatsangehörigkeit als allgemeinen Diskriminierungsgrund begreift, war damit nicht bezweckt[132].

Die Unterscheidung zwischen Fremden und Staatsangehörigen gleicher Nationalität durch einen Gastwirt ist durch die genannten Erwägungen dennoch nicht gerechtfertigt. Zwischen einer privat betriebenen Gaststätte und potenziellen Gästen besteht nie ein auf Gegenseitigkeit beruhendes staatliches Treuverhältnis, so dass ein Abstellen auf die Staatsangehörigkeit nicht in Betracht kommt. Die Ausnahmevorschrift des Art. 1 Abs. 2 RDK bezieht sich lediglich auf hoheitliche Maßnahmen und erfasst daher nicht das Verhältnis von Privatpersonen untereinander[133]. Der durch einen Gastwirt verwehrte Zugang zu seiner Gaststätte für Türken oder Russen stellt somit keine erlaubte Differenzierung aufgrund der Staatsangehörigkeit dar, sondern eine Rassendiskriminierung im Sinne der Konvention.

2. Zwischenergebnis

Der Anwendungsbereich der Rassendiskriminierungskonvention ist bei einer rassendiskriminierenden Handlung im Sinne des Art. 1 Abs. 1 RDK eröffnet. Nicht nur die Zutrittsverweigerung aufgrund äußerer Merkmale wie der Hautfarbe, sondern auch die Abweisung aufgrund der Staatsangehörigkeit stellt eine verbotene Ungleichbehandlung dar. Die Ausnahmevorschrift des Art. 1 Abs. 2

---

130 Vgl. *Starck* in: vM./Klein/Starck, Art. 3 Rn. 232. Hinsichtlich der Unionsbürgerschaft vgl. Fn. 44.

131 *Kokott* in: Sachs, Art. 16 Rn. 10; BVerfGE 54, S. 53 (70). Für einen auf Mitgliedschaft beruhenden Status v. *Schnapp* in: vM/K, Art. 16 Rn. 6.

132 *Wölker*, Zu Freiheit und Grenzen der politischen Betätigung von Ausländern, S. 159.

133 *Rädler*, Verfahrensmodelle zum Schutz vor Rassendiskriminierung, S. 31.; *Wolfrum* in: Baum/Riedel/Schaefer, Menschenrechtsschutz in der Praxis der Vereinten Nationen, S. 131.

RDK soll lediglich die den Vertragsstaaten innewohnende Unterscheidung zwischen Fremden und eigenen Staatsangehörigen weiterhin gewährleisten. Diskriminierende Zugangsverweigerungen durch Privatpersonen sind mangels hoheitlichen Treueverhältnisses davon klar ausgenommen.

II. Reichweite des Art. 5 (f) Rassendiskriminierungskonvention

In Art. 5 (f) RDK wird von einem *Recht auf Zugang* zu den dort aufgezählten Orten gesprochen. Diese Formulierung gibt Grund zu der Annahme, dass Gaststättenbetreiber möglicherweise einem Kontrahierungszwang unterliegen, der sie verpflichtet, ungeachtet der Rasse Verträge abzuschließen, so dass der Diskriminierte einen Anspruch auf Vertragsabschluss hätte. Über die Reichweite dieser Vorschrift besteht im völkerrechtlichen Schrifttum keine Einigkeit[134].

1. Kontrahierungszwang aus Art. 5 (f) RDK

Allein auf den Wortlaut beschränkt würde sich zweifelsfrei ein Kontrahierungszwang aus Art. 5 (f) RDK ableiten lassen, da explizit von einem *Recht* auf Zugang gesprochen wird. Diese Form der Umsetzung wäre zugleich die wirkungsvollste, um ungehinderten Zugang zu den in der Vorschrift erwähnten Orten zu gewährleisten[135]. Dieser Ansatz könnte möglicherweise in dem Konventionsentwurf des Unterausschusses der Menschenrechtskonvention für die Verhinderung von Diskriminierungen und den Schutz von Minderheiten eine Stütze finden. Der Entwurf beschränkt sich lediglich auf die Ausführung „Zugang“[136]. Die Formulierung „Recht auf“ wurde erst nachträglich eingefügt. Allerdings kann aus dieser formalen nicht zugleich auf eine inhaltliche Änderung im Sinne eines beabsichtigten Kontrahierungszwangs geschlossen werden, da vorrangig der Wortlaut des Art. 5 (f) RDK den anderen aufgezählten Rechten angepasst werden sollte[137].

Stellt man auf Sinn und Zweck der Konvention ab, so steht im Gegensatz zum Wortlaut außer Frage, dass Art. 5 (f) RDK kein Individualrecht auf ungehinderten Zugang zu Gaststätten garantiert: das Abkommen soll jede Form der Rassendiskriminierung im Sinne von Art. 1 Abs. 1 RDK beseitigen. Daraus folgt, dass die ja lediglich gegen aus rassischen Gründen erfolgende Diskriminierungen Schutz gewährende Konvention kein Individualrecht auf Zugang zu Gaststätten gibt, allerdings die Vertragsstaaten verpflichtet, dafür zu sorgen,

---

134 Vgl. zum Meinungsstand *Meron*, AJIL 79 (1985), S. 294; *Buergenthal*, Implementing the UN Racial Convention; TILJ 12 (1977), S. 187 ff.

135 Vgl. die Ausführungen im 1. Kapitel zum Kontrahierungszwang.

136 UN Doc. GAOR, A/C.3/SR.1309, Zif. 32.

137 Vgl. *Fries*, S. 22.

dass Personen aufgrund ihrer Hautfarbe, Rasse etc. nicht vom Besuch von Gaststätten zurückgewiesen werden[138]. Somit erweist sich Art. 5 (f) RDK als Konkretisierung der Regelung in Art. 2 Abs. 1 (d) RDK, Diskriminierungen im Bereich der Privatrechtsbeziehungen mit allen geeigneten Mitteln zu verhindern[139]. Die bestehenden Menschenrechtskonventionen gehen von einem freiheitlichen Grundrechtsverständnis aus, mit dem eine unmittelbare Verpflichtung der Individuen nicht in Einklang zu bringen ist[140].

2. Zwischenergebnis

Lässt der Wortlaut des Art. 5 (f) RDK Rückschlüsse auf einen Kontrahierungszwang noch zu, so ergibt sich letztlich aus Ziel und Zweck der Rassendiskriminierungskonvention, dass ein Individualrecht auf Zugang zu Gaststätten sich allein aus der Vorschrift nicht ableiten lässt und die von der Diskriminierung betroffenen Personen somit keinen Anspruch auf Vertragsabschluss einfordern können.

III. Verbindlichkeit der RDK innerhalb der Bundesrepublik Deutschland

Die Vorschriften des Übereinkommens richten sich zunächst an die Vertragsstaaten. Daher stellt sich die Frage der Verbindlichkeit dieser Regeln innerhalb der Vertragsstaaten, insbesondere, ob Art. 5 (f) RDK unmittelbare Anwendung im innerstaatlichen Recht findet. Die Bundesrepublik Deutschland ist völkerrechtlich verpflichtet, Rassendiskriminierung beim Zugang zu Gaststätten zu unterbinden und vor dem Gesetz Gleichheit zu gewährleisten. Das bloße Bestehen einer völkerrechtlichen Verpflichtung führt aber nicht sogleich zu einer Geltung der Vorschrift im innerstaatlichen Rechtsraum[141]. Die Umsetzung ist, abgesehen von speziellen Vertragsregelungen, grundsätzlich den Vertragsparteien überlassen[142].

Im Kontext der Einbeziehung völkerrechtlicher Normen in den innerstaatlichen Bereich muss zunächst zwischen der innerstaatlichen *Geltung* und der unmittelbaren bzw. mittelbaren *Anwendbarkeit* differenziert werden[143]. Innerstaatliche Geltung bedeutet, dass die völkerrechtliche Norm im innerstaatlichen

---

138 *Kühner*, NJW 1986, S. 1397 (1398); *Stock*, ZAR 1999, S. 118 (119).

139 *Delbrück*, a.a.O., S. 64.

140 *Strauss*, Das Verbot der Rassendiskriminierung, S. 100; *Tomuschat*, AVR 1983, S. 299 (307 und 314).

141 *Dahm/Delbrück/Wolfrum*, Völkerrecht I, S. 101.

142 *Partsch*, Rassendiskriminierung – Die UN-Konvention und ihre Wirkungsweise, S. 7.

143 *Geiger*, Grundgesetz und Völkerrecht, § 30 I 1.

Bereich geltendes Recht darstellt, der Norminhalt mithin Bestandteil der innerstaatlichen Rechtsordnung geworden ist[144].

Welche Rechtswirkung die Bestimmung [hier Art. 5 (f) RDK] für den Einzelfall entfaltet, ist damit noch nicht festgelegt. Dies hängt davon ab, ob sie unmittelbar oder mittelbar anwendbar ist.

1. Innerstaatliche Geltung der Rassendiskriminierungskonvention

Um völkerrechtliche Vorschriften in den innerstaatlichen Rechtsraum einzuführen, ist nach Art. 59 Abs. 2 GG ein nationaler Hoheitsakt erforderlich. Die dort genannten Verträge bedürfen der Zustimmung oder Mitwirkung der jeweils für die Bundesgesetzgebung zuständigen Körperschaften, d. h. von Bundestag und Bundesrat, in der Form eines Zustimmungsgesetzes vor Ratifikation durch den Bundespräsidenten[145].

In der Literatur ist bisher umstritten (gewesen), auf welche Weise ein völkerrechtlicher Vertrag innerstaatliche Geltung erlangt[146]. Das liegt in erster Linie daran, dass das Grundgesetz selbst keine eindeutigen Aussagen hinsichtlich einer Transformation völkerrechtlicher Normen trifft.

Nach der Lehre des *Dualismus* sind Völkerrecht und innerstaatliches Recht eigenständige, unabhängig voneinander bestehende Rechtsordnungen[147]. Begründet wird diese Auffassung dadurch, dass beide Rechtsordnungen ihre eigenen Quellen und Mechanismen enthielten. Für das nationale Recht sei die Verfassung die oberste Rechtsnorm, aus der sich das übrige Recht ableite. Auf der anderen Seite sei auch das Völkerrecht eine eigenständige Rechtsordnung, deren Geltung nicht von innerstaatlichen Rechtsordnungen abhänge[148].

Demgegenüber sind nach der *monistischen* Lehre Völkerrecht und innerstaatliches Recht Teile eines zusammenhängenden umfassenden Rechtssystems[149]. Innerhalb dieser Lehre wird dem Völkerrecht überwiegend Vorrang gegenüber dem nationalen Recht beigemessen (Primat des Völkerrechts)[150].

Allerdings kann eine vertiefte Auseinandersetzung an dieser Stelle im Hinblick auf die Rassendiskriminierungskonvention dahinstehen, da man sich überwiegend einig ist, dass zur Übernahme ins nationale Recht ein staatlicher

---

144 *Geiger*, a.a.O.

145 BVerfGE 73, S. 339 (375).

146 Vgl. zum Meinungsstand *Bleckmann*, Grundgesetz und Völkerrecht, S. 279 f.; *Koenig* in: vM/Klein/Starck, Art. 25 Rn. 32 ff.

147 *Herdegen*, Völkerrecht , § 22 Rn. 1.

148 *Geiger*, § 4 I.

149 *Herdegen*, § 22 Rn. 1

150 Diese Ansicht wird insbesondere von der Wiener Schule (H. Kelsen, Verdross, Merkl) vertreten. Eine ausführliche Darstellung findet sich bei *Bleckmann*, Grundgesetz und Völkerrecht, S. 264 ff.

Hoheitsakt erforderlich sei[151]. Hinsichtlich Art. 5 (f) RDK liegt ein solches Zustimmungsgesetz gerade vor[152]. Die Rassendiskriminierungskonvention ist somit unmittelbar geltendes Recht[153].

2. Unmittelbare oder mittelbare Anwendbarkeit des Art. 5 (f) RDK

Der bisherige Gang der Untersuchung hat gezeigt, dass Art. 5 (f) RDK durch ein Zustimmungsgesetz Gegenstand der innerstaatlichen Rechtsordnung geworden ist. Die rechtlichen Auswirkungen sind damit aber noch nicht festgelegt. Die Wirkung gegenüber bestimmten Rechtsträgern hängt entscheidend von der unmittelbaren oder ggf. mittelbaren Anwendbarkeit der Norm ab.

Als unmittelbar anwendbar wird eine Norm dann erachtet, wenn ihre Anwendung nicht von dem Erlass von Durchführungsvorschriften abhängt, die Vorschrift mithin *self-executing* ist[154]. Anders formuliert ist eine unmittelbare Anwendbarkeit gegeben, wenn der Einzelne sich vor staatlichen Behörden und Gerichten auf die betreffende Vorschrift berufen kann[155]. Wäre Art. 5 (f) RDK im innerstaatlichen Recht unmittelbar anwendbar, dann könnte sich beispielsweise eine von der Zurückweisung durch einen Gastwirt aufgrund rassistischer Motive betroffene Person vor einem Verwaltungsgericht *unmittelbar* auf die Vorschrift des Art. 5 (f) RDK berufen. Das Gericht müsste dann dem Gaststättenbetreiber untersagen, diese Person nicht zu bewirten.

Nur mittelbar anwendbar ist eine völkerrechtliche Regelung hingegen, wenn die Vorschrift nach ihrem Inhalt noch näherer Bestimmung durch staatlichen Hoheitsakt bedarf[156]. Bezogen auf den Zugang zu Gaststätten können mittelbar anwendbare Normen als Auslegungsvorschriften in Betracht kommen, so zum Beispiel im Rahmen der Auslegung von § 1 GastG, und damit auf die deutsche Rechtsordnung einwirken.

a. Unmittelbare Anwendbarkeit

Die Frage der unmittelbaren Anwendbarkeit einer Vertragsbestimmung ist grundsätzlich durch Auslegung der materiellen Regelung zu ermitteln, wenn (wie im Falle der Rassendiskriminierungskonvention) das Zustimmungsgesetz

---

[151] *Zuleeg*, DÖV 1977, S. 462 (467); *Herdegen*, a.a.O., § 22 Rn. 2. Vgl. auch *Schweitzer*, StaatsR III, Rn. 23 ff.
[152] BGBl 1969 II, S. 961; *Stock*, ZAR 1999, S. 118 (119), *Fries*, a.a.O., S. 175.
[153] VG Frankfurt, NJW 1993, S. 2067; *Roellecke*, NJW 1993, S. 3306 (3307).
[154] *Kühner*, NJW 1986, S. 1397 (1399); *Stock*, ZAR 1999, S. 118 (119).
[155] *Zuleeg*, JA 1983, S. 1 (6).
[156] *Geiger*, § 30 I 1.

keine Aussagen über die Anwendbarkeit der völkerrechtlichen Norm enthält[157]. In diesem Fall entscheiden Gerichte und Behörden selbst, in welcher Form ein völkerrechtlicher Vertrag anwendbar ist[158].

Maßgeblich für die unmittelbare Anwendung sind objektive und subjektive Kriterien[159]. Auf subjektiver Ebene ist zunächst auf den Parteiwillen abzustellen. Da die unmittelbare Anwendbarkeit auf den Willen der Vertragsparteien zurückgeht, können sie auch die unmittelbare Anwendbarkeit der völkerrechtlichen Norm gewollt bzw. ausgeschlossen haben[160]. Eindeutige Hinweise sind, wie bereits erwähnt, aus den Materialien und dem Zustimmungsgesetz nicht ersichtlich, so dass ein entsprechender Parteiwille nicht angenommen werden kann.

Als objektive Kriterien zur Bestimmung der unmittelbaren Anwendbarkeit kommen Wortlaut sowie Inhalt und Zweck des Vertragswerkes in Betracht[161]. Nach dem Wortlaut des Vertragstextes werden nur die Vertragsstaaten selbst explizit verpflichtet. So formuliert Art. 2 Abs. 1 (d) RDK, dass jeder *Vertragsstaat* verpflichtet ist, die durch Personen, Gruppen und Organisationen ausgeübte Rassendiskriminierung zu verbieten und zu beendigen[162]. Allerdings hat der Rassendiskriminierungsausschuss erklärt, dass nach seiner Auffassung einige Vorschriften des Übereinkommens self-executing sein können, ohne jedoch auf bestimmte Normen hinzuweisen[163].

Auch nach der Entstehungsgeschichte der Rassendiskriminierungskonvention begründet das Abkommen nur Pflichten im Verhältnis der Vertragsparteien untereinander[164].

Stellt man hingegen auf den Inhalt von Art. 5 (f) RDK ab, so ist das Verbot, aus rassistischen Motiven den Zugang zu Gaststätten zu verweigern, als eindeutige Verhaltenspflicht zur unmittelbaren Anwendbarkeit geeignet[165], wenn die Rassendiskriminierung durch den Staat *selbst* verübt wird. Auch wenn der Vertrag inhaltliche Züge einer unmittelbaren Anwendbarkeit aufweist, kann diese durch die innerstaatliche Rechtslage ausgeschlossen sein. Dies ist in der Regel dann der Fall, wenn die völkerrechtliche Norm nicht ohne weiteren Umsetzungsakt, wie etwa die Bestimmung der behördlichen Zuständigkeit, ausgeführt

---

157 *Zuleeg*, ZaöRV 35 (1975), S. 349 (351); *Buchs*, Die unmittelbare Anwendbarkeit völkerrechtlicher Vertragsbestimmungen, S. 42.

158 *Verdross/Simma*, Universelles Völkerrecht, S. 553. Allerdings hat sich, soweit ersichtlich, allein das VG Frankfurt bisher mit einer innerstaatlichen Anwendbarkeit der Rassendiskriminierungskonvention auseinandergesetzt, vgl. Fn. 154.

159 BGHZ 17, S. 309 (313); 18, S. 22 (26) und BVerfGE 29, S. 348 (360).

160 *Fries*, S. 191, *Bleckmann*, Grundgesetz und Völkerrecht, S. 282.

161 *Kreuzer*, JA 1998, S. 731 (733).

162 Vgl. hierzu auch OVG Münster, NJW 1989, S. 2560 (2561).

163 UN Doc. A/CONF. 92/8, Ziff. 94.

164 *Partsch*, Rassendiskriminierung – Die UN-Konvention und ihre Wirkungsweise, S. 7.

165 *Fries*, S. 195.

werden könnte[166]. Bei Zutrittsverweigerungen zu Gaststätten durch Privatpersonen ist dies der Fall. Die Norm enthält beispielsweise keine Angaben über die Rechtsfolgen eines Verstoßes sowie über das einzuhaltende Verfahren. Nach Art. 2 Abs. 1 (c) RDK hat zwar jeder Vertragsstaat wirksame Maßnahmen zur Verhinderung der Rassendiskriminierung durch seine Behörden zu treffen, allerdings sind diese Pflichten zu unbestimmt. Art. 5 (f) RDK legt somit nur das angestrebte Ziel, nicht aber den zur Erreichung dieses Zieles einzuschlagenden Weg fest. Die Vorschrift ist daher für eine unmittelbare Anwendung ungeeignet[167].

Zwar wird als Argument für eine unmittelbare Anwendbarkeit Art. 14 RDK herangezogen. Danach kann nach Erklärung durch den Vertragsstaat, dass er die Zuständigkeit des Ausschusses für die Entgegennahme von Mitteilungen einzelner seiner Hoheitsgewalt unterstehender Personen anerkennt, Individualbeschwerde erhoben werden, wenn Diskriminierte angeben, Opfer einer Verletzung eines in der Rassendiskriminierungskonvention aufgeführten Rechts zu sein. Allerdings hat sich die Bundesrepublik Deutschland dem Verfahren bisher nicht unterworfen[168].

Art. 5 (f) RDK ist damit im Ergebnis nicht unmittelbar anwendbar.

b. *Mittelbare Anwendbarkeit*

Die Erkenntnis, dass Art. 5 (f) RDK nicht unmittelbar anwendbar ist, hat nicht die Konsequenz, dass Gerichte und Behörden die Bindung der Bundesrepublik an die Rassendiskriminierungskonvention überhaupt nicht berücksichtigen dürfen. In der Literatur und in der Rechtsprechung ist seit langem anerkannt, dass die völkerrechtliche Bindung an einen nicht unmittelbar anwendbaren Vertrag mittelbare Auswirkungen im innerstaatlichen Recht entfalten kann, insbesondere zur Auslegung nationaler Vorschriften[169]. So hat das Bundesverfassungsgericht entschieden, dass Gesetze im Einklang mit den völkerrechtlichen Verpflichtungen der Bundesrepublik Deutschland auszulegen und anzuwenden seien[170]. Dieser Grundsatz der völkerrechtskonformen Auslegung innerstaatlichen Rechts hat seine dogmatischen Wurzeln in Art. 25 GG, aus dem das verfassungsrechtliche

---

166 *Geiger*, § 32 II 3 b).

167 *Kühner*, NJW 1986, S. 1397 (1399). Untermauert werden kann dieses Ergebnis durch einen Vergleich mit völkerrechtlichen Normen, die bereits von deutschen Gerichten für unmittelbar anerkannt wurden. So hat beispielsweise der Bundesgerichtshof die unmittelbare Anwendbarkeit für die Menschenrechtsgewährleistungen der EMRK bejaht, BGHZ 45, S. 30 (33 f.); 46, S. 49 ff.

168 *Rittstieg*, InfAuslR 1993, S. 250.

169 *Wengler*, Völkerrecht Bd. 1, S. 462 f.; *Delbrück*, S. 103.

170 Grundlegend BVerfGE 74, S. 358 (370); s. auch BVerfGE 82, S. 106 (120); BVerfGE, Beschluss v. 14.10.2004, 2 BvR 1481/04 = JZ 2004, S. 1171.

Leitprinzip der Völkerrechtsfreundlichkeit der deutschen Rechtsordnung entwickelt wurde[171].

Die Aussagen des Art. 5 (f) RDK haben vor allem mittelbare Auswirkungen auf Generalklauseln, so im Zivilrecht zur Ausfüllung des Begriffs der Sittenwidrigkeit im Sinne der §§ 138, 826 BGB[172]. Auch können sie zur näheren Konkretisierung der unbestimmten Rechtsbegriffe der öffentlichen Sicherheit und Ordnung im Polizeirecht herangezogen werden sowie zur Bestimmung der Unzuverlässigkeit des Gastwirts im Sinne des § 4 Abs. 1 GastG[173].

c. *Zwischenergebnis*

Die Vertragsauslegung der Rassendiskriminierungskonvention hat ergeben, dass Art. 5 (f) RDK in der deutschen Rechtsordnung keine unmittelbare Anwendung findet. Die in Art. 5 RDK enthaltenen indirekten Individualrechtsverbürgungen sind als Staatsverpflichtungen formuliert und weisen damit bereits auf das Bedürfnis ergänzender innerstaatlicher Rechtssetzungsakte hin. Allerdings kann die Vorschrift im Rahmen mittelbarer Anwendbarkeit bei der Auslegung einfachen Rechts unterstützend herangezogen werden.

3. Umsetzung der Verpflichtungen aus der RDK

Diskriminierungen erfolgen in der überwiegenden Mehrzahl durch Privatpersonen und nicht durch staatliche Stellen. Art. 2 Abs. 1 (d) RDK wendet sich dementsprechend unmittelbar gegen Diskriminierung durch Privatpersonen. Die Vertragsparteien sind danach verpflichtet, zu bewirken, dass auch die Rassendiskriminierung im privaten Bereich beendet wird. Wie die Verpflichtung, Rassendiskriminierung durch Private zu verbieten, umgesetzt wird, wird unterschiedlich beurteilt.

Nach ganz überwiegender Auffassung sind die Vertragsstaaten grundsätzlich nicht verpflichtet, die Menschenrechtsverpflichtungen in das nationale Recht aufzunehmen oder im hier vorliegenden Fall des Fehlens der unmittelbaren Anwendbarkeit durch besondere Einführungsakte zu überführen[174]. Um den völkerrechtlichen Verpflichtungen nachzukommen, reicht es aus, wenn das nationale Recht dem vertraglichen Standard entspricht[175]. Hinsichtlich der Art und Weise der Umsetzung steht den einzelnen Vertragsstaaten ein Ermessensspiel-

---

171 BVerfGE 6, S. 309 (362 f.); 18, 112 (121); 31, 58 (75 ff.).

172 So ausdrücklich *Dürig* in: Maunz/Dürig, Art. 3 III Rn. 68.

173 *Partsch*, GYIL 20 (1977), S. 119 (127). Eine ausführliche Darstellung erfolgt im 3. Kapitel

174 *Bernhardt* in: FS Mosler, S. 75 (76).

175 *Kühner*, NJW 1986, S. 1397 (1398).

raum zu, über dessen Umfang allerdings keine Einigkeit besteht[176]. So wird den Vertragsparteien teilweise nur ein eingeschränktes Ermessen zur Erfüllung der Verpflichtungen aus der Konvention zugebilligt[177]. Danach sind die Staaten gehalten, durch adäquate Vorschriften die Einhaltung des Diskriminierungsverbots im Bereich der Privatrechtsbeziehungen zu gewährleisten. So fordert *Delbrück*, dass diskriminierende Zugangsverweigerungen durch Gastwirte gesetzlich verboten werden müssen[178]. Nach anderer Auffassung steht den partizipierenden Staaten ein weiter Ermessensspielraum zu[179]. Der Wortlaut von Art. 2 Abs. 1 RDK unterstützt diese Ansicht („mit allen geeigneten Mitteln") und scheint die Umsetzung der aus der Rassendiskriminierungskonvention resultierenden Pflicht gänzlich in das Belieben der Vertragsparteien zu stellen. Allein diese weite Auslegung des völkerrechtlichen Ermessens entbindet die Vertragsparteien aber nicht von der Verpflichtung, dass das nationale Recht und seine Anwendung dem von der Konvention vorausgesetzten Standard entsprechen müssen.

Aktualität erfuhr dieser seit Erlass der Rassendiskriminierungskonvention bestehende Streitstand bis vor kurzem durch die kontrovers geführte Diskussion über die innerstaatliche Umsetzung der Richtlinie 2000/43/EG. Nicht zuletzt wegen dieser gemeinschaftsrechtlichen Richtlinie wurde die Umsetzung der Verpflichtungen aus der Konvention in Form eines Antidiskriminierungsgesetzes gefordert. Überdies hinaus sei die effektive Umsetzung des aus der Konvention erwachsenden Schutzauftrages auch nur durch ein spezielles Antidiskriminierungsgesetz zu garantieren[180].

Die gesetzgebenden Körperschaften der Bundesrepublik Deutschland hatten bis zum Inkrafttreten des Allgemeinen Gleichbehandlungsgesetzes unter Hinweis auf Art. 3 Abs. 3 GG, § 130 StGB und das Gaststättenrecht die Initiative unterlassen, gesetzgeberisch tätig zu werden[181]. Das nationale Recht gewährleiste hinreichenden Schutz bei diskriminierenden Handlungen durch private Gaststättenbetreiber. Ob das nationale Recht der Bundesrepublik und seine Anwendung ohne weiteres gesetzgeberisches Tätigwerden dem von der Rassendiskriminierungskonvention geforderten Standard tatsächlich genügten, bedarf inzwischen keiner abschließenden Beurteilung mehr. Vor diesem Hintergrund wird der soeben dargestellte Streitstand mit Erlass des Allgemeinen Gleichbehandlungsgesetzes hinsichtlich der Verpflichtungen aus der Rassendiskriminierungskonvention obsolet.

---

176 *Bernhardt*, a.a.O., S. 75 (77); *Stock*, a.a.O., S. 119; *Kühner*, a.a.O., S. 1398.
177 *Kühner*, a.a.O., S. 1398; *Delbrück*, a.a.O., S. 113.
178 *Delbrück*, a.a.O., S.113 f.
179 *Strauss*, Das Verbot der Rassendiskriminierung, S. 109.
180 *Jositsch*, Strafrecht gegen Rassendiskriminierung, S. 76; *Strauss*, a.a.O., S. 109.
181 Vgl. BT-Drs. V/3960, S. 22.

Ob ein effektiver Schutz vor Rassendiskriminierung grundsätzlich auch ohne Anwendung des Allgemeinen Gleichbehandlungsgesetzes denkbar ist, wird anhand der deutschen Rechtslage im Rahmen des Gefahrenabwehrrechts vertieft behandelt.

4. Berücksichtigung der völkerrechtlichen Verpflichtungen aus Art. 5 (f) RDK in der Praxis

An der effektiven Umsetzung des Rassendiskriminierungsverbots aus Art. 5 (f) RDK in der Praxis bestehen berechtigte Zweifel. Bisher haben sich deutsche Behörden und Gerichte mit der innerstaatlichen Anwendung der Rassendiskriminierungskonvention fast nicht auseinandergesetzt. Soweit ersichtlich, hat einzig das Verwaltungsgericht Frankfurt unter Bezugnahme auf die Konvention entschieden[182]. In der Entscheidung wurde der Deutschen Bundespost, damals noch Bundesbehörde, die Beförderung und Verteilung rassendiskriminierender Wahlzeitung nach dem Postgesetz unter Heranziehung der Rassendiskriminierungskonvention untersagt. Das Verwaltungsgericht urteilte, dass die Konvention als Bestandteil des Bundesrechts unmittelbar Rechte und Pflichten für die Bewohner des Bundesgebiets erzeuge. Für die im Tenor erwähnte Schlussfolgerung (Ausschluss der Wahlzeitung von der Postbeförderung) ist die vom Gericht getroffene Feststellung, die ersichtlich den Wortlaut des Art. 25 GG wiedergibt, jedoch ungenügend. Die entscheidende Frage der *unmittelbaren Anwendbarkeit* bleibt nämlich unbeantwortet.

Die Entscheidung des VG Frankfurt zeigt die Schwierigkeiten der Umsetzung völkerrechtlicher Verpflichtungen in der Praxis auf. Den deutschen Rechtsanwendern fehlt es ersichtlich an ausreichender Kenntnis über den Stellenwert der Rassendiskriminierungskonvention[183]. Insbesondere über die Art und Weise, wie die Vorschriften auf das nationale Recht einwirken und es beeinflussen, besteht offensichtlich keine Klarheit. Grund zu dieser Annahme bietet nicht nur die hier dargestellte verwaltungsgerichtliche Entscheidung. Dass der Rassendiskriminierungskonvention in der deutschen Rechtsanwendung bisher keine Berücksichtigung zu Teil geworden ist, hat ihre Ursache wahrscheinlich auch in der mangelnden Kenntnis über die Existenz der Konvention.

---

182 VG Frankfurt, NJW 1993, S. 2067 ff.

183 Vgl. hierzu auch *Frowein*, DÖV 1998, S. 806 (809). Frowein bemängelt, dass das Bundesverfassungsgericht die EMRK bei der Auslegung der deutschen Grundrechte nahezu nicht berücksichtigt. Vgl. inzwischen die Rechtsprechung des Bundesverfassungsgerichts BVerfGE 82, S. 106 (120); BVerfG JZ 2004, S. 1171.

B. Zusammenfassung

Art. 5 (f) RDK verpflichtet die Vertragsstaaten, auf der Rasse beruhende Zugangsverbote zu Gaststätten und anderen öffentlichen Dienstleistungen und Orten umfassend zu beseitigen. Das Verbot der Rassendiskriminierung ist nicht nur im Verhältnis des Staates zum Bürger, sondern auch im Bereich der Privatrechtsbeziehungen zu gewährleisten. Verpflichtete sind allerdings nur die Staaten, nicht die Privaten selbst. Daher resultiert aus Art. 5 (f) RDK kein Individualrecht auf ungehinderten Zugang zu Gaststätten im Sinne eines Kontrahierungszwangs. Grund hierfür ist das den Menschenrechtskonventionen allgemein innewohnende freiheitliche Grundrechtsverständnis. Die Rassendiskriminierungskonvention ist zwar unmittelbar geltendes Recht und damit Gegenstand der innerstaatlichen Rechtsordnung geworden, eine unmittelbare Anwendbarkeit folgt hieraus aber nicht. Von rassistischer Zutrittsverweigerung betroffene Personen können sich nicht vor nationalen Behörden und Gerichten unmittelbar auf Art. 5 (f) RDK berufen. Die Vorschrift entfaltet ihre Wirkung vielmehr bei der Auslegung unbestimmter Rechtsbegriffe bzw. im Rahmen der zwingenden Berücksichtigung höherrangigen Rechts bei der Anwendung einfachgesetzlicher Normen und wirkt so mittelbar auf die deutsche Rechtsordnung ein. Hierfür eignen sich insbesondere die zivilrechtlichen Generalklauseln sowie auslegungsbedürftige Vorschriften im Gefahrenabwehrrecht.

Die Umsetzung der völkerrechtlichen Verpflichtungen aus der Rassendiskriminierungskonvention ist in das Ermessen der Vertragsstaaten gestellt. Dem vertraglichen Standard muss bei der nationalen Ausgestaltung des Verbots jedoch Rechnung getragen werden. Die von Teilen in der Literatur geforderte Ausgestaltung in Form eines Antidiskriminierungsgesetzes ist inzwischen in Form des Allgemeinen Gleichbehandlungsgesetzes umgesetzt worden[184].

Hinsichtlich der völkerrechtskonformen Auslegung nationaler Vorschriften durch die Behörden und Gerichte und damit an der effektiven Umsetzung des Rassendiskriminierungsverbots aus Art. 5 (f) RDK bestehen momentan jedoch noch Zweifel. Das liegt in erster Linie an der seltenen Anwendung dieser rechtlichen Vorgaben in der Praxis, die aus der mangelnden Kenntnis über die Anwendbarkeit resultiert.

Bei adäquater Anwendung des Art. 5 (f) RDK durch die deutschen Behörden und Gerichte steht mit der Rassendiskriminierungskonvention aber ein Instrumentarium zur Verfügung, Diskriminierungen im Gaststättenbereich effektiv zu begegnen. Aufgrund der mittelbaren Wirkung von Art. 5 (f) RDK kann dem Verbot bei der Anwendung einfachgesetzlichen Rechts Rechnung getragen werden.

---

[184] Vgl. hierzu die Ausführungen im 6. Kapitel.

Drittes Kapitel

A. Auswirkungen des Art. 3 Abs. 3 GG auf einfachgesetzliches Recht

Im Folgenden werden im Rahmen der Drittwirkung der Grundrechte die verfassungsrechtlichen Auswirkungen des Art. 3 Abs. 3 GG auf einfachgesetzliche Vorschriften erörtert, insbesondere, inwieweit das Diskriminierungsverbot[185] die Privatautonomie des Gewerbebetreibers einzuschränken vermag. Die Ausgestaltung der aus Art. 3 Abs. 3 GG abgeleiteten Schutzpflicht obliegt der Legislative, die Anwendung einfachen Rechts hingegen ist Aufgabe der Verwaltung und der Gerichte. Anwendung einfachen Rechts beinhaltet dort, wo es geboten ist, die zwingende Berücksichtigung höherrangigen Rechts. D. h., die Gerichte und Verwaltungsbehörden sind daran gebunden, in ihre Entscheidungs- bzw. Urteilsfindung verfassungsrechtliche Ge- oder Verbote einzubeziehen. Konkret bedeutet das für Zutrittsverbote in Gaststätten, einen Ausgleich zwischen der Freiheit des Gaststättenbetreibers und verfassungsrechtlichem Diskriminierungsverbot zu finden[186].

Bisher wurden sowohl von der Rechtsprechung als auch von der Literatur die Fälle der Zutrittsverweigerungen zu Gaststätten anhand zivilrechtlicher Vorschriften rechtlich beurteilt[187]. Dies liegt in erster Linie daran, dass die Grundrechtsgefährdung im Gaststättenbereich von Privatpersonen ausgeht, nämlich durch die Gaststättenbetreiber, und nicht durch den Staat. Insoweit scheinen sich insbesondere die zivilrechtlichen Generalklauseln der §§ 138, 242, 823 Abs. 1 und 826 BGB als sogenannte „Einbruchsstellen“ für die Drittwirkung der Grundrechte zu eignen[188].

Jedoch stellt sich bereits hier die Frage, ob die bisherige von Rechtsprechung und Literatur vorgenommene Beschränkung der „Einbruchsstellen“ auf das Privatrecht in den Fällen diskriminierender Zutrittsverweigerungen vor dem

---

185 Der Begriff der Diskriminierung wird zwar vom Grundgesetz nicht verwendet. Im Zusammenhang mit Artikel 3 GG benutzt das Bundesverfassungsgericht jedoch die Begriffe der „verbotenen Diskriminierung“ bzw. „Diskriminierungsverbot“. Vgl. nur BVerfG 2, S. 255 (286); 59, S. 128 (157); 92, S. 91 (109).

186 *Fries*, S. 254. Fries nimmt dabei Bezug auf die Ausführungen von *Wolfrum* in: FS Schneider, S. 515 (524 f.), der eine Konkordanz zwischen effektivem Schutz der Minderheiten und der Achtung der individuellen Freiheiten fordert.

187 RGZ 48, S. 114 (127); 79, S. 224 (229); 115, S. 253 (258); 133, S. 388 (391); BGHZ 63, S. 282 (284 f.).

188 *Nipperdey*, Grundrechte und Privatrecht, S. 17; *Canaris*, AcP 184 (1984), S. 201 (222 f.); *Heun* in: Dreier, Art. 3 Rn 123..

Hintergrund der Lüth-[189] und Handelsvertreterentscheidung[190] des Bundesverfassungsgerichts nicht zu kurz greift. In den Urteilen betont das Bundesverfassungsgericht, dass die Grundrechte eine objektive Wertordnung verkörpern, die als verfassungsrechtliche Grundentscheidung für *alle* Bereiche des Rechts gilt und Richtlinien und Impulse für Gesetzgebung, Verwaltung und Rechtsprechung gibt[191]. Möglicherweise könnte aufgrund dieser Aussage durch verfassungskonforme Auslegung des dem Bewirtungsvertrag zu Grunde liegenden Rechts *unter Heranziehung von § 1 GastG* der „Umweg“ über die zivilrechtlichen Generalklauseln, insbesondere § 826 BGB, vermieden werden.

Unter Berücksichtigung dieser Überlegungen werden zunächst die Ausstrahlungswirkungen des Diskriminierungsverbotes anhand des Privatrechts aufgezeigt. Der Schwerpunkt wird dabei auf der Auseinandersetzung mit einem möglicherweise aus § 826 BGB ableitbaren Kontrahierungszwang liegen. Anschließend wird der Versuch unternommen, unter Heranziehung des Aussagegehalts des § 1 GastG eine adäquate Lösung der Zugangsverweigerungsproblematik im vorvertraglichen Verhältnis des Bewirtungsvertrags zu finden.

I. Ausstrahlungswirkung auf die Privatrechtsordnung

Die in Art. 3 Abs. 3 GG zum Ausdruck kommende Wertentscheidung unserer Verfassung findet insbesondere bei der Auslegung zivilrechtlicher Normen Berücksichtigung. Zwar sind Adressaten des Diskriminierungsverbots primär die Träger öffentlicher Gewalt. In der Praxis zeigt sich jedoch, dass eine Gefährdung des Grundrechts aus Art. 3 Abs. 3 GG eher von Privatpersonen zu erwarten ist[192]. Deshalb erhält die Frage der Drittwirkung der Grundrechte für den Anwendungsbereich des Art. 3 Abs. 3 GG im Privatrecht eine erhebliche Relevanz[193]. Würde den Grundrechten in der Privatrechtsordnung beispielsweise unmittelbare Geltung zukommen, so könnte der Zutritt zu einer Gaststätte unter Berufung auf den speziellen Gleichheitssatz erzwungen werden.

---

189 BVerfGE 7, S. 198 ff.

190 BVerfGE 86, S. 288.

191 BVerfGE 7, S. 198 (205)

192 *Stock*, ZAR 1999, S. 118 hinsichtlich der Zurückweisung dunkelhäutiger US-Soldaten in deutschen Garnisionsstädten; *Timme*, ZAR 1997, S. 130.

193 In diesem Zusammenhang spricht *Fezer* geradezu von einer „Jahrhundertproblematik“; JZ 1998, S. 265 ff..

1. Drittwirkung der Grundrechte

Das Verhältnis zwischen Grundrechten und Privatrecht ist bis heute nicht abschließend geklärt[194]. Vertreten werden dazu drei Auffassungen:

a. *Keine Drittwirkung*

Diese heute, soweit ersichtlich, nur noch von *Schwabe*[195] und *Molketin*[196] vertretene Auffassung misst den Grundrechten im Privatrechtsverkehr keinerlei Geltung bei. Für diese Sichtweise sprechen historische und systematische Erwägungen.

Die Grundrechte sind in ihrer ursprünglichen Funktion als Abwehrrechte des Bürgers gegen den Staat entstanden[197]. Historisch betrachtet besitzen die Grundrechte eine vertikale Stoßrichtung, beanspruchen also keine Geltung im Verhältnis der Bürger untereinander. Gegen eine Geltung der Grundrechte im Privatrecht spricht aus systematischen Erwägungen auch Art. 1 Abs. 3 GG, wonach die Grundrechte nur Gesetzgebung, vollziehende Gewalt und Rechtsprechung als unmittelbar geltendes Recht binden. Der Bürger als Grundrechtsadressat wird hingegen nicht erwähnt. Schließlich wäre bei Annahme einer Drittwirkung aller Grundrechte die Regelung des Art. 9 Abs. 3 Satz 2 GG unverständlich. Diese Bestimmung ist die einzige im Grundgesetz, in der einem Grundrecht unbestritten Geltung im Privatrechtsverkehr beigelegt wird, nämlich bei der Bildung und Betätigung von Gewerkschaften und Arbeitgeberverbänden. Im Umkehrschluss lässt sich aus dieser Vorschrift entnehmen, dass die übrigen Grundrechte, denen eine vergleichbare Formulierung fehlt, keine unmittelbare Geltung im Privatrechtsverkehr entfalten.

Trotz der nicht von der Hand zu weisenden Argumente ist diese Auffassung überholt. Die ursprüngliche Stoßrichtung der Grundrechte als reine Abwehrrechte gegen den Staat kann kein hinreichendes Argument darstellen. Ebenso wie die übrige Rechtsordnung, unterliegen auch die Grundrechte einem wissenschaftlichen Wandel. Sinn und Zweck der Grundrechte ist die Bewahrung der Freiheit, nicht hingegen die Konservierung der Historie[198]. Zudem ignoriert diese Auffassung die ständige Rechtsprechung von Bundesverfassungs- und

---

194 *Stern*, StaatsR III/1, § 76; *Battis/Gusy*, Rn. 391 ff; *Bleckmann*, StaatsR II, § 10 V; *Dreier*, Jura 1994, S. 505 ff.

195 *Schwabe*, Die sogenannte Drittwirkung der Grundrechte, S. 106 ff. Schwabe bezeichnet die Frage nach der Drittwirkung der Grundrechte als „Scheinproblem", da es letztlich bei der Entscheidung über das Verlangen des Gläubigers um staatlichen Rechtsbefehl, staatlichen Richterspruch und staatliche Vollstreckungsmaßnahme gehe.

196 *Molketin*, Strafrecht und Zurückweisung von Gästen durch den Wirt, GewArch 1989, S. 86 (87).

197 *Pieroth/Schlink*, StaatsR II, Rn. 43 ff.

198 *von Münch*, StaatsR II, Rn. 187.

Bundesarbeitsgericht, die den Grundrechten jeweils eine wie auch immer geartete Drittwirkung beimessen[199]. Die Grundrechte enthalten anerkanntermaßen Wertmaßstäbe für die übrige Rechtsordnung, so dass von einem beziehungslosen Nebeneinander von Grundgesetz und Privatrechtsordnung nicht ausgegangen werden kann[200]. Grundrechtsverletzungen gehen im privaten Rechtsverhältnis unmittelbar von einer Privatperson aus und werden nur mittelbar vom Staat gedeckt. Diese Zusammensetzung ist jedoch mit der Bindung der staatlichen Gewalt an Grundrechte in Art. 1 Abs. 3 GG nicht gemeint[201].

b. *Unmittelbare Drittwirkung*

Nach der Lehre von der unmittelbaren Drittwirkung der Grundrechte gelten die Grundrechte ohne Einschränkung auch im Privatrechtsverkehr[202]. Vertreten wurde diese Lehre insbesondere vom Bundesarbeitsgericht[203] mit der Begründung eines „Bedeutungswandels der Grundrechte". Im sogenannten Lernpfleger-in-Fall führte das Bundesarbeitsgericht aus, Grundrechte seien nicht nur Freiheitsrechte, sondern darüber hinaus auch Ordnungsgrundsätze für das soziale Leben, die auch *unmittelbare* Bedeutung für den privaten Rechtsverkehr zwischen den Bürgern haben[204]. Untermauert werden kann diese Meinung durch den Wortlaut des Art. 1 Abs. 2 GG, wonach die Menschenrechte „Grundlage jeder menschlichen Gemeinschaft" sind, also nicht nur Grundlage des Verhältnisses zwischen Bürger und Staat[205]. Als weiterer Gesichtspunkt kann die Entwicklung vom liberalen zum sozialen Rechtsstaat ins Feld geführt werden, in dem Freiheitsbeeinträchtigungen auch von Konzernen, Wirtschaftsverbänden und Gewerkschaften ausgehen können[206].

Bezogen auf den Zugang zu Gaststätten würde die Anwendung der unmittelbaren Drittwirkung der Grundrechte im Privatrechtsverkehr folgendes bedeuten:

Aus den Grundrechten würden unmittelbar privatrechtliche Abwehr- und Leistungsansprüche abgeleitet werden. Die von der Zutrittsverweigerung betrof-

---

199 BVerfGE 7, S. 198 ff.; 25, S. 256 (263); 34, S. 269 (280); 42, 143 (148); BAG NJW 1987, S. 674 (676); NJW 1985, S. 1855 (1857).

200 So auch *von Münch*, StaatsR II, Rn. 204.

201 *Bleckmann*, StaatsR II, S. 225.

202 *Nipperdey*, DVBl. 1958, S. 445 (447); *v. Münch*, StaatsR II, Rn. 188. Vgl. zur unmittelbaren Drittwirkung des Art. 3 Abs. 3 Satz 2 GG als Schutzgesetz iSd. § 823 II BGB *Rädler*, NJW 1998, S. 1621 ff.

203 BAG NJW 1957, S. 1688 (1689); NJW 1973, S. 77 (78).

204 BAG NJW 1957, S. 1688 (1689).

205 Vgl. *v. Hodenberg*, Das Bekenntnis des Deutschen Volkes zu den Menschenrechten in Art. 1 Abs. 2 GG, S. 92 ff.

206 Hierzu *Böckenförde*, Grundrechtsgeltung gegenüber Trägern gesellschaftlicher Macht?, in: *Posser/Wassermann*, Freiheit in der sozialen Demokratie, S. 77 ff.

fenen Personen könnten daher unter Berufung auf Art. 3 Abs. 3 GG den Zugang *erzwingen*, der Gaststättenbetreiber würde mithin einem Kontrahierungszwang unterliegen. Auf den ersten Blick erscheint dieses Ergebnis aus Sicht der Opfer gerechtfertigt, besteht für sie nunmehr ein verfassungsrechtlich garantierter Anspruch auf Zugang. Allerdings dürfen rechtsstaatliche Anforderungen nicht außer Acht gelassen werden. Der Katalog der gewährleisteten Freiheiten richtet sich gegen den Staat und nicht gegen den Privaten[207]. Der Privatrechtsverkehr wird dominiert durch die Privatautonomie, d.h. von der Freiheit des einzelnen, Rechte und Pflichten zu begründen, ändern oder aufzuheben[208]. Die Privatautonomie gerät in Gefahr, wenn Privatpersonen denselben Schranken unterliegen sollten wie der eingreifende Staat[209]. Aus diesen Gründen ist die Lehre von der unmittelbaren Drittwirkung abzulehnen.

c. *Mittelbare Drittwirkung*

Nach der Lehre von der mittelbaren Drittwirkung der Grundrechte werden allgemein gefasste zivilrechtliche Gesetze im Rahmen ihrer Auslegungsspanne so angewendet, dass maßgebliche grundrechtliche Wertungen einfließen können[210]. Medium für die Ausstrahlung der Grundrechte auf das bürgerliche Recht sind insbesondere die als „Einbruchsstellen" bezeichneten wertausfüllungsfähigen und wertausfüllungsbedürftigen Begriffe und Generalklauseln[211]. Die mittelbare Drittwirkung der Grundrechte ist auch ein Anwendungsfall der Schutzpflichtenlehre, bei dem es um schutzpflichtkonforme Auslegung des Gesetzes durch den Richter geht[212]. Die Lehre von der mittelbaren Drittwirkung wird vom Bundesverfassungsgericht seit dem Lüth-Urteil in ständiger Rechtsprechung vertreten[213]. In seinem Urteil stellt es ausdrücklich klar, dass Grundrechte eine objektive Wertordnung bilden und daher „als verfassungsrechtliche Grundentscheidung für alle Bereiche des Rechts gelten", mithin auch für das bürgerliche Recht, denn „keine bürgerlich-rechtliche Vorschrift darf in Widerspruch zu ihm stehen, jede muss in seinem Geiste ausgelegt werden"[214]. Auch das Bundesar-

---

207 *Canaris*, AcP 184 (1984), S. 201 (203 f.); *Alexy*, Theorie der Grundrechte, S. 489; *Klein*, NJW 1989, S. 1633 (1640).

208 *Heinrichs* in: Palandt, Kommentar zum Bürgerlichen Gesetzbuch, Überbl vor § 104 Rn. 1; *Jauernig* in: Jauernig, Kommentar zum BGB, Vor § 145 Rn. 8; *Dörner* in: Hk-BGB, Vor §§ 104 – 185 Rn. 1.

209 *Hager*, JZ 1994, S. 373.

210 Grundlegend BVerfGE 7, S. 198 (205); *Dürig* in: Maunz/Dürig, Art. 3 Abs. 1 Rn. 509; *Erichsen*, Jura 1996, S. 527 (528); *Langner*, Die Problematik der Geltung der Grundrechte zwischen Privaten, S. 48 ff.

211 *Pieroth/Schlink*, StaatsR II, Rn. 181.

212 *Starck*, Praxis der Verfassungsauslegung, S. 67.

213 BVerfGE 7, S. 198 ff.

214 BVerfGE 7, S. 198 (205). Kritisch hierzu *Oeter*, AöR 119 (1994), S. 529 (561).

beitsgericht hat seine frühere Rechtsprechung aufgegeben und ist auf die Lehre von der mittelbaren Drittwirkung eingeschwenkt[215].

Der Lehre von der mittelbaren Drittwirkung der Grundrechte soll auch hier gefolgt werden. Grund hierfür ist die Tatsache, dass der einzelne Bürger grundsätzlich nicht mit Befehl und Zwang gegen einen anderen Bürger vorgehen kann. Er kann nicht wie der Staat in die Rechtssphäre eines anderen Bürgers eingreifen. Vielmehr entstehen zivilrechtliche Beziehungen und insbesondere vertragliche Beziehungen durch Konsens. Der Vertragsschluss selbst ist Ausdruck des Grundrechtes aus Art. 2 Abs. 1 GG. Ein Privater, der sich angesichts eines Vertragsschlusses auf die Grundrechte beriefe, müsste sich demnach entgegenhalten lassen, dass er die Verpflichtung freiwillig – in Ausübung der Privatautonomie – eingegangen sei[216].

2. Zwischenergebnis

Unter Zugrundelegung der mittelbaren Drittwirkung strahlen die Grundrechte ins Privatrecht ein, die Normen der Privatrechtsordnung sind im „Lichte der Verfassung" auszulegen[217]. Aus Art. 3 Abs. 3 GG ergibt sich kein verfassungsrechtlich garantierter Leistungsanspruch auf Zugang zu Gaststätten, der Gaststättenbetreiber unterliegt somit keinem unmittelbar aus der Verfassung ableitbaren Kontrahierungszwang[218].

II. „Einbruchstellen" in das Privatrecht

Als sogenannte „Einbruchstellen" für die mittelbare Drittwirkung kommen insbesondere die zivilrechtlichen Generalklauseln der §§ 138, 242, 823 und 826 BGB in Betracht[219]. Für ein Vorgehen der Betroffenen sind zwei Anspruchsziele denkbar: zum einen die Kompensation entstandener Rechtsverletzungen, zum anderen die Verpflichtung des Gastwirts, die Diskriminierten zu bedienen. Im Folgenden wird ausschließlich der Frage nachgegangen, ob den Diskriminierten

---

215 BAG NJW 1987, S. 674 (676); NJW 1985, S. 1855 (1857).

216 *Ipsen*, StaatsR II, Rn. 58. *Paulus/Zenker* sehen in den Auffassungen einen nahezu geringen praktischen Unterschied, da auch bei Anerkennung einer unmittelbaren Drittwirkung der Grundrechte stets zu berücksichtigen sei, dass die beeinträchtigte Privatautonomie ihrerseits unter dem Schutz der Verfassung stehe und in eine durchzuführende Abwägung zu Gunsten der Geltung des Geschäfts einzustellen sei, in: JuS 2001, S. 1 (5).

217 BVerfGE 84, S. 192 (194 f.); ähnlich BVerfGE 73, S. 261 (269); 103, S. 89 (100).

218 *Mörtel/Metzner*, § 1 Rn. 13; *Michel/Kienzle*, § 4 Rn. 22; *Berg* in: Mutius/Friauf/Westermann, HÖV, Bd. 2, S. 329, Rn. 294. Vgl. statt aller *Salzwedel* in: Festschrift Jahrreiß, S. 339 (347).

219 *Heun* in: Dreier, Art. 3 Rn. 138; *Stern*, StaatsR III/1, S. 1557 f.; *Canaris*, AcP 184 (1984), S. 201 (222 f.); *Classen*, AöR 122 (1997), S. 65 (70).

ein aus § 826 BGB abgeleiteter Anspruch auf die verweigerte Leistung zusteht, mithin also ein Kontrahierungszwang privatrechtlichen Schutz vermittelt[220]. Grund für die Vernachlässigung der Erörterung etwaiger Schadensersatzansprüche ist die Tatsache, dass die von der Diskriminierung betroffenen Personen in erster Linie nicht Geldersatz für bereits entstandene Schäden wollen, sondern in erster Linie an der verweigerten Leistung interessiert sind, d.h. also am Abschluss eines Vertrages, wie er Menschen ohne Behinderung oder anderer Rasse in vergleichbarer Lage offen steht.

1. Mittelbarer Kontrahierungszwang

Den denkbar stärksten Eingriff in die Vertragsfreiheit bedeutet es, wenn jemand zum Abschluss eines Vertrages gezwungen wird.

a. Definition

Der Kontrahierungszwang wurde zum Ende des 19. Jahrhunderts zum ersten Mal kontrovers diskutiert[221]. Zügig wurde damals auf die auch heute noch bestehende Kollision hingewiesen: Vertragsfreiheit auf der einen, Realität von Kontrahierungszwang auf der anderen Seite[222]. Eine auf das Zustandekommen und die formale Wirkung abstellende Definition lieferte *Nipperdey*[223]:

„Kontrahierungszwang ist die auf Grund der Rechtsordnung einem Rechtssubjekt ohne seine Willensbildung im Interesse eines Begünstigten auferlegte Verpflichtung, mit diesem einen Vertrag bestimmten oder von unparteiischer Seite zu bestimmenden Inhalts abzuschließen".

---

220 *Neuner* wirft die Frage auf, inwieweit das Privatrecht als Medium Schutz vor Diskriminierungen bieten kann. Dies sei deshalb problematisch, weil die soziale Inanspruchnahme einzelner Privatrechtssubjekte oftmals zufällig wirke und auf der anderen Seite der Staat mittels seines Steuersystems die sozialen Lasten nach individueller Leistungsfähigkeit gerecht zu verteilen vermöge. Im Ergebnis seien in der Regel nur einzelne Privatpersonen zur Sicherstellung des erforderlichen Sozialschutzes in der Lage, in: NJW 2000, S. 1822 (1823).

221 *Biermann*, Rechtszwang zum Kontrahiren, in: Jherings Jahrbücher für die Dogmatik des bürgerlichen Rechts, Bd. 32 (Bd. 20 N.F.), S. 267-322. Allerdings ist das Phänomen des Kontrahierungszwangs durchaus länger bekannt, so beispielsweise die Beförderung von Pilgern ins Heilige Land im frühen Mittelalter, die scharfen Restriktionen unterlag; *v. Mehren/Gordeley*, The Civil Law System, S. 795.

222 *Kilian*, AcP 180 (1980), S. 47 (49).

223 *Nipperdey*, Kontrahierungszwang und diktierter Vertrag, S. 7. Dem wurde jedoch entgegengehalten, dass schon der Begriff des Kontrahierungszwangs in sich widersprüchlich sei. Ein Zwang zum Kontrahieren, d. h. ein Zwang, sich zu vertragen, sei nicht denkbar; *Bülck*, Vom Kontrahierungszwang zur Abschlusspflicht.

b. *Gesetzlich geregelte Fälle des Kontrahierungszwangs*

Gesetzliche Fälle des Kontrahierungszwangs wurden bereits zu Beginn des Allgemeinen Teils dargestellt. Nach dem Prinzip der Vertragsgerechtigkeit ist jeder Vertragspartner grundsätzlich gleichberechtigt. Im Falle einer Monopolstellung ist diese Vertragsparität bei missbräuchlicher Verweigerung des Vertragsschlusses aufgehoben[224]. Daher ist in Fällen des Monopolmissbrauchs ein Kontrahierungszwang anerkannt[225].

Eine entsprechende gesetzliche Regelung gibt es im Gaststättenrecht nicht. Das liegt in erster Linie daran, dass Gaststätten aufgrund ihrer Vielzahl durchweg keine Monopolstellung ausüben. Dennoch wird teilweise erwogen, in Diskriminierungsfällen § 20 GWB zur Begründung eines unmittelbaren Kontrahierungszwangs heranzuziehen[226]. Diesem Lösungsansatz steht aber bereits der Wortlaut der Vorschrift entgegen, der sich eindeutig auf marktbeherrschende Unternehmen bezieht. Würde der Anwendungsbereich der Norm auf Diskriminierungen im Gaststättenwesen ausgedehnt, so würde die ratio des § 20 GWB völlig verkannt[227].

Ein unmittelbarer Zwang zum Abschluss von Verträgen bedürfte damit einer gesetzlichen Grundlage, die momentan nicht vorhanden ist.

c. *Kontrahierungszwang aus § 826 BGB*

Hinsichtlich der Frage, ob sich aus § 826 BGB für Gaststättenbetreiber ein mittelbarer Kontrahierungszwang ableiten lässt, ist zu differenzieren:

Die Rechtsprechung hat für solche Fälle, in denen ein Monopolunternehmen eine vertragliche Leistung verweigert, aus § 826 BGB einen mittelbaren Kontrahierungszwang hergeleitet[228]. Zwischen Gastwirt und Kunde fehlt es al-

---

224 *Mager*, ZAR 1992, S. 170 (172).

225 *Bydlinski*, AcP 180 (1980), S. 1 (29 ff.).

226 *Stock*, ZAR 1999, S. 118 (124), allerdings ohne weitere Begründung. Lesenswert zum Schutzniveau des § 20 GWB: BGH NJW 1976, S. 801 („Rossignol") und 1979, S. 2152 („Nordmende").

227 *Stock*, ZAR 1999, S. 118 (125); *Timme*, ZAR 1997, S. 130 (131).

228 RGZ 48, S. 114 (127); 79, S. 224 (229); 115, S. 253 (258); 133, S. 388 (391); BGHZ 63, S. 282 (284 f.); s. a. *Schweer*, Diskriminierungsverbot und Kontrahierungszwang, S. 14 f. Ob die Rechtsfolge des Kontrahierungszwangs ein Schadensersatzanspruch nach § 249 I Satz 1 BGB auf Wiederherstellung des schadlosen Zustands beinhaltet oder die Rechtsfolge vielmehr ein den negatorischen Unterlassungs- und Beseitigungsansprüchen verwandter Anspruch auf Schutz vor künftigen Beeinträchtigungen ist, ist nicht eindeutig geklärt. Die ältere Rechtsprechung sah im Zwang zum Vertragsschluss einen Anspruch auf Naturalrestitution iSd. § 249 I 1 BGB. In einer jüngeren Entscheidung beruft sich der BGH hingegen nicht mehr auf die Schadensregel des § 249 BGB, NJW 1990, S. 761. Die herrschende Lehre sieht seit jeher im Kontrahierungszwang einen Anspruch auf Schutz

lerdings regelmäßig an einem solchen Machtgefälle[229]. Der Umstand, dass aufgrund öffentlich-rechtlicher Erlaubnis eine Gaststätte betrieben wird, begründet für den Erlaubnisinhaber weder einen Abschlusszwang, noch schränkt er sein Ermessen ein, bestimmten Personen oder Personengruppen den Eintritt in seine Gaststätte zu verwehren[230].

Die von der Zurückweisung Betroffenen sind daher nicht in vergleichbarer Weise wie bei einem marktbeherrschenden Betrieb in ihrer Privatautonomie beeinträchtigt. Mangels Monopolstellung kann daher der von der Rechtsprechung entwickelte Kontrahierungszwang im Gaststättenbereich nicht angewandt werden.

Einer anderen Beurteilung unterzieht sich die Sachlage bei Vertragsabschlussverweigerung wegen rassistischer bzw. auf Behinderungen abzielende Gründe[231]. Ob für die Fälle der Zutrittsverweigerung aus den genannten Gründen aus § 826 BGB ein Kontrahierungszwang abgeleitet werden kann, ist umstritten[232]. Die Anwendung dieser Vorschrift setzt die vorsätzliche Schädigung in einer gegen die guten Sitten verstoßenden Art und Weise voraus. Das ist dann der Fall, wenn ein Verhalten das Anstandsgefühl aller billig und gerecht Denkenden verletzt[233]. Zur Ausfüllung des Begriffs der Sittenwidrigkeit müssen gesetzgeberische Wertentscheidungen herangezogen werden, um nicht die Wertmaßstäbe des jeweiligen Rechtsanwenders zugrunde zulegen[234]. Solche gesetzgeberischen Wertentscheidungen folgen u. a. aus Art. 3 Abs. 3 GG. Durch die Heranziehung der speziellen Diskriminierungsverbote zur Bestimmung der Sit-

---

vor künftigen Beeinträchtigungen, *Kramer* in: MüKo, Vor § 145 Rn. 13; *Bydlinski*, AcP 180 (1980) S. 1 (10 ff.); *Kilian*, AcP 180 (1980), S. 47 (82).

229 Ausnahmen sind denkbar in schwach besiedelten, ländlichen Gebieten, wo die „Dorfkneipe" die einzige Gaststätte vor Ort darstellt. Fraglich bleibt allerdings, ob bereits dann von einem Monopolunternehmen gesprochen werden kann.

230 BayOLG, NJW 1983, S. 2040 (2041). Allerdings haben öffentlich-rechtliche Beschränkungen der Vertragsfreiheit zunehmende Bedeutung. So bedürfen nach § 2 Abs. 1 PaPKG Wertsicherungsklauseln bei der Geldschuld einer Genehmigung durch das Bundesamt für Wirtschaft. Die Gültigkeit privatrechtlicher Verträge wird in diesem Falle von der Zustimmung einer Behörde abhängig gemacht.

231 Die Rechtsprechung hatte bisher über solche Fälle noch nicht zu entscheiden.

232 Für einen Kontrahierungszwang: *Mager*, ZAR 1992, S. 170 (173); *Neuner*, NJW 2000, S. 1822 (1829); *Otto*, Personale Freiheit und soziale Bindung, S. 147 f.; *Bezzenberger*, AcP 196 (1996), S. 395 (427 f.); *Heinrichs* in: Palandt, Einf v § 145, Rn. 10; *Frowein* in: FS Zacher, S. 157 (160 ff.); *Strauss*, Das Verbot der Rassendiskriminierung, S. 255; *Larenz*, Schuldrecht AT, S. 65; gegen einen Kontrahierungszwang: RG, JW 1931, S. 887; *Busche*, Privatautonomie und Kontrahierungszwang, S. 214; *Kühner*, NJW 1986, S. 1397 (1401); *Michel/Kienzle*, § 4 Rn. 22; *Mörtel/Metzner*, § 1 Rn. 13; *Molketin*, GewArch 1989, S. 86 (87); *Herrmann*, ZfA 27 (1996), S. 19 (59 ff.).

233 Ständige Rechtsprechung seit RGZ 48, S. 114.

234 *Mertens* in: MüKo, § 826 Rn. 2.

tenwidrigkeit werden Private mittelbar auf den Gleichheitssatz verpflichtet[235]. Im Gegensatz zu den von der Rechtsprechung entwickelten Fällen des Kontrahierungszwangs wird hier nicht die Privatautonomie der Diskriminierten gewährleistet, sondern es wird den Anforderungen von Art. 3 Abs. 3 GG Rechnung getragen[236].

Zunächst ist der Frage nachzugehen, ob die tatbestandlichen Voraussetzungen des § 826 BGB bei einer Vertragsabschlussverweigerung durch den Gastwirt erfüllt sind[237].

Erste Voraussetzung ist die Sittenwidrigkeit der durch den Gastwirt vorgenommenen Handlung. Nach Art. 3 Abs. 3 GG darf niemand wegen der dort aufgezählten Merkmale bevorzugt oder benachteiligt werden, im Falle des Abs. 3 Satz 2 GG darf lediglich keine Benachteiligung stattfinden. Die diskriminierende Zutrittsverweigerung durch den Gaststättenbetreiber ist somit sittenwidrig[238].

Zweite Voraussetzung ist ein vorsätzlich zugefügter Schaden. Der Vorsatz muss nach herrschender Meinung die Nachteilszufügung sowie diejenigen Umstände umfassen, aus denen sich die Bewertung der Schädigung als sittenwidrig ergibt[239]. Hinsichtlich der rassistisch motivierten Vertragsabschlussverweigerung dürfte diese Voraussetzung unproblematisch vorliegen. Ist eine Gaststätte nicht barrierefrei eingerichtet und damit für Menschen mit Behinderung nur schwer zugänglich, so wurde bereits an anderer Stelle erörtert, dass dies zum einen gewollt, zum anderen aber auch durchaus unbeabsichtigte Nebenfolge fehlender Barrierefreiheit sein kann. Allerdings braucht der Täter im Rahmen des § 826 BGB die Bewertung der Schädigung weder zu kennen noch nachzuempfinden, die Kenntnis der maßgeblichen Umstände reicht aus[240]. Von einer solchen Tatumstandskenntnis darf wohl ausgegangen werden.

Die diskriminierende Zutrittsverweigerung erfüllt mithin die tatbestandlichen Anforderungen des § 826 BGB[241].

d. § 826 BGB als ausreichende gesetzliche Legitimation?

Möglicherweise bedarf es für einen Kontrahierungszwang aber einer weitergehenden gesetzlichen Legitimation als der zivilrechtlichen Generalklausel des §

---

235 *Stock*, ZAR 1999, S. 118 (125).

236 *Fries*, S. 272.

237 Eine ausführliche Auseinandersetzung mit den Tatbestandsvoraussetzungen des § 826 BGB liefert *Timme*, ZAR 1997, S. 130 (134 f.).

238 *Dürig* in: Maunz/Dürig, Art. 3 Abs. 1 Rn. 516.

239 Vgl. nur *Sprau* in: Palandt, § 826 Rn. 10; *Staudinger* in: Hk-BGB, § 826 Rn. 9.

240 RGZ 90, S. 106 (108); 143, S. 48 (51 f.); BGHZ 8, S. 387 (393); BGH NJW 1951, S. 596 (597); NJW 1986, S. 180 (182).

241 So auch *Metzner*, GastG, § 1 Rn. 78.

826 BGB[242]. Grund zu dieser Annahme könnte aus folgenden Erwägungen bestehen:

Die letztliche Entscheidung über einen entsprechenden Anspruch für die von der diskriminierenden Zutrittsverweigerung betroffenen Personen obliegt den Gerichten, da die Ausfüllungsbedürftigkeit der Generalklauseln den Rechtsanwendern zugewiesen („Richterrecht") und damit dem Gesetzgeber entzogen ist. Damit ist die Entscheidung, ob dem Kontrahierungszwang Vorzug vor der Vertragsfreiheit gegeben wird, ins Ermessen der Richter gestellt[243]. Insofern besteht für die Betroffenen eine nicht ganz unerhebliche Unsicherheit hinsichtlich der Durchsetzung des Anspruchs[244]. Eine einfachgesetzlich ausgestaltete Rechtsvorschrift würde die bestehende Rechtsunsicherheit größtenteils beheben[245].

Einen weiteren Gesichtspunkt stellt der Eingriff in die gemäß Art. 2 Abs. 1 GG garantierte (Vertrags-)freiheit des Gaststättenbetreibers dar. Denn möglicherweise sind die privatrechtlichen Generalklauseln für einen solchen Eingriff zu unbestimmt und somit dem Erfordernis einer gesetzlichen Grundlage nicht genügend[246]. Das Bundesverfassungsgericht sieht in den zivilrechtlichen Generalklauseln (und damit auch in § 826 BGB) eine hinreichende Legitimation[247]. Soweit sich aus der Verfassung eine Schutzpflicht des Staates bezüglich eines Vertragspartners herleiten lasse, wende sich nämlich bei Fehlen spezialgesetzlicher Regelungen dieser Schutzauftrag an den Richter, der den objektiven Grundentscheidungen der Grundrechte unter Heranziehung der zivilrechtlichen Generalklauseln zur Wirkung zu verhelfen habe[248].

Im Folgenden wird untersucht, ob § 826 BGB mithin dem Rechtsinstitut des Gesetzesvorbehalts genügt.

Der Gesetzesvorbehalt wird überwiegend aus dem Rechtsstaats- und Demokratieprinzip (Art. 20 Abs. 1 und 3 GG) hergeleitet, teilweise wird auf Verfassungsgewohnheitsrecht oder unmittelbar auf die Grundrechte abgestellt[249]. Der Anwendungsbereich des Grundsatzes vom Vorbehalt des Gesetzes ist noch nicht eindeutig und abschließend geklärt, von einer vertieften Auseinanderset-

---

242 *Busche*, Privatautonomie und Kontrahierungszwang, S. 161; *Isensee* in: FS Großfeld, S. 485 (502).

243 Diesbezügliche Befürchtungen sind durchaus berechtigt, da nach wie vor die Auffassung vertreten wird, dass die Privatautonomie nicht durch den Gleichheitssatz einschränkbar sei.

244 *Fries*, S. 283.

245 Die Vorschrift müsste auf der Tatbestandsseite ein Diskriminierungsverbot enthalten und in der Rechtsfolge einen Kontrahierungszwang regeln.

246 Vgl. *Isensee* in: FS Großfeld, S. 485 (502).

247 BVerfGE 81, S. 242 (255 f.); 89, S. 214 (233).

248 BVerfGE 81, S. 242 (255 f.).

249 Zur Herleitung und Terminologie allgemein *Erichsen*, Jura 1995, S. 550 (552); *Detterbeck*, Jura 2002, S. 235 (236).

zung wird hier aber abgesehen[250]. Durch die bundesverfassungsgerichtliche Wesentlichkeitsrechtsprechung ist jedoch anerkannt, dass für sämtliche Rechtsgebiete das Gebot einer formell-gesetzlichen Regelung besteht[251]. So ist inzwischen allgemein anerkannt, dass der Vorbehalt des Gesetzes für Belastungen des Bürgers gilt, vor allem bei Eingriffen in Freiheit und Eigentum[252]. Der einem Gastwirt möglicherweise auferlegte Kontrahierungszwang stellt einen Eingriff in die von Art. 2 Abs. 1 GG gewährte Freiheit dar. Denn wer zum Vertragsabschluss gezwungen wird, ist hinsichtlich der Entscheidung, ob er einen Vertrag schließen möchte oder nicht, nicht mehr frei.

Aufgrund dieses Grundrechtseingriffs unterliegt ein Kontrahierungszwang somit zunächst dem Gesetzesvorbehalt. Für die Anforderungen an einer solchen gesetzlichen Grundlage kommt es vorliegend auf den Grad der *inhaltlichen Bestimmtheit* an, der entscheidend vom Maß der *rechtlichen Betroffenheit des Bürgers* abhängt[253]. Je intensiver der Eingriff den Bürger in seinen Grundrechten tangiert, desto präziser und genauer muss die gesetzliche Regelung ausgestaltet sein[254].

Generalklauseln zeichnen sich durch ihre inhaltliche Offenheit aus, die keine unmittelbare Subsumtion erlaubt, sondern immer eine wertende Konkretisierung erforderlich macht. Danach setzt die Anwendung von Generalklauseln stets ein Werturteil nach einem vom Rechtsanwender *selbst* zu konkretisierenden Maßstab voraus[255]. D. h., dass die wertende Entscheidung aufgrund eines Maßstabes erfolgt, der nicht abschließend selbst in der Generalklausel enthalten ist. Gerade wegen dieser Unbestimmtheit wird die Anwendung der Generalklauseln in der Literatur kontrovers diskutiert[256]. Das liegt in erster Linie daran, dass Generalklauseln trotz Wertausfüllungsbedürftigkeit volle formale Geltung beanspruchen[257]. Berücksichtigt man die Intention des Gesetzgebers, so wird schnell klar: Generalklauseln sind primär *Verweisungsnormen* auf rechtsethische Grundsätze, wie beispielsweise die „guten Sitten" in § 826 BGB[258], sowie Ermächtigungsnormen an den Richter[259]. Der Gesetzgeber hat sich für Generalklauseln entschieden, da es unmöglich ist, alle verbotenen Handlungen durch ein Gesetz zu verbieten.

---

250 Vgl. hierzu *Classen*, JZ 2003, S. 693 ff.
251 *Detterbeck*, Jura 2002, S. 235 (238).
252 *Degenhart*, StaatsR I, Rn. 289.
253 *Detterbeck*, Jura 2002, S. 235 (238).
254 *Papier/Möller*, AöR 122 (1997), S. 177 (187).
255 Vgl. *Larenz*, Methodenlehre, S. 288.
256 *Auer*, Materialisierung, Flexibilisierung, Richterfreiheit, S. 132.
257 *Auer*, S. 132.
258 *Larenz/Wolf*, BGB AT, § 3 Rn. 84 f.
259 *Bydlinski*, a.a.O, S. 189 (199).

Diskriminierungen sind inzwischen jedoch besonders häufig vorkommende Verstöße, deren Verbote oftmals in Sondertatbeständen geregelt sind[260]. Insofern bedarf auch der Kontrahierungszwang eines Sondertatbestandes, der über die tatbestandliche Offenheit der Generalklauseln hinausgeht[261]. Die Tatsache, dass möglicherweise bis zur Umsetzung des Allgemeinen Gleichbehandlungsgesetzes nur mittels eines aus § 826 BGB ableitbaren Kontrahierungszwangs Personen vor diskriminierender Zugangsverweigerung in Gaststätten bewahrt werden konnten[262], kann nicht dazu führen, dass die unbestimmten privatrechtlichen Generalklauseln bisher als gesetzliche Grundlage dienten. Der nicht unerhebliche Eingriff in die Privatautonomie des Gaststättenbetreibers erfordert zwingend ein erhöhtes Maß an inhaltlicher Bestimmtheit und tatbestandlicher Präzision; ein Erfordernis, dem Generalklauseln und damit § 826 BGB nicht genügen können.

e. Allgemeines Gleichbehandlungsgesetz

Dieser Mangel an gesetzlicher Legitimation könnte nunmehr durch das Allgemeine Gleichbehandlungsgesetz vom 14. August 2006 behoben worden sein. Der Entwurf für ein Antidiskriminierungsgesetz nach Einarbeitung der Änderungsvorschläge der Fraktionen von SPD und Bündnis 90/ Die Grünen vom 18. März 2005 sah im Bereich des Allgemeinen Zivilrechts als Sanktion für eine Benachteiligung neben Schadensersatz- und Entschädigungsansprüchen einen Kontrahierungszwang vor, wenn in Folge der Benachteiligung ein Vertragsschluss verweigert wurde[263]. § 21 AGG regelt lediglich Schadensersatz- und Unterlassungsansprüche, der Kontrahierungszwang für Verträge ist ersatzlos entfallen[264]. Damit ergeben sich durch die neue Gesetzeslage diesbezüglich keine Änderungen gegenüber der bisherigen. Ein gesetzlicher Kontrahierungszwang zum

260 Vgl. §§ 130, 185 StGB, § 611a BGB, § 75 BetrVG.

261 *Stock*, ZAR 1999, S. 118 (126).

262 Ähnlich *Herdegen*, Der neue Diskriminierungsschutz für Behinderte im Grundgesetz, S. 39 und 45.

263 BT-Drs. 15/4538. Zur damaligen Diskussion über ein solches Antidiskriminierungsgesetz vgl. *Riesenhuber/Franck*, JZ 2004, S. 529 ff.

264 Anders *Thüsing/von Hoff*, NJW 2007, S. 21 ff.: Trotz der Streichung des § 22 Abs. 2 ADG-E im Gesetzgebungsverfahren zum AGG und trotz des fraglichen Sinns eines Kontrahierungszwangs als Sanktion des zivilrechtlichen Benachteiligungsverbots sei davon auszugehen, dass § 21 Abs. 1 Satz 1 AGG einen Anspruch auf Abschluss eines verweigerten Vertrags vorsehe. Ausgehend von der durch Art. 2 Abs. 1 GG beiderseitig gewährleisteten Vertragsfreiheit würde durch einen Kontrahierungszwang die Vertragsfreiheit der geschützten Person soweit erhöht, wie diejenige der potenziellen Vertragspartner geschmälert würde. Für einen Kontrahierungszwang auch *Schiek* in: Schiek, AGG, § 21 Rn. 8 ff; *Bauer/Göpfert/Krieger*, AGG, § 21 Rn. 6.

Schutz vor Benachteiligungen im Zivilrechtsverkehr wird durch das Allgemeine Gleichbehandlungsgesetz nicht statuiert.

Somit stellt das Allgemeine Gleichbehandlungsgesetz (im Gegensatz zum Entwurf für ein Antidiskriminierungsgesetz) keine gesetzliche Legitimation dar.

2. Zwischenergebnis

Die Untersuchung hat somit ergeben, dass sich aus der Generalklausel des § 826 BGB kein Kontrahierungszwang ableiten lässt. Bei diskriminierender Zutrittsverweigerung sind zwar dessen Tatbestandsvoraussetzungen erfüllt, die Vorschrift ist aber mangels hinreichender Bestimmtheit nicht als gesetzliche Grundlage ausreichend.

Die Umsetzung der Ausstrahlungswirkung der Grundrechte mittels der Generalklausel des § 826 BGB würde damit maßgeblich dem Rechtsanwender obliegen. Diese ultima ratio sollte aber vermieden werden, in dem primär der Gesetzgeber handelt.

Eine hinreichende gesetzliche Legitimation ist durch das Allgemeine Gleichbehandlungsgesetz ebenfalls nicht gewährleistet. Sah der Entwurf für ein Antidiskriminierungsgesetz einen Kontrahierungszwang bei Verstoß gegen ein Benachteiligungsverbot noch vor, so ist dieser im AGG ersatzlos gestrichen worden. Trotz der Tatsache, dass das Gesetz keinen ausdrücklichen Kontrahierungszwang vorsieht, wird er anders als im Arbeitsrecht (§ 611a Abs. 2, Halbsatz 2 BGB) aber auch nicht ausgeschlossen.

3. § 1 GastG als hinreichende Gesetzesgrundlage

Eine hinreichende Gesetzesgrundlage für einen Kontrahierungszwang könnte möglicherweise § 1 GastG darstellen. Würde § 1 GastG den Anforderungen an eine gesetzliche Legitimation hinsichtlich der Zugangsverweigerung zu Gaststätten genügen und damit eine objektive Pflicht zur diskriminierungsfreien Bewirtung begründen, so stellt sich die Frage nach der Rechtsfolge für den Gastwirt und für die von der Diskriminierung betroffenen Personen. Die Bewirtung durch den Gaststättenbetreiber stellt einen privatrechtlichen Vertrag dar, der Elemente des Kauf-, Miet-, Werk- und Dienstvertrages in sich vereinigt[265]. Somit liegt die Annahme nahe, auch bei erzwungenem Abschluss das Verhältnis zwischen den beiden Parteien durch Vertrag bzw. im *vorvertraglichen Verhältnis* zu regeln. In diesem Zusammenhang könnte der „diskriminierungsfreie" Zugang als Nebenpflicht des Gastwirts im Sinne einer Schutzpflicht gemäß § 241 Abs. 2 BGB angesehen werden. Der Gastwirt hätte sich dann bei der Abwicklung des Schuldverhältnisses so zu verhalten, dass Körper, Leben, Eigentum und sonstige

[265] LG Karlsruhe, VuR 94, S. 197 ff.

Rechtsgüter des anderen Teils (hier insbesondere die *Ehre*) nicht verletzt werden[266]. Bei Verweigerung könnte der Abschluss mithin als Naturalrestitution nach § 249 Abs. 1 BGB gefordert oder künftige Beeinträchtigungen durch einen negatorischen Unterlassungs- und Beseitigungsanspruch abgewehrt werden.

Auf diese Weise würde die aus § 1 GastG erwachsende objektive Pflicht zur diskriminierungsfreien Bewirtung durch Subjektivierung dieser Pflicht im vorvertraglichen Verhältnis eines Bewirtungsvertrags durch §§ 311 Abs. 2, 241 Abs. 2 BGB ins Zivilrecht transformiert. Voraussetzung hierfür ist eine entsprechende Drittwirkung von § 1 GastG.

a. Auslegung des dem Bewirtungsvertrag zu Grunde liegenden Bürgerlichen Rechts unter Heranziehung von § 1 GastG

Um den Gehalt der Grundrechte möglichst wirksam werden zu lassen, ist im Rahmen der Auslegung einfachgesetzlicher Normen derjenigen Deutung den Vorzug zu geben, „die mit den Prinzipien des Grundgesetzes am besten übereinstimmt"[267]. Die vom Bundesverfassungsgericht hervorgehobene objektivrechtliche Dimension der Grundrechte und die darin gründende dogmatische Figur der mittelbaren Drittwirkung haben auf diesem Wege eine sehr weitgehende verfassungsrechtliche Durchdringung des einfachen Rechts nach sich gezogen[268]. Der verfassungskonformen Auslegung hat die Interpretation nach den herkömmlichen Auslegungsmethoden – namentlich Wortlaut, Historie, Systematik sowie Sinn und Zweck – allerdings stets vorauszugehen[269], da erst anhand dieses Ergebnisses die Notwendigkeit der verfassungskonformen Auslegung in Betracht kommt[270].

aa. Objektive Pflicht zur diskriminierungsfreien Bewirtung aus § 1 GastG

(1) Wortlaut

Der Gaststättenbetrieb muss zugänglich sein. Der Gesetzgeber hat sich in § 1 GastG mit der Formulierung begnügt, dass Zugang für jedermann oder einen bestimmten Personenkreis gewährleistet werden soll. Eine eindeutigere Begriffserklärung lässt sich den übrigen Vorschriften des Gaststättengesetzes nicht entnehmen.

---

266 *Heinrichs* in: Palandt, § 241 Rn. 7 u. § 280 Rn. 28.

267 *Larenz/Canaris*, Methodenlehre der Rechtswissenschaft, S. 160; *Wank*, Die Auslegung von Gesetzen, S. 86 f.

268 Grundlegend hierzu BVerfGE 7, S. 198 (205) – „Lüth".

269 *Larenz/Canaris*, a.a.O., S. 160.

270 *Michel*, JuS 1961, S. 274 (277).

(a) Bestimmter Personenkreis

Beschränkt man sich allein auf den Wortlaut, so ist Zugänglichkeit gegeben, wenn lediglich einem *bestimmten* Personenkreis Zutritt gewährt wird. Dies wird durch die Alternativformulierung in § 1 GastG deutlich. Als bestimmte Personenkreise kommen beispielsweise die Angehörigen einer bestimmten Gesellschaftsschicht oder die Mitglieder eines Vereins[271] oder auch Angehörige eines bestimmten Berufsstandes in Betracht. Es handelt sich somit nicht um bestimmte Personen, sondern um solche, bei denen die jeweiligen Gruppenmerkmale zutreffen. Abgegrenzt werden soll dadurch zu personenbezogenen Einladungen, wie etwa häuslichen Partys oder Hochzeitsfeiern. Die Bewirtung solcher Gäste unterfällt nicht dem Gaststättengewerbe[272].

Es scheint so, als habe der Gesetzgeber dem Gaststättenbetreiber die rechtliche Möglichkeit eingeräumt, seine Kunden selbst zu bestimmen ohne Rücksicht auf diskriminierende Zutrittsverweigerungen. Danach hätte der Betreiber nicht die Verpflichtung, schlechthin jeden Gast zuzulassen[273]. Solange der Betrieb einer bestimmten Klientel zugänglich ist, beispielsweise nur Deutschen oder nur Polen oder Bürgern anderer Herkunft, würde sich der Betreiber im Rahmen der gesetzlichen Vorschrift des § 1 GastG bewegen. Unter Zugrundelegung dieser Überlegungen wäre die Beschränkung der Öffentlichkeit seines Lokals ausschließlich auf deutsche Gäste, um „Ausländern" den Zutritt zu verweigern, rechtmäßig und die Auswahl obläge der Willkür des Gastwirts. Hinsichtlich der Auswahl des *bestimmten Personenkreises* ist jedoch zu unterscheiden:

Zunächst ist es dem Gastwirt unter Berücksichtigung des ihm zustehenden Hausrechts unbenommen, den Kreis seiner Gäste zu bestimmen, sei es durch die Zugangsverweigerung einzelner bestimmter Personen oder gewisser Kreise der Bevölkerung. Solche Beschränkungen des Kundenkreises finden praktisch in Form von „Nobelrestaurants" oder „Clubs nur für Mitglieder" statt. Dieser Beschränkung einer Gaststätte auf einen bestimmten Besucherkreis liegen in der Regel objektive Zweckbestimmungen zugrunde. Vor diesem Hintergrund steht es dem Gaststätteninhaber also frei, Besuchswillige zurückzuweisen oder nicht.

Anders zu beurteilen sind die Fälle der Ablehnung bestimmter Personen durch einen Gastwirt, die wegen der Rasse oder der Behinderung erfolgen und die gezielte Ausgrenzung bezwecken. Hier erfolgt die Zurückweisung allein in Abhängigkeit von dem Kriterium der Rasse oder der Behinderung. Die Beschränkung des Gästekreises nur auf „Deutsche" mag an sich zwar objektiv begründbar sein, dessen ungeachtet wird dadurch die Umgehung der Benachteiligungsverbote des Art. 3 Abs. 3 GG bezweckt. Insoweit handelt es sich in den Fällen

[271] OVG Münster, GewArch. 1976, S. 236.

[272] Robinski-*Pauly*, Gewerberecht, S. 219.

[273] Vgl. *Hoffmann/Seitter*, GastG, Einf. I, Nr. 2.

diskriminierender Zurückweisung nicht um einen bestimmten Personenkreis im Sinne des § 1 GastG.

Hinsichtlich der Bestimmtheit des Besucherkreises und damit der Zurückweisung gewisser Gäste eröffnet § 1 GastG dem Gaststättenbetreiber zwar ein Ermessen, dieses ist allerdings durch das Willkürverbot beschränkt. Die Befugnis zu verbotener Diskriminierung Besuchswilliger kann allein in der vom Gesetzgeber gewählten Formulierung nicht gesehen werden[274].

Mithin ist zunächst an dem eindeutigen Wortlaut des § 1 GastG festzuhalten: der Zugang im Sinne des Gaststättengesetzes ist gegeben, solange die Zugänglichkeit für einen bestimmten Personenkreis nicht aufgehoben wird[275].

Dieses Ergebnis könnte allerdings vor dem Hintergrund fraglich sein, dass der Inhaber einer Gaststätte an die Öffentlichkeit oder Allgemeinheit die Erklärung richtet, der Besuch seines Gewerbes stehe jedermann frei und jeder könne damit rechnen, als Gast willkommen zu sein[276]. Das würde eine Verpflichtung zum Vertragsabschluss bedeuten.

(b) Kontrahierungszwang ?

Es stellt sich somit die Frage, ob der Gaststättenbetreiber aufgrund der ihm erteilten Gewerbeerlaubnis einem aus § 1 GastG abgeleiteten Kontrahierungszwang unterliegt[277]. In diesem Falle wäre der Inhaber verpflichtet, Verträge abzuschließen mit der Folge, dass die betroffenen Personen einen Anspruch auf Vertragsabschluss hätten. Der Bezug des Zwangs zum Vertragsabschluss zur Gaststättenkonzession drängt sich auf, da beispielsweise private Betreiber öffentlicher Transportmittel als Kehrseite der erteilten Erlaubnis einem Kontrahierungszwang unterliegen. So sind Taxiunternehmen nach §§ 22 i.V.m. 1 Abs. 1 Personenbeförderungsgesetz zur Beförderung verpflichtet. Ebenso besteht eine Beförderungspflicht für den Fluglinienverkehr nach § 21 Abs. 2 Luftverkehrsgesetz. Die Unternehmen sind hiernach gehalten, jeden Antrag auf Abschluss eines Beförderungsvertrages im Rahmen der gesetzlichen Vorschriften anzunehmen. Hierbei handelt es sich um eine öffentlich-rechtliche Verpflichtung, die der Staat von den ihm genehmigten Unternehmen verlangt, sog. Beförderungspflicht.

---

274 *Stock*, ZAR 1999, S. 118 (125). Zu einer anderen Beurteilung führt die Ansicht von *Michel/Kienzle*, § 4 Rn. 22: nach dem Text des § 1 Abs. 1 GastG stehe es dem Wirt frei, die Öffentlichkeit seines Lokals zu beschränken, indem er nur bestimmten Personenkreisen Zugang gewähre.

275 Die Zugänglichkeit wird auch durch die Erhebung von Eintrittsgeldern oder durch den Umstand, dass der Wirt sich die Zulassung der ihm nicht bekannten Gäste selbst vorbehält, nicht berührt. Vgl. dazu PrOVG, GewArch. 26, S. 27; OVG Münster, GewArch. 1975, S. 198; OVG Koblenz, GewArch. 1978, S. 135 und *Michel/Kienzle*, § 1 Rn. 51.

276 So auch schon *Alsberg*, JW 1931, S. 888.

277 Gesetzliche Fälle des Kontrahierungszwangs sind bspw. in § 10 AEG oder § 10 EnWG normiert. Dabei handelt es sich um Monopolbetriebe wie die Eisenbahn, Wasser- und Elektrizitätswerke.

Ein unmittelbar aus § 1 GastG ableitbarer Kontrahierungszwang würde den gleichberechtigten Zugang zu Gaststätten gewährleisten, da so die vom Kunden begehrte Leistung sichergestellt wäre und Diskriminierungen zwangsweise vermieden würden[278]. Zu beachten ist hierbei, dass eine solche Maßnahme einen schweren Eingriff in die Privatautonomie des Gaststättenbetreibers darstellen würde[279].

Einem unmittelbaren Kontrahierungszwang steht jedoch entgegen, dass das Gaststättengesetz selbst keine entsprechenden Rechtsvorschriften enthält. Eine analoge Anwendung personenbeförderungs- oder luftverkehrsgesetzlicher Normen würde die planwidrige Nichterfassung eines Tatbestands bei vergleichbarer Interessenlage voraussetzen[280]. Eine entsprechende Anwendung scheidet aber ersichtlich aus, da Gaststättenbetriebe bis auf wenige Ausnahmen keine vergleichbare Monopolstellung innehaben. Gastronomische Versorgung lässt sich im Regelfall nahezu überall erhalten[281].

Ein Anspruch auf Zugang bzw. auf Vertragsabschluss kann daher aus der bloßen Formulierung „jedermann oder bestimmten Personenkreisen *zugänglich*" nicht abgeleitet werden.

(c) Zwischenergebnis

Der Gaststättenbetreiber unterliegt mangels einschlägiger Rechtsnormen aus dem Gaststättenrecht zunächst keinem Kontrahierungszwang, aus § 1 GastG lässt sich keine über den Wortlaut hinausgehende Verpflichtung zur unbegrenzten Aufnahme Besuchswilliger entnehmen. Ein einfachgesetzliches Diskriminierungsverbot wurde im Gaststättenbereich somit nicht eingeführt. Zugänglichkeit im Sinne des § 1 GastG liegt mithin vor, wenn einem bestimmten Personenkreis die Möglichkeit eröffnet wird, problemlos Zutritt zum Ort des Ausschanks zu erlangen. Der Gastwirt unterliegt bei der Auswahl seiner Gäste zwar dem Willkürverbot, der Wortlaut des § 1 GastG bzw. die erteilte Erlaubnis zum Betrieb einer Gaststätte impliziert aber nicht die Verpflichtung, jeden Gast zuzulassen[282]. Nach der herrschenden Schutznormtheorie entfaltet eine Rechtsnorm dann ein subjektiv-öffentliches Recht, wenn die Vorschrift nicht nur den Interes-

---

[278] In diesem Zusammenhang sei kurz auf das Pflichtversicherungsgesetz verwiesen. Früher wurde häufig die Verweigerung bzw. Verzögerung der Bearbeitung von Versicherungsanträgen von Ausländern gerügt. Nach § 5 Abs. 2 sind die Versicherer der Kraftfahrzeughaftpflichtversicherung nunmehr verpflichtet, jedem Kfz-Halter nach den gesetzlichen Vorschriften Versicherung zu gewähren. Vgl. auch *BVerwG*, NJW 1988, S. 2191 ff.

[279] *Eckert*, SchuldR AT, Rn. 55 ff.

[280] Alpmann Brockhaus, Fachlexikon Recht, Stichwort „Analogie".

[281] Denkbar wäre eine Monopolstellung in ländlichen, dünn besiedelten Gebieten, wo bspw. die örtliche Schankwirtschaft die einzige Gaststätte im näheren Umkreis darstellt. Vgl. hierzu OLGZ 1972, S. 281: das OLG Celle entschied, dass die einzige Bäckerei am Ort eine Monopolstellung inne hat.

[282] *Mörtel/Metzner*, GastG, § 1 Rn. 13; *Michel/Kienzle*, § 1 Rn. 51.

sen der Allgemeinheit, sondern nach ihrer Zweckbestimmung zumindest auch den Individualinteressen der Bürgers zu dienen bestimmt ist[283]. Eine individualschützende Zweckrichtung kommt § 1 GastG allein durch die vom Gesetzgeber gewählte Formulierung nicht zu.

(2) Historie und Regelungszusammenhang

In § 33 der Gewerbeordnung von 1869 war für den Betrieb einer Gast- oder Schankwirtschaft und für den Kleinhandel mit Branntwein und Spiritus eine Erlaubnis erforderlich. Im April 1930 wurde vom deutschen Reichstag das Gaststättengesetz verabschiedet[284]. Dieses Spezialgesetz diente vor allem der Bekämpfung des Alkoholmissbrauchs und dem Schutz der Jugend vor Alkoholmissbrauch[285]. Mit dem geltenden Gaststättengesetz vom 5. Mai 1970 sollte u. a. eine Anpassung an die neue verfassungsrechtliche Lage erfolgen, nachdem das Bundesverwaltungsgericht in dem Erfordernis einer Bedürfnisprüfung eine Sperre zum Beruf und einen Verstoß gegen Art. 12 GG sah[286]. Vordergründig war aber wiederum der Schutz vor übermäßigem Alkoholgenuss, insbesondere für jugendliche Gäste, bezweckt[287].

Der aus der Entstehungsgeschichte des Gaststättengesetzes erkennbare Wille des Gesetzgebers bezieht sich primär auf Schutzmaßnahmen vor Alkoholmissbrauch, ferner wird dem Schutz der Nachbarn und der Allgemeinheit vor den erheblichen Gefahren und Belästigungen, die von Gaststättenbetrieben ausgehen können, Rechnung getragen. Das Problem diskriminierender Zutrittsverweigerungen hatte bei Einführung des Gaststättengesetzes nicht die heutige gesellschaftliche Bedeutung und spielte allenfalls eine untergeordnete Rolle, so dass auch anhand historischer Auslegung keine Rückschlüsse auf einen subjektiv öffentlich-rechtlichen Charakter von § 1 GastG geschlossen werden können. Zu einem vergleichbaren Ergebnis führt eine systematische Betrachtungsweise. Beschränkt man sich auf den Regelungszusammenhang innerhalb des Gaststättengesetzes, so zeigt schon der Vergleich mit § 2 Abs. 1 GastG, dass § 1 GastG keinen Individualrechtsschutz vermittelt. Das in § 2 GastG normierte präventive Verbot mit Erlaubnisvorbehalt stellt für den Antragssteller einen Rechtsanspruch dar, wenn keiner der in § 4 Abs. 1 GastG aufgeführten Versagungsgründe vorliegt und das Sachbescheidungsinteresse nicht fehlt[288]. § 1 GastG umschreibt hingegen, wann ein Gaststättengewerbe vorliegt. Ähnlich wie in § 6 Abs. 1 GewO wird damit der Anwendungsbereich des Gaststättengesetzes festgelegt.

---

283 BVerfG NJW 1990, S. 2249; BVerwG NVwZ 1995, S. 1200 u. 1628 (st. Rspr.).

284 RGBl. I S. 147.

285 Vgl. den geschichtlichen Überblick zum Gaststättengesetz in *Mörtel/Metzner*, Einleitung, S. 15 und *Hoffmann/Seitter*, Einf. II, S. 3.

286 BVerwGE 1, S. 48 (52).

287 BT-Drucks. V/205.

288 *Michel/Kienzle*, § 2 Rn. 19.

Ein subjektiv-öffentliches Recht ist durch systematische Auslegung darin nicht zu sehen, es wird dadurch aber auch nicht ausgeschlossen.

(3) Verfassungskonforme Auslegung des dem Bewirtungsvertrag zu Grunde liegenden Bürgerlichen Rechts

Dieses der Untersuchung einer einfachgesetzlichen Norm zugrunde liegende Ergebnis könnte allerdings bei der Auslegung unter Berücksichtigung von Art. 3 Abs. 3 GG zu korrigieren sein. Die Heranziehung einer aus § 1 GastG erwachsenden objektiven Pflicht zur diskriminierungsfreien Bewirtung als schuldrechtliche Nebenpflicht des *Bewirtungsvertrages* durch die mittelbare Verpflichtung Privater auf die Diskriminierungsverbote des Art. 3 Abs. 3 GG würde eine Grundrechtseinschränkung des Gastwirts darstellen, die auf ihre Verfassungsmäßigkeit überprüft werden muss. Bei der Frage des einschlägigen Schutzbereichs wird zum Teil auf die allgemeine Handlungs- bzw. Vertragsfreiheit des Diskriminierenden gemäß Art. 2 Abs. 1 GG abgestellt[289]. Nach anderer Auffassung soll der Schutzbereich des Art. 12 Abs. 1 GG betroffen sein, soweit es sich um Berufsausübung handelt[290]. Bei der mittelbaren Verpflichtung auf die Diskriminierungsverbote handelt es sich zwar nicht um die Entziehung der Gaststättenkonzession, jedoch wird der Gastwirt durch Einhaltung der öffentlich-rechtlichen Schutzpflichten primär in seiner Berufsausübung eingeschränkt, so dass der Schutzbereich des Art. 12 Abs. 1 Satz 2 GG betroffen ist.

(a) Abwägung zw. Vertragsfreiheit und Diskriminierungsverbot

Innerhalb von Rechtsbeziehungen gilt grundsätzlich die verfassungsrechtlich geschützte Privatautonomie[291]. Dem Gastwirt ist es danach zunächst unbenommen, mit wem und mit welchem Inhalt er kontrahiert[292]. Nur in Notfällen könnte sich unter Umständen eine Pflicht zur Aufnahme eines Gastes ergeben, beispielsweise nach § 323 c StGB[293]. Trotz der überragenden Stellung des Instituts der Vertragsfreiheit im Zivilrecht ist dennoch kein zwingender Vorrang vor dem Differenzierungsverbot ableitbar. Denn das Diskriminierungsverbot in Art. 3 Abs. 3 GG soll auch und gerade im Privatrechtsverkehr Geltung beanspruchen[294]. Nach dem Grundsatz praktischer Konkordanz[295] gilt für das Verhältnis der aus Art. 12 Abs. 1 GG folgenden Berufsausübungsfreiheit zum Gleichheits-

---

289 *Mager*, ZAR 1992, S. 170 (172); *Fries*, S. 273.

290 *Scholz* in: Maunz/Dürig, Art. 12 Rn. 115.

291 *Jauernig* in: Jauernig, Vor § 145 Rn. 8; *Hefermehl* in: Soergel, Vor § 104 Rn. 1.

292 BGHZ 70, S. 313 (324 f.); *Dürig* in: FS Nawiasky, S. 157 ff.; *Oechsler* in: Staudinger, § 826 Rn. 440.

293 *Michel/Kienzle*, § 4 Rn. 22.

294 Zur Gewährleistung dieses verfassungsrechtlichen Schutzauftrages dient u.a. auch der Kontrahierungszwang. Vgl. hierzu *Suelmann*, Die Horizontalwirkung des Artikels 3 Absatz 2 GG, S. 129, 79 ff.

295 Vgl. *Hesse*, Grundzüge des Verfassungsrechts der Bundesrepublik Deutschland, Rn. 72.

satz des Art. 3 Abs. 3 GG folgendes: die widerstreitenden Schutzpflichten sind unter Berücksichtigung der besonderen Umstände des Einzelfalles in „einen schonenden Ausgleich“ zu bringen[296].

Durch die dem Gaststättenbetreiber auferlegte objektive Pflicht zur diskriminierungsfreien Bewirtung als schuldrechtliche Nebenpflicht wird zunächst nachhaltig in die Vertragsfreiheit eingegriffen, denn der Gastwirt kann nicht mehr bestimmen, mit wem er kontrahieren möchte. Allerdings hat der Inhaber schon mit der Eröffnung eines allgemein zugänglichen Lokals einen Teil seiner Privatautonomie preisgegeben. Die Privatautonomie ist zwar ein überragender Grundpfeiler der Privatrechtsordnung. Sie beansprucht daher Geltung, wenn die Privatsphäre eines Individuums betroffen ist. Sie wirkt aber umso schwächer, je mehr ein Zugang für die Öffentlichkeit gegeben oder im Falle einer Gaststätte sogar gewollt ist[297]. Die Vertragsfreiheit befreit den Gastwirt nicht davon, sein Gewerbe in den Grenzen des geltenden Rechts auszuüben. Dazu gehört auch das Verbot unzulässiger Diskriminierung[298]. Allerdings stellt nicht jede Vertragsabschlussverweigerung einzelner Angehöriger einer bestimmten Nation zugleich eine verbotene Diskriminierung dar[299]. Zur Vermeidung von Ordnungsverstößen ist es verhältnismäßig, einzelne Türken, Albaner oder Russen ohne Begründungszwang abzuweisen[300]. Dies lässt sich durch die den Gastwirt obliegende verschuldensunabhängige Aufsichtspflicht untermauern, die sich auf seine Gäste erstreckt[301].

Gegenläufig zu einem aus §§ 311 Abs. 2, 241 Abs. 2 BGB iVm. § 1 GastG abgeleiteten Bewirtungszwang würden möglicherweise strafrechtliche Überlegungen wirken. Sollte die diskriminierende Zurückweisung potentieller Gäste keine strafrechtlichen Normen verwirklichen[302], so würde die Sanktionierung durch einen Bewirtungszwang dieses Ergebnis größtenteils wieder unterlaufen.

Die Erteilung der Gaststättenerlaubnis gem. § 2 Abs. 1 GastG ist öffentlich-rechtlicher Natur. Würde das Gaststättenrecht mithin die Privatrechtsordnung überlagern, so würde das Zivilrecht durch den Zwang zum Vertragsabschluss geradezu Aufgaben des öffentlichen Rechts übernehmen[303].

---

296 Vgl. BVerfGE 93, S. 1 (21).

297 *von Münch*, StaatsR II, Rn. 604. Allerdings stellt die Konzessionserteilung keine Verpflichtung zur Bewirtung dar.

298 *Lohse*, NJW 1985, S. 1677 (1681).

299 *Michel/Kienzle*, § 4 Rn. 22.

300 So beispielsweise rivalisierende Fussballfans im Rahmen eines Länderspiels. Aktualität dürfte diese Problematik sicherlich zur Fußballweltmeisterschaft 2006 in Deutschland erfahren.

301 *Stock*, ZAR 1999 S. 118 (125).

302 Siehe hierzu 3. Kapitel, A., I, 1., a).

303 Vgl. *Timme*, ZAR 1997, S. 130 (135), der es für überzeugender hält, eine Lösung dieses Problems im öffentlichen Recht zu suchen.

Allerdings wird die Privatautonomie durch einen mittelbaren Kontrahierungszwang nicht völlig außer Kraft gesetzt bzw. die in Art. 12 Abs. 1 GG gewährte Freiheit faktisch wertlos. Beim Zugang zu einer Diskothek bleibt es dem Gastwirt beispielsweise unbenommen, den Zutritt über den Preis oder eine gewisse Kleiderordnung zu regulieren, so dass ausreichende Leistungsangebote bestehen, über die frei verfügt werden kann[304]. Zudem bleibt bei einem – wenn auch erzwungenem – Vertragsschluss zu den üblichen Konditionen das Gewinninteresse gewahrt. In diesem Zusammenhang kann auch nicht das Argument überzeugen, ein Kontrahierungszwang sei unverhältnismäßig, da den abgewiesenen Gästen ausreichend zumutbare Ausweichmöglichkeiten zur Verfügung stehen würden[305]. Jedoch bestehen gewisse Bedenken gegen die Lösung des Problems über die Annahme eines Kontrahierungszwangs im Hinblick auf die Rechtsfolge. Der Ausschluss betrifft die Diskriminierten nicht vermögensmäßig, vielmehr wird ihnen eine immaterielle Kränkung zugefügt. Insofern könnte man in Erwägung ziehen, dass ein erzwungener Vertragsschluss kaum die gewünschte Bewirtung verschaffen würde, sondern eher „zähneknirschenden Scheingehorsam" des Gastwirts[306].

Da aber schon allein die erstmalige Zurückweisung den Betroffenen bereits ihre sozial untergeordnete Stellung vergegenwärtigt, erscheint die mittelbare Verpflichtung des Gaststättenbetreibers als geeignetes Mittel, da insoweit zumindest die Teilhabe und Teilnahme an der Gesellschaft sichergestellt ist. Mag der Gaststättenbetreiber auch nur „zähneknirschend" Zutritt gewähren, so besteht für die vormals von der Diskriminierung betroffenen Personen nunmehr aber die Möglichkeit der Anbahnung und Pflege sozialer Kontakte.

Ein zunächst geradezu gewichtig erscheinendes Argument gegen einen Zwang zum Vertragsschluss ist der systematische Vergleich mit § 611 a BGB[307]. Die Vorschrift ist eine Ausprägung der Gleichbehandlungspflicht des Arbeitgebers und bezweckt das Verbot geschlechtsdiskriminierender Verhaltensweisen von Arbeitgebern[308]. Zwar ist die Rechtsfolge eines Verstoßes kein Kontrahierungszwang, jedoch soll eine angemessene Entschädigung in Geld geschuldet werden. Insofern wäre durchaus eine Parallele zu ziehen. Der Gesetzgeber hat im Arbeitsrecht mit § 611 a BGB das Diskriminierungsverbot einfachgesetzlich ausgestaltet und damit zu erkennen gegeben, dass er als Rechtsfolge einen Kontrahierungszwang ablehnt[309]. Insoweit vermag ein Vergleich mit § 611 a BGB

---

304 Siehe hierzu *Mager*, ZAR 1992, S. 170 (173).

305 So aber *Stock*, ZAR 1999, S. 118 (126).

306 *Medicus*, Schuldrecht AT, Rn. 84; *Eckert*, Schuldrecht AT, Rn. 61.

307 Vgl. § 81 Abs. 2 SGB IX hinsichtlich der Benachteiligung schwerbehinderter Beschäftigter.

308 *Eckert* in: Hk-BGB, § 611 a Rn. 1.

309 Vgl. BT-Drs. 353/79 = RdA 1980, S. 52 (54). Die Ablehnung eines Kontrahierungszwangs im Arbeitsrecht mag in erster Linie darin gründen, dass es sich bei Arbeits- im

nicht zu greifen. Dennoch lässt sich der gesetzgeberischen Intention hinsichtlich eines Kontrahierungszwangs folgendes entnehmen: Ein Arbeitgeber darf sich nicht grundsätzlich weigern, beispielsweise andersfarbige Menschen einzustellen. Dies müsste gesellschaftlicher Konsens sein – ist es aber nicht, obwohl das Grundgesetz die Benachteiligung verbietet. So verstanden (und nur so kann § 611 a BGB aufgefasst werden) bewirkt ein Kontrahierungszwang keine echte Einschränkung der Berufsausübungsfreiheit, sondern eine Umsetzung dessen, was als Art. 3 Abs. 3 GG eine wesentliche Grundlage der freiheitlich und demokratischen Grundordnung unseres Gesellschaftssystems darstellt. Die Freiheit, und damit auch die Berufsausübungsfreiheit, kann in einem Staatsgefüge nicht grenzenlos gewährleistet werden. Sie findet ihre Grenzen in den Grundrechten Dritter, insbesondere dann, wenn Menschen wegen bestimmter tatsächlicher oder zugewiesener Merkmale abgelehnt werden. Wer eine Vertragsentscheidung aufgrund von Vorurteilen und Vorbehalten trifft und nicht auf Basis objektiv nachvollziehbarer Kriterien, kann sich nicht auf die Vertragsfreiheit und damit auf die Berufsausübungsfreiheit berufen. Die Möglichkeit der ungerechtfertigten Benachteiligung ist auch nicht Bestandteil der Vertragsfreiheit und deshalb berührt ein mittelbarer Kontrahierungszwang, der geeignet ist, diese willkürliche Benachteiligung bei Vertragsabschlüssen zu begegnen, auch nicht die Berufsausübungsfreiheit.

(b) Zwischenergebnis

Die verfassungskonforme Auslegung des dem Bewirtungsvertrag zu Grunde liegenden Bürgerlichen Rechts unter Heranziehung von § 1 GastG hat gezeigt, dass der Gastwirt objektiv zu diskriminierungsfreien Bewirtung verpflichtet ist. Das Diskriminierungsverbot hält einer Verhältnismäßigkeitsprüfung mit der durch Art. 12 Abs. 1 Satz 2 GG gewährten Berufsausübungsfreiheit stand. Im Rahmen ethnischer oder auf körperliche Nachteile abzielender Diskriminierung unter Privaten hat die Gleichheit grundsätzlich Vorrang vor der Vertragsfreiheit[310].

bb. Subjektivierung der aus § 1 GastG erwachsenden Pflicht im vorvertraglichen Verhältnis des Bewirtungsvertrags durch §§ 311 Abs. 2, 241 Abs. 2 BGB

Um den Zutritt zur Gaststätte rechtlich einfordern zu können, bedarf es zunächst der Klärung, ob die diskriminierende Zutrittsverweigerung eine schuldrechtliche Nebenpflichtverletzung aus dem Bewirtungsvertrag darstellt. Darüber hinaus darf dem hieraus erwachsenden Anspruch keine Unmöglichkeit entgegenstehen.

Gegensatz zu Bewirtungsverträgen in der Regel um Dauerschuldverhältnisse handelt und die Statuierung einer Pflicht zum Vertragsschluss hier ungleich stärkere Auswirkungen für den Arbeitgeber als für den Gastwirt hätte.

310 Einer durchaus plastischen Formulierung in diesem Kontext bemüht sich *Bezzenberger* in: AcP 196 (1996), S. 395 (429): „Ist die Vertragsverweigerung sittenwidrig und daher verboten, so ist damit der Vertragsschluss geboten."

Sollte die diskriminierungsfreie Zugangsgewährung vertragliche Nebenpflicht sein, so stellt sich im Anschluss daran die Frage nach rechtlichen Möglichkeiten zur Ausgleichserlangung für die Verletzung von Rechtspositionen der abgewiesenen Personen.

(1) Schutzpflichten als Nebenpflicht iSv. § 241 Abs. 2 BGB

Neben den Leistungspflichten, durch die Eigenart und Typus des Schuldverhältnisses festgelegt sind, begründet das Schuldverhältnis zusätzlich Nebenpflichten. Unterschieden wird zwischen selbständigen Nebenpflichten, die der Vorbereitung, Durchführung und Sicherung der Hauptleistung dienen und unselbständigen Nebenpflichten. Unselbständige Nebenpflichten dienen dem Schutz des Integritätsinteresses der Gegenseite bei Durchführung des Schuldverhältnisses und werden daher auch als *Schutzpflichten* bezeichnet[311]. Die Schutzpflichten waren vor der Schuldrechtsmodernisierung vom 01.01.2002 in § 242 BGB verankert, nunmehr findet sich eine ausdrückliche Regelung in § 241 Abs. 2 BGB[312]. Die Schutzpflichten haben die Rücksichtnahme auf die Rechte, Rechtsgüter und Interessen des anderen Teils zum Gegenstand. Die Vertragsparteien haben sich so zu verhalten, dass der andere Teil nicht in seinem personen- und vermögensrechtlichen status quo beeinträchtigt wird[313]. Insbesondere sollen Schädigungen seiner Gesundheit, seines Eigentums und seiner sonstigen Rechtsgüter und Rechte vermieden werden[314].

Fraglich ist, in welcher Form die diskriminierten Personen bei einer Zurückweisung durch den Gastwirt betroffen sind. An anderer Stelle wurde bereits erwähnt, dass durch den Ausschluss eine immaterielle Kränkung zugefügt wird. Den Betroffenen wird aufgrund äußerer Merkmale (bspw. der Zugehörigkeit zu einer bestimmten Rasse) der Zugang verweigert. Insoweit käme eine Ehrverletzung in Betracht, die zu den von der Schutzpflicht umfassten Rechtsgütern zählt[315]. Durch die Zurückweisung wird die Persönlichkeit des Betroffenen herabgewürdigt und entstellt, so dass der Diskriminierte in seiner Ehre verletzt ist. Die Ablehnung der Bedienung bestimmter Personengruppen durch den Gastwirt stellt mithin eine schuldrechtliche Nebenpflichtverletzung im Sinne einer Schutzpflichtverletzung gemäß § 241 Abs. 2 BGB dar[316], dies umsomehr, als jenseits von materiellen Leistungen nur Privatpersonen in der Lage sind, den erforderlichen sozialen Schutz zu gewähren[317].

---

311 *Medicus*, BR, Rn. 208.
312 *Medicus*, BR, Rn. 208.
313 *Heinrichs* in: Palandt, § 241 Rn. 6; *Schulze* in: Hk-BGB, § 241 Rn. 4.
314 RGZ 78, S. 239 (240); BGH NJW-RR 1995, S. 1244.
315 *Heinrichs* in: Palandt, § 280 Rn. 28.
316 *Bauer/Göpfert/Krieger*, AGG, § 21 Rn. 7.
317 *Neuner*, Privatrecht und Sozialstaat, S. 158 ff, 238 f.; *Canaris*, AcP 184 (1984), S. 210 ff.

Allerdings erscheint fraglich, ob in den Fällen der bereits an der Eingangstür erfolgten Zutrittsverweigerung (bspw. der Eingangsselektion durch Türsteher in Diskotheken) eine Nebenpflichtverletzung vorliegt, da es in der Regel hier noch nicht zum Vertragsschluss gekommen ist. Jedoch entstehen nach dem Wortlaut der §§ 311 Abs. 2, 241 Abs. 2 BGB die Schutzpflichten nicht nur aus bestehenden Schuldverhältnissen, sondern auch aus einem durch vorvertraglichen Kontakt (ehemals gewohnheitsrechtlich anerkannte „culpa in contrahendo", nunmehr in § 311 Abs. 2, 3 BGB gesetzlich geregelt). Insoweit stellt auch der bereits im Eingangsbereich erfolgte diskriminierende Ausschluss eine Schutzpflichtverletzung dar[318].

(2) Keine Unmöglichkeit gemäß § 275 BGB

Weiterhin darf dem Vertragsschluss nicht die Unmöglichkeit gemäß § 275 BGB entgegenstehen[319]. Die Erfüllung des angestrebten Vertrags muss dem Anspruchsgegner, in diesem Fall dem Gastwirt, noch möglich sein. Dies dürfte bei den hier in Betracht kommenden Massengeschäften unproblematisch sein.

(3) Ausgleich nach § 249 Abs. 1 BGB

Zu klären bleibt, in welcher Form die von der Diskriminierung betroffenen Personen für die Verletzung ihrer Rechtsgüter rechtlich Ausgleich fordern können. Den Schlüssel hierzu könnte die zivilrechtliche Schadensregel des § 249 Abs. 1 BGB bilden. Danach hat der zum Schadensersatz Verpflichtete den Zustand herzustellen, der bestehen würde, wenn der zum Ersatz verpflichtende Umstand nicht eingetreten wäre. § 249 Abs. 1 BGB behandelt den Fall der Naturalrestitution und schützt das Integritätsinteresse des Geschädigten[320]. Im Hinblick auf das geschädigte Rechtsgut soll der tatsächliche Zustand hergestellt werden, der der ohne das Schadensereignis bestehenden Lage entspricht[321]. An anderer Stelle wurde bereits dargestellt, dass hinsichtlich der Rechtsfolge eines Kontrahierungszwangs Uneinigkeit besteht. Nicht eindeutig geklärt ist die Frage, ob den Diskriminierten ein Anspruch auf Wiederherstellung des ursprünglichen Zustands zusteht oder die Rechtsfolge in einem den negatorischen Unterlassungs- und Beseitigungsansprüchen ähnlichen Anspruch auf Schutz vor künftigen Beeinträchtigungen besteht[322].

---

[318] Ob man in diesen Fällen überhaupt begrifflich von einer „culpa in contrahendo" sprechen kann, weil der Gaststättenbetreiber ja gar nicht willens ist, zu kontrahieren, soll hier nicht entschieden werden. Tatsächlich treffender wäre wohl die Formulierung „culpa in non contrahendo".

[319] Vgl. hierzu *Schiek* in: Schiek; § 21 Rn. 11; *Däubler/Bertzbach*, AGG, § 21 Rn. 24 f.; *Thüsing/von Hoff*; NJW 2007, S. 21 (24).

[320] *Oetker* in: MüKo, § 249 Rn. 307.

[321] *Schiemann* in: Staudinger, § 249 Rn. 182.

[322] Vgl. zu der Diskussion Fn. 229.

Ein schadensrechtlicher Ausgleich nach § 249 Abs. 1 BGB würde die Vornahme des Vertragsschlusses zu üblichen und angemessen Bedingungen bedeuten[323]. Die Abgewiesenen würden somit den Vertragsschluss *nachträglich* erzwingen. Das gewünschte Ziel „Zugang zur Gaststätte" wäre mithin erreicht. In der Literatur wird dieser Konstruktion entgegengehalten, dass regelmäßig der nicht erfolgte Vertragsschluss nachgeholt werde, es den Diskriminierten in aller Regel aber um die zukünftige Teilhabe bzw. Abwehr künftiger Diskriminierungen ginge[324]. Dieses Argument scheint auf den ersten Blick überzeugend, wirkt ein die Diskriminierung vorbeugender Anspruch doch zunächst effektiver. Allerdings kann es meines Erachtens nicht zur Beschränkung auf den negatorischen Abwehr- und Unterlassungsanspruch in Fällen diskriminierender Zurückweisung führen. Zum einen wird durch die Wiederherstellung des schadlosen Zustands über § 249 Abs. 1 BGB letztlich der erhoffte Vertragsschluss herbeigeführt und somit auch die gewünschte Teilhabe erzwungen, denn der actus contrarius zu einer Vertragsverweigerung ist der Vertragsschluss[325]. Zum anderen setzt ein Abwehr- und Unterlassungsanspruch die Verletzung einer deliktisch geschützten Rechtsposition voraus[326]. Wie bereits erörtert, kann § 826 BGB mangels hinreichender Bestimmtheit nicht als gesetzliche Legitimation für einen mittelbaren Kontrahierungszwang herangezogen werden. Insoweit greift auch der Abwehr- und Unterlassungsanspruch als Ergänzung deliktsrechtlicher Vorschriften nicht.

Die von der Zurückweisung zu Gaststätten betroffenen Personen können im Ergebnis rechtlichen Ausgleich nach § 249 Abs. 1 BGB im Sinne der Wiederherstellung des schadlosen Zustands fordern, mithin in der Vornahme des Vertragsschlusses zu üblichen und angemessenen Bedingungen[327]. Rechtsfolge ist somit ein Kontrahierungszwang als Schadensersatz[328].

---

323 RGZ 148, S. 326 (334) für ein gemeindliches Wasserwerk.

324 Vgl. *Bezzenberger*, AcP 196 (1996), S. 395 (428).

325 *Busche*, Privatautonomie und Kontrahierungszwang, S. 230.

326 *Staudinger* in: Hk-BGB, vor § 823 Rn. 11. Ansprüche auf Unterlassung oder Abwehr, die darauf gerichtet sind, eine drohende Verletzung abzuwehren, gewähren die §§ 823 ff. BGB nicht. Diese Lücke soll nach der h.M. durch eine analoge Anwendung des § 1004 BGB auf alle durch §§ 823 ff. geschützten Rechte und Rechtsgüter geschlossen werden. Vgl. Jauernig/Teichmann, vor § 823 Rn. 6 m.w.N.

327 So auch *Bauer/Göpfert/Krieger*, § 21 Rn. 6.

328 *Delbrück* in: FS-Weber, S. 223 (233). Für einen Kontrahierungszwang bei Verstößen gegen das Benachteiligungsverbot des § 19 I und II AGG *Thüsing/von Hoff*, NJW 2007, S. 21. Der aus § 21 I 1 AGG abgeleitete Kontrahierungszwang ist hier im Ergebnis auf die vorliegende Fallkonstellation der Arbeit nahezu übertragbar, da sich der Anwendungsbereich des Benachteiligungsverbots gemäß § 2 I Nr. 8 AGG auf den Zugang zu und die Versorgung mit Gütern und Dienstleistungen, die der Öffentlichkeit zur Verfügung stehen, erstreckt und damit auch den Zugang zu Gaststätten erfasst. Ebenfalls für einen Kontrahierungszwang des Gaststättenbetreibers unter bestimmten diskriminierenden Voraussetzungen ist *Stober*, Besonderes Wirtschaftsverwaltungsrecht, § 47 I 4.

b. *Zwischenergebnis*

§ 1 GastG genügt durch die Formulierung *„jedermann oder bestimmten Personenkreisen zugänglich"* den Anforderungen einer gesetzlichen Grundlage zur Ableitung eines Kontrahierungszwangs. Zwar lassen die Wortlautauslegung sowie die historische und systematische Betrachtung nicht auf dieses Ergebnis schließen, durch verfassungskonforme Auslegung des dem Bewirtungsvertrag zu Grunde liegenden Bürgerlichen Rechts unter Heranziehung von § 1 GastG überwiegt jedoch das Diskriminierungsverbot die in Art. 2 Abs. 1 GG gewährten Vertragsfreiheit. Die diskriminierende Zurückweisung einzelner Gäste wegen rassischer oder auf körperliche Eigenschaften abzielender Gründe (bewusste Abweisung behinderter Menschen) stellt eine Verletzung der dem Gastwirt obliegenden objektiven Pflicht zur diskriminierungsfreien Bewirtung dar. Die Einhaltung der Schutzpflichten ist vertragliche Nebenpflicht im Sinne des § 241 Abs. 2 BGB, deren Beeinträchtigung rechtlichen Ausgleich nach § 249 Abs. 1 BGB zur Rechtsfolge hat. Dieser Ausgleich besteht in der Wiederherstellung des schadlosen Zustands, mithin in der Vornahme des Vertragsschlusses. Insoweit unterliegt der Gaststättenbetreiber einem Kontrahierungszwang.

B. Zusammenfassung

Im Rahmen der mittelbaren Drittwirkung besitzen die Grundrechte Ausstrahlungswirkung nicht nur auf die Privatrechts-, sondern auf die gesamte Rechtsordnung. Aus § 826 BGB ist grundsätzlich ein Kontrahierungszwang ableitbar, die tatbestandlichen Voraussetzungen sind bei diskriminierender Zutrittsverweigerung erfüllt. Die zivilrechtliche Generalklausel genügt allerdings wegen ihrer inhaltlichen Unbestimmtheit nicht den Anforderungen des Gesetzesvorbehalts, so dass es einer weitergehenden Legitimation bedarf. Hier könnte zunächst das Allgemeine Gleichbehandlungsgesetz die Lücke effektiv ausfüllen und bestehende Rechtsschutzunsicherheiten beseitigen, da durch einen fest umrissenen Tatbestand dem Rechtsanwender die Möglichkeit der Auslegung der „Sittenwidrigkeit" im Rahmen des § 826 BGB entzogen und somit Befürchtungen hinsichtlich einer Bevorzugung der Privatautonomie beseitigt würden. Im Gegensatz zum Entwurf des Antidiskriminierungsgesetzes sieht § 21 Abs. 1 AGG einen Kontrahierungszwang bei Verstoß gegen ein Benachteiligungsverbot jedoch nicht mehr vor und kann somit nicht als gesetzliche Legitimation herangezogen werden.

Eine Rechtsschutzlücke besteht hinsichtlich des Zugangs zu Gaststätten dennoch nicht. Adäquaten Rechtsschutz vermitteln §§ 311 Abs. 2, 241 Abs. 2 BGB iVm. § 1 GastG *unter Zugrundelegung des jeweiligen (vor-)vertraglichen*

Schuldverhältnisses, in der Regel eines Elemente des Kauf-, Miet-, Werk- und Dienstvertrages in sich vereinigenden Bewirtungsvertrags. Die Verletzung der den Gastwirt obliegenden objektiven Pflicht zur diskriminierungsfreien Bewirtung stellt eine schuldrechtliche Nebenpflichtverletzung dar und löst Ansprüche der diskriminierten Personen nach § 249 Abs. 1 BGB aus.

Durch verfassungskonforme Auslegung unter Berücksichtigung des Art. 3 Abs. 3 GG wurde aufgezeigt, dass das Diskriminierungsverbot der grundrechtlich gewährleisteten Berufsausübungsfreiheit überwiegt. Die oftmals zitierte Formel der „Präponderanz der Freiheit gegenüber der Gleichheit“[329] steht diesem Ergebnis nach der hier vertretenen Auffassung nicht entgegen. Gezielte Diskriminierungen können zur Einschränkung der Privatautonomie des Gaststättenbetreibers durch den speziellen Gleichheitssatz führen[330].

Nach dem der Schadensausgleichsregel des § 249 Abs. 1 BGB innewohnenden Prinzip der Naturalrestitution hat der Betroffene einen Anspruch auf Wiederherstellung des schadlosen Zustands, mithin auf Vornahme des erwünschten Vertragsschlusses. Insoweit besteht über §§ 311 Abs. 2, 241 Abs. 2 BGB iVm. § 1 GastG die Möglichkeit, einen Kontrahierungszwang zu erwirken.

329 *Dürig* in: Maunz/Dürig, Art. 3 Abs. 1, Rn. 135, 507 ff.; *Stern*, Staatsrecht III/1, S. 1580.
330 Ähnlich *Sachs* in: Isensee/Kirchhof, HStR V, § 126 Rn. 121.

A. Gefahrenabwehrrechtlicher Schutz vor Diskriminierungen

In diesem Abschnitt der Arbeit liegt der Schwerpunkt bei der Auseinandersetzung mit der Frage, inwieweit das Recht der Gefahrenabwehr Schutz vor diskriminierenden Zutrittsverweigerungen im Gaststättenbereich gewährleisten kann. Im Rahmen gaststättenrechtlicher und polizeirechtlicher Vorschriften steht den Gerichten und Behörden ein Spektrum an Maßnahmen zur Verfügung, um gezielt gegen Diskriminierungen vorgehen zu können. Namentlich sind dies im Gaststättenrecht die §§ 15 Abs. 1, 2 i.V.m. 4 Abs. 1 GastG unter dem Blickwinkel der für den Betrieb eines Gewerbes erforderlichen Zuverlässigkeit, im Polizei- und Ordnungsrecht kommt die polizeiliche Generalklausel in Betracht.

Spezialgesetzlich geregelte Eingriffsermächtigungen zur Gefahrenabwehr haben gegenüber der polizei- und ordnungsrechtlichen Generalklausel stets Anwendungsvorrang[331]. Von diesem feststehenden Grundsatz der Subsidiarität wird im weiteren Gang der Untersuchung allerdings abgewichen. Nach der Rechtsprechung des Bundesverwaltungsgerichts ist ein Gewerbetreibender im Sinne des § 4 Abs. 1 GastG unzuverlässig, wenn er nach dem Gesamteindruck seines Verhaltens nicht die Gewähr dafür bietet, dass er sein Gewerbe künftig ordnungsgemäß betreiben wird[332]. Ordnungsmäßig ist die Gewerbeausübung, wenn sie im Einklang mit dem geltenden Recht steht[333]. Im Rahmen der Feststellung der Unzuverlässigkeit ist somit u. a. auf Tatbestandsmerkmale der Generalklausel („öffentliche Sicherheit und Ordnung“) einzugehen. Um eine Erörterung der polizeilichen Generalklausel im Rahmen des gewerberechtlichen Tatbestandsmerkmals der Unzuverlässigkeit zu vermeiden, wird die Generalklausel vor den bereichsspezifischen Eingriffsbefugnissen untersucht.

I. Die polizei- und ordnungsbehördliche Generalklausel

Die polizeiliche Generalklausel ermächtigt die Polizei- und Ordnungsbehörden Eingriffe zur Abwehr einer Gefahr oder Störung für die öffentliche Sicherheit und Ordnung vorzunehmen[334]. Das Schutzgut der „öffentlichen Ordnung“ ist

---

331 *Schoch* in: Schmidt-Aßmann, Bes. VerwR, 2. Kap. Rn. 53.

332 BVerwGE 65, S. 1 f.; GewArch 1997, S. 243 in ständiger Rechtsprechung. S. a. *Hahn*, GewArch 1995, S. 89 ff.

333 BVerwGE 18, S. 305 (306).

334 Vgl. §§ 1 Abs. 1 iVm. 3 BadWürtPolG; Art. 2 Abs. 1, 11 Abs. 1 BayPAG; §§ 6, 7 Abs. 2 Nr. 3 Bay LStvG; § 17 Abs. 1 BlnASOG; §§ 1 Abs. 1, 10 Abs. 1 BremPolG; § 1 Brandb-

wegen Bedenken an der Verfassungsmäßigkeit und wegen der Unvereinbarkeit mit dem Demokratie- und Bestimmtheitsgebot aus einigen Polizeigesetzen gestrichen worden[335]. Trotz der seit je her bestehenden Kritik und insbesondere wegen des Festhaltens der (noch) herrschenden Meinung an der öffentlichen Ordnung als dem zweiten Schutzgut neben der öffentlichen Sicherheit[336] wird im Folgenden auch die öffentliche Ordnung Gegenstand der Untersuchung sein.

Das Schutzgut der öffentlichen Ordnung ist gegenüber dem der öffentlichen Sicherheit subsidiär. Aus diesem Grund ist zuerst die Frage zu untersuchen, ob die diskriminierende Zugangsverweigerung zu Gaststätten unter das Tatbestandsmerkmal der öffentlichen Sicherheit fällt.

1. Diskriminierende Zutrittsverweigerung als Verstoß gegen die öffentliche Sicherheit

Bereits nach der historischen Generalklausel des § 14 Abs. 1 des Preußischen Polizeiverwaltungsgesetzes hatten die Polizeibehörden geeignete Maßnahmen zu treffen, um von der Allgemeinheit oder dem einzelnen Gefahren abzuwehren, durch die die öffentliche Sicherheit bedroht wird[337].

Im Anschluss an die amtliche Begründung zu § 14 PrPVG werden darunter verstanden der Staat und seine Einrichtungen, die subjektiven Rechtsgüter und Rechte des einzelnen sowie die Unverletzlichkeit der Rechtsordnung. Der Begriff der öffentlichen Sicherheit umfasst damit ein außerordentliches Spektrum an Gütern und Rechten. Die diskriminierende Zutrittsverweigerung durch einen Gastwirt könnte einen Eingriff in die Individualgüter der betroffenen Personen und das geschriebene Recht darstellen.

PAG; § 3 Abs. 1 HbgSOG; §§ 1 Abs. 1, 11 HessSOG; § 13 MVSOG; §§ 1, 11 NdsGefAG; §§ 1 Abs. 1, 8 Abs. 1 NWPolG; §§ 1 Abs. 1, 14 Abs. 1 NWOBG; §§ 1 Abs. 1, 9 Abs. 1 RPfOPOG; §§ 1 Abs. 2, 8 Abs. 1 SaarlPolG; §§ 3 iVm. 1 SächsPolG; § 13 SachAnhSOG; §§ 174, 176 LVwG-SH.

335 So §§ 1 Abs. 1, 10 Abs. 1 BremPolG; §§ 11 iVm. 2 NdsGefAG; § 8 Abs. 1 NWPolG und § 174 Abs. 1 LVwG-SH. Die prinzipielle Kritik setzt zunächst an der mangelnden Bestimmtheit und damit schwierigen Justiziabilität des Rechtsbegriffs an. Zudem verstoße es gg. das Demokratieprinzip, wenn nicht der Gesetzgeber die unverzichtbaren Regeln des menschlichen Zusammenlebens bestimme. Wer auf die Mehrheitsentscheidung abstelle, verstoße gg. den demokratischen Minderheitenschutz. Schließlich sei angesichts der fortschreitenden Verrechtlichung fast aller Lebensbereiche der Begriff für das Ordnungsrecht verzichtbar; *Denninger*, JZ 1970, S. 145 ff.; *Götz*, POR, Rn. 127; *Thiele*, ZRP 1979, S. 7 (9); *Hill*, DVBl. 1985, S. 88 ff.

336 Vgl. *Nolte*, NordÖR 1999, S. 52 ff.

337 PrPVG in der Fassung vom 01.06. 1931.

a. *Unverletzlichkeit der Rechtsordnung*

Dieses Schutzgut umfasst die gesamte Rechtsordnung[338]. Durch die Zutrittsverweigerung zu Gaststätten kommt insbesondere die Verletzung von Strafnormen in Betracht. Bei den Gaststättenzutrittsverboten, beispielsweise durch angebrachte Türschilder, die bestimmten Personengruppen den Zutritt verbieten, stehen die Tatbestände der Volksverhetzung gemäß § 130 StGB sowie der Beleidigung nach § 185 StGB im Vordergrund. Ein rassisch motiviertes Zutrittsverbot zu einer Gaststätte kann zudem gegen § 118 Abs. 1 OWiG verstoßen. Grundrechte sind zwar ihrem Wortlaut nach Abwehrrechte gegen den Staat. Im Allgemeinen Teil wurde schon dargelegt, dass bedeutsame Grundrechte staatliche Schutzpflichten begründen können. Der Staat ist in diesen Fällen verpflichtet, mit hoheitlichen Mitteln – zu denen vor allem auch die Instrumentarien des Gefahrenabwehrrechts zählen – die Gefährdung grundrechtlicher Positionen zwischen Privaten zu unterbinden. Insofern ist auch Art. 3 Abs. 3 GG bei der Auslegung des unbestimmten Rechtsbegriffs der öffentlichen Sicherheit Bedeutung beizumessen. Schließlich könnte ein Verstoß gegen Art. 5 (f) RDK eine Verletzung der öffentlichen Sicherheit begründen. Allerdings muss sich die Normaussage an den Bürger wenden, da er der ordnungsbehördlich Verantwortliche ist[339]. Hieran könnten hinsichtlich Art. 5 (f) RDK Zweifel bestehen, da die völkerrechtliche Vorschrift primär die Vertragsstaaten verpflichtet[340].

aa. *Volksverhetzung, § 130 StGB*

Aufgrund der erheblichen antisemitischen und nazistischen Hassausbrüche im Jahre 1959 wurde § 130 StGB von der „Anreizung zum Klassenkampf" durch das 6. Strafrechtsänderungsgesetz vom 30.06.1960 in den Tatbestand der Volksverhetzung geändert[341]. Eine erneute Änderung erfuhr der Tatbestand durch das Verbrechensbekämpfungsgesetz vom 28.10.1994[342] als Reaktion auf die Brandanschläge in Rostock und Hoyerswerda im Jahre 1993. Danach erfüllt den Tatbestand der Volksverhetzung nach § 130 Abs. 1 StGB, „wer in einer Weise, die geeignet ist, den öffentlichen Frieden zu stören, zum Haß gegen Teile der Bevölkerung aufstachelt oder zu Gewalt- oder Willkürmaßnahmen gegen sie auffordert (Nr. 1) oder die Menschenwürde anderer dadurch angreift, daß er Teile der Bevölkerung beschimpft, böswillig verächtlich macht oder verleumdet (Nr. 2)".

---

338 Vgl nur *Schenke* in: Steiner, Bes. VerwR., II Rn. 35.

339 *Schoch*, JuS 1994, S. 570 (572) und Jura 2003, S. 177 (178). Vgl. auch *Pieroth/Schlink/Kniesel*, § 8 Rn. 10 ff.

340 Vgl. 2. Kap., A., III., 2., c.

341 BGBl. I (1960) 478; einen Überblick über die Entstehungsgeschichte bietet *Schafheutle*, JZ 1960, S. 470 ff.

342 BGBl. I (1994) 3186.

(1) Angriffsobjekt: Teile der Bevölkerung

Unmittelbare Angriffsobjekte aller Tathandlungen sind *Teile der Bevölkerung*. Darunter versteht man die von der Gesamtbevölkerung durch ein gemeinsames (soziologisches) Merkmal abgrenzbare Gruppen, seien dies nun nationale, rassische, religiöse oder politische, wirtschaftliche oder berufliche Gruppierungen[343]. Zu diesen Gruppen gehören Juden[344], Farbige[345], Gastarbeiter oder eine bestimmte Gruppe von Gastarbeitern (insbesondere Türken)[346] oder Asylbewerber, die objektiv keinen Anspruch auf Asyl haben[347].

Wird dem Einzelnen der Zutritt zu einer Gaststätte verboten, weil die Person beispielsweise „Türke" ist, so ist der Anwendungsbereich des Tatbestands nur dann eröffnet, wenn sich die Missachtung zugleich gegen Teile der Bevölkerung richtet[348].

Eine Diskriminierung aufgrund der Rasse ist zwingend gruppenbezogen, so dass auch das Zutrittsverbot an eine Einzelperson gegen eine Gruppe als Ganzes wirkt[349].

Das vom Gastwirt verhängte Zutrittsverbot für einzelne Türken oder Russen trifft somit einen Teil der inländischen Bevölkerung und fällt damit unter den Tatbestand der Volksverhetzung nach § 130 StGB.

(2) Schutzgut: öffentlicher Frieden

Schutzgut des § 130 Abs. 1 StGB ist die Erhaltung des öffentlichen Friedens. Die diskriminierende Zutrittsverweigerung zu Gaststätten muss in einer Weise erfolgen, die geeignet ist, den öffentlichen Frieden zu stören. Öffentlicher Frieden bezeichnet den Zustand der allgemeinen Rechtssicherheit und das Gefühl der Sicherheit in der Bevölkerung[350]. Das Schutzgut des öffentlichen Friedens umfasst somit ein weites Spektrum: nicht nur die tatsächliche gewaltsame Auseinandersetzung, auch die Vergiftung des psychischen Klimas im Vorfeld von Aggressionsbereitschaft und entsprechenden Ängsten ist geeignet, den öffentlichen Frieden zu stören[351].

Diskriminierende Zugangspolitik durch einen Gastwirt offenbart den betroffenen Personen ihre sozial untergeordnete Stellung und schürt die Furcht,

---

343 *Joecks*, StGB, § 130 Rn. 2; *Kühl* in: L/K, § 130 Rn. 2; *Rudolphi* in: SK, § 130 Rn. 3; *Lenckner/Sternberg-Lieben* in: S/S, § 130 Rn. 3.

344 BGHSt 16, S. 49 (56); 21, 371 (373); OLG Köln, NJW 1981, S. 1280.

345 OLG Hamburg, NJW 1975, S. 1088 [mit kritischer Anmerkung von *Geilen*, NJW 1976, S. 279 (280)]; OLG Zweibrücken, NStZ 1994, S. 490 (491).

346 *Lohse*, NJW 1971, S. 1245 (1246); *ders.*, NJW 1985, S. 1677 (1680).

347 OLG Düsseldorf, MDR 1995, S. 948; OLG Karlsruhe, MDR 1995, S. 735 (736); BayObLG, NJW 1994, S. 952 (953).

348 BGHSt 21, S. 371 (372).

349 *Fries*, S. 328.

350 *Bubnoff* in: LK, § 130 Rn. 4; *Lenckner/Sternberg-Lieben* in: S/S, § 130 Rn. 10.

351 *T/F*, § 130 Rn. 13; *Rudolphi* in: SK, § 130 Rn. 9; OLG Hamburg, MDR 1981, S. 71.

künftig nicht in Ruhe und Frieden leben zu können. Durch den pauschalen Ausschluss bestimmter Gruppen von dem Besuch einer Gaststätte (gleich, ob durch den Aushang bestimmter Schilder oder verbal) wird somit der Nährboden für Vorurteile und direkte Feindseligkeiten geschaffen[352].

Ein Zutrittsverbot zu Gaststätten ist somit geeignet, den öffentlichen Frieden im Sinne des § 130 StGB zu stören.

(3) Tathandlungen

Die hier zu untersuchenden Tathandlungen des § 130 Abs. 1 Nr. 1 und 2 StGB werden zur plastischen Veranschaulichung anhand des vom OLG Frankfurt zu entscheidenden „Schnitzel-Ranch“-Falles dargestellt[353]: Ein Gastwirt hatte vor seinem Lokal ein Schild mit der Aufschrift „Türken dürfen dieses Lokal nicht betreten“ in deutscher und türkischer Sprache angebracht. Das AG und das LG als Berufungsgericht verurteilten den Angeklagten wegen Volksverhetzung.

(a) Aufstacheln zum Haß oder Auffordern zu Gewalt- oder Willkürmaßnahmen

Zum Hass stachelt auf, wer nachhaltig auf Sinne und Gefühle anderer mit dem Ziel einwirkt, Hass im Sinne von Feindschaft, nicht bloßer Ablehnung oder Verachtung, zu erzeugen oder zu steigern[354]. Nicht erforderlich ist, dass mit dem Aufstacheln zum Hass zugleich bestimmte Aktionen gegen die Betroffenen ausgelöst werden sollen. Vielmehr soll bereits das Schaffen einer feindseligen Atmosphäre verhindert werden[355].

Nach inzwischen gefestigter Auffassung stellt das bloße Anbringen von Schildern an Lokalen, auf denen bestimmten Personengruppen der Zutritt verwehrt wird, keine Aufstachelung zum Hass dar[356]. Mit der Schildaufschrift macht der Gastwirt zwar kenntlich, dass er Türken den Zutritt zu seinem Lokal verwehrt. Aufheizende bzw. anreizende Parolen zum (Rassen-)Hass können dem jedoch nicht entnommen werden. Vielmehr bringt der Gastwirt seine Geringschätzung gegenüber diesen Bevölkerungsgruppen zum Ausdruck[357].

Nichts anderes gilt für die Tatbestandsalternative des Aufforderns zu Gewalt- oder Willkürmaßnahmen. Unter Auffordern ist ein über das bloße Befürworten hinausgehendes, ausdrückliches oder schlüssiges Einwirken auf andere zu verstehen, mit dem von den Adressaten ein bestimmtes Verhalten gefordert

---

352 Vgl. LG Hannover, NdsRpfl 1995, S. 110.

353 OLG Frankfurt, NJW 1985, S. 1720.

354 BGHSt 40, S. 97 (102); OLG Köln, NJW 1981, S. 1280; LG Mannheim, NJW 1994, S. 2494 (2497).

355 *Molketin*, GewArch 1989, S. 86 (89); *Römer*, NJW 1971, S. 1735.

356 *T/F*, § 130 Rn. 8; *Lenckner/Sternberg-Lieben* in: S/S, § 130 Rn. 5a; *Rudolphi* in: SK, § 130 Rn. 4; *Lohse*, NJW 1985, S. 1677 (1680), anders noch in NJW 1971, S. 1245 (1247).

357 So bereits *Stock*, ZAR 1999, S. 118 (120).

wird[358]. Die gezielte Verweigerung der Bewirtung stellt eher ein Unterlassen dar als eine Aufforderung an einen anderen, gewalt- oder willkürliche Maßnahmen zu ergreifen.

Ein Zugangsverbot zu Gaststätten erfüllt somit nicht die Tathandlungen des § 130 Abs. 1 Nr. 1 StGB.

(b) Angriff auf die Menschenwürde durch Beschimpfung, böswilliges Verächtlichmachen oder Verleumdung

Berücksichtigt man die soeben erwähnte Feststellung, dass der Gastwirt durch den Ausschluss gewisser Bevölkerungsteile „lediglich" seine Missachtung kund tun will, so ist hinsichtlich der bloßen Zutrittsverweigerung die Begehungsweise des Verächtlichmachens einschlägig. Verächtlichmachen ist jede Äußerung, die den betroffenen Bevölkerungsanteil als der Achtung der Bürger unwert und unwürdig hinstellt[359]. Das Verächtlichmachen muss böswillig, d.h. trotz Kenntnis des Unrechts in feindseliger Gesinnung erfolgen[360]. Durch das Anbringen eines Schildes, wodurch gewissen in Deutschland lebenden Bevölkerungsteilen der Zutritt versagt wird, wird in der Öffentlichkeit der Eindruck erzeugt, dass diese Menschen des Besuchs einer Gaststätte nicht würdig seien, ohne Rücksicht auf gesellschaftliche oder wirtschaftliche Stellung, persönliche oder fachliche Qualifikation[361]. Hinsichtlich der von § 130 Abs. 1 Nr. 2 StGB geforderten Böswilligkeit ist zu differenzieren: erfolgt die Zutrittsverweigerung wegen Umständen, die dem Einfluss des Gastwirts womöglich entzogen sind, so ist schon fraglich, ob die Grenze einer böswilligen Verächtlichmachung bereits erreicht wird. Die Furcht vor Schlägereien rivalisierender Fußballfans im Zusammenhang mit Fußballländerspielen und die Angst vor dem Ausbleiben deutscher Kundschaft und damit die Gefährdung der wirtschaftlichen Existenz stellen nicht die Subjektqualität der von dem Zutrittsverbot betroffenen Bevölkerungsgruppen in Frage, sondern stellen eine berechtigte Schutzreaktion des Gaststättenbetreibers dar[362].

Abgesehen von den Grenzfällen stellt ein diskriminierendes Zutrittsverbot somit einen Angriff auf den sozialen Geltungsanspruch der Angehörigen der herabgewürdigten Gruppe und damit die Verwirklichung der Tatbestandsalter-

---

358 BGH NJW 1984, S. 1631; S/S-*Lenckner*, § 130 Rn. 5b.

359 BayObLG NStZ-RR 1996, S. 135.

360 BGH NJW 1964, S. 1481 (1483); *Rudolphi* in: SK, § 130 Rn. 6.

361 *Lohse*, NJW 1985, S. 1677 (1680).

362 So auch schon *Ehlers* in: Achterberg/Püttner/Würtenberger, § 2 Rn. 218. Allerdings ist bei derartigen Rechtfertigungen zu untersuchen, ob es sich nicht um Fälle „versteckter Böswilligkeit" handelt, die unter dem Deckmantel des eigenen bzw. des Schutzes der Gäste begangen werden. *Fries* sieht vor dem Hintergrund des heutigen Ausmaßes der Ausländerfeindlichkeit und angesichts der sensibilisierten Stimmung in der Gesellschaft in dem Zugangsverbot zu Gaststätten eine feindliche Willensrichtung und damit im Ergebnis auch in den genannten Grenzfällen ein böswilliges Verächtlichmachen, S. 334 f.

native des böswilligen Verächtlichmachens im Sinne des § 130 Abs. 1 Nr. 2 StGB dar.

Die Tatbestandsalternative des Beschimpfens ist einschlägig, wenn eine in Form oder Inhalt besonders verletzende Äußerung der Missachtung getätigt wird[363]. Dabei muss vom Täter die eigene Missachtung zum Ausdruck gebracht werden[364].

In der Regel drückt der Gastwirt durch Anbringen von Schildern oder auch durch ein verbales Verbot seine Geringschätzung aus, so dass auch das Tatbestandsmerkmal des Beschimpfens verwirklicht wird.

Einer anderen Beurteilung unterzieht sich die Handlungsalternative des Verleumdens. Der Begriff der Verleumdung setzt voraus, dass der Täter wider besseres Wissens unwahre Tatsachenbehauptungen aufstellt, die das Ansehen des betroffenen Bevölkerungsteils diffamieren[365]. Die Aufschrift „Ausländern ist der Zutritt verboten" stellt keine bewusst wahrheitswidrige Tatsachenbehauptung dar und erfüllt nicht die Tatbestandsalternative des Verleumdens.

(c) Verletzung der Menschenwürde

Die Tathandlung muss zugleich einen Angriff auf die Menschenwürde der Betroffenen darstellen. Aufgrund des hohen Strafrahmens im Vergleich zum Tatbestand der Beleidigung nach § 185 StGB[366] wird entgegen des Wortlauts der Vorschrift von der herrschenden Meinung eine restriktive Auslegung gefordert, um den weit gefassten Tatbestand der Volksverhetzung einzuschränken[367]. Im Vergleich zum Begriff der Menschenwürde in Art. 1 Abs. 1 GG wird ein Angriff auf die strafrechtlich geschützte Menschenwürde nur dann angenommen, wenn dieser sich nicht nur gegen einzelne Persönlichkeitsrechte (bspw. die Ehre) richtet, sondern den Menschen im Kern seiner Persönlichkeit trifft, indem er unter Verstoß gegen den Gleichheitssatz als unterwertig dargestellt und ihm der Lebenswert in der Gemeinschaft abgesprochen wird[368].

Eine Verletzung der Menschenwürde im Sinne des § 130 StGB stellt zweifelsfrei die Herabwürdigung der betroffenen Personen als Menschen zweiter Klasse dar. So geschehen in dem oben skizzierten Schnitzel-Ranch-Fall, wo der Gastwirt auf die Frage eines Passanten, ob Türken wirklich keinen Zutritt hätten, erklärte: „Selbstverständlich, die kommen hier nicht rein, nur ein toter

---

363 RGSt 61, S. 308; BGHSt 7, S. 110 f.; OLG Koblenz, GA 1984, S. 575.

364 *Molketin*, GewArch 1989, S. 86 (89).

365 *Bubnoff* in: LK, § 130 Rn. 24; *Kühl* in: L/K, § 130 Rn. 6; *Lenckner/Sternberg-Lieben* in: S/S, § 130 Rn. 5d.

366 *Streng* in FS-Lackner, S. 501 (502).

367 Vgl. statt vieler *T/F*, § 130 Rn. 12; *Lenckner/Sternberg-Lieben* in: S/S, § 130 Rn. 6. Kritisch hierzu *Lohse*, NJW 1985, S. 1677 (1678).

368 BGHSt 16, S. 49 (56); 19, S. 63; 21, S. 371 (372); 31, S. 226 (231 f.); OLG Celle, NJW 1982, S. 1545; OLG Frankfurt, NJW 1985, S. 1720 (1721); OLG Karlsruhe, MDR 1995, S. 735 (736); OLG Hamm, NStZ 1995, S. 136 (137).

Türke ist ein guter Türke“[369]. Durch diese Aussage wird den Türken der Lebenswert abgesprochen und in Kombination mit der Aufschrift des Schildes werden sie als nicht wert erachtet, die Bewirtung in Anspruch zu nehmen. Fraglich bleibt die Einordnung diskriminierender Zutrittsverweigerungen, die nicht in dieser Form diffamieren[370]. Das OLG Frankfurt sieht in dem Anbringen eines Schildes vor einer Gastwirtschaft mit der Aufschrift „Türken dürfen dieses Lokal nicht betreten“ keinen Angriff auf die Menschenwürde, da der Schilderaufschrift nicht entnommen werden könne, dass Türken zu unterwertigen Gliedern der Gemeinschaft erklärt würden[371]. *Fries* hingegen beleuchtet diese Problematik im Kontext der heutigen Ausländerfeindlichkeit und gelangt zu dem Ergebnis, dass die rassisch motivierte Zugangsverweigerung regelmäßig den Tatbestand der Volksverhetzung erfülle[372]. Beiden Auffassungen, die stellvertretend den jeweiligen Meinungsstand wiedergeben, kann in dieser Form nicht gänzlich gefolgt werden. Bei der Beurteilung bedarf es erneut der Unterscheidung, ob das Zutrittsverbot aus berechtigten (Selbst-)Schutzzwecken oder wegen ausländerfeindlicher Gesinnung erfolgt. Ersteres greift die Menschenwürde nicht an, da der Wirt aus gerechtfertigten Gründen handelt, um die Verwüstung seines Lokals und die Gefährdung seiner Gäste zu verhindern. Ein Zugangsverbot allein aus diffamierender Motivation stellt hingegen einen Angriff auf den Persönlichkeitskern dar. Insoweit kann hier der Begründung von *Fries* gefolgt werden.

(d) Zwischenergebnis

Nach der hier vertretenen Auffassung erfüllt eine diskriminierende Zutrittsverweigerung zu Gaststätten den Tatbestand der Volksverhetzung gemäß § 130 Abs. 1 Nr. 2 Alt. 2 StGB. Von den erwähnten Grenzfällen abgesehen, wird durch das Anbringen von Schildern oder durch einen verbalen Ausschluss erteiltes Zutrittsverbot der betroffene Personenkreis böswillig verächtlich gemacht und in seiner Menschenwürde verletzt.

bb. Beleidigung, § 185 StGB

Die Beleidigung nach § 185 StGB ist tatbestandlich nicht näher umschrieben. Nach herrschender Meinung und ständiger Rechtsprechung besteht die Beleidigung in einem Angriff auf die Ehre durch die Kundgabe von Nicht- oder Missachtung, durch die dem Betroffenen der soziale Geltungswert abgesprochen

---

369 Zitiert nach: *Der Spiegel* Nr. 7/1985, S. 81.

370 Die strafrechtliche Beurteilung ist umstritten. Für eine Verletzung der Menschenwürde: *Maurach/Schröder/Maiwald*, Strafrecht BT II, § 60 V Rn. 59; *Blau*, JR 1986, S. 82 (83); *Lohse*, NJW 1985, S. 1677 (1680). Gegen einen Angriff auf die Menschenwürde: OLG Frankfurt, NJW 1985, S. 1720; *Lenckner/Sternberg-Lieben* in: S/S, § 130 Rn. 6; T/F, § 130 Rn. 8; *Molketin*, GewArch 1989, S. 86 (90).

371 OLG Frankfurt, NJW 1985, S. 1720 (1721).

372 *Fries,* S. 338 f.

wird[373]. Die Kundgabe der Missachtung kann in jedem Verhalten mit Erklärungswert, somit wörtlich, schriftlich, bildlich oder durch schlüssige Handlungen erfolgen, wobei es für das Vorliegen einer Beleidigung allein auf den objektiven Sinngehalt ankommt[374].

Die Zutrittsverweigerung einzelner Personen aufgrund rassistischer Motive erfüllt den Tatbestand der Beleidigung im Sinne von § 185 StGB und ermächtigt die Polizeibehörden zu Maßnahmen der Gefahrenabwehr. Die pauschale Zurückweisung ohne sachlichen Grund bedeutet ein negatives Werturteil über diese und stellt eine verletzende Diskriminierung dar[375]. Der Tatbestand der Beleidigung ist sogar dann erfüllt, wenn ein sachlicher Grund lediglich vorgetäuscht wird, dieser aber als Vorwand für eine Ausnahmebehandlung erkannt wird[376].

Problematischer ist die rechtliche Beurteilung von Kollektivbezeichnungen („Ausländer sind unerwünscht"), wie sie sich beispielsweise durch den Aushang von Schildern ereignen[377]. Hier stellt sich die Frage, ob damit alle, auf die diese Bezeichnung zutrifft, beleidigt werden können[378]. Überwiegend wird davon ausgegangen, dass eine solche Benennung unter einer Sammelbezeichnung möglich ist, wenn der betroffene Personenkreis klar umgrenzt und überschaubar ist, und ein Bezug auf bestimmte, individualisierbare Personen gegeben ist, woran es bei bloß allgemeinen Werturteilen fehlt[379]. Wann ein Angriff auf ein Kollektiv ein individuelles Urteil über die einzelnen Kollektivangehörigen besitzt, hängt von dem Aussage- und Sinngehalt der Äußerung ab[380]. Hier bedarf es im Zweifel dann der Auslegung, um den Aussagegehalt unter den jeweiligen Begleitumständen zu bestimmen[381]. Wesentliche Bedeutung kommt jedoch dem Umfang der angegriffenen Personenmehrheit zu. Je umfangreicher diese ist, desto schwerer wird es für den Täter, ein individuelles Urteil über die einzelnen ihr angehörigen Personen abzugeben und diese in ihrer persönlichen Ehre zu verletzen. Bei umfangreichen Personengruppen, wie beispielsweise „den Türken", ist der einzelne nur einer unter vielen. Hier dürfte es dem Gast-

---

373 BGHSt 1, S. 288 (289); 11, S. 67 f.; BayObLG NJW 1983, S. 2040 (2041); *T/F*, § 185 Rn. 4; *Lenckner* in: S/S, § 185 Rn. 2.

374 Vgl. nur *T/F*, § 185 Rn. 5.

375 BayObLG, NJW 1983, S. 2040 (2041).

376 A. A. *Timme*, ZAR 1997, S. 130 (131). Bei „verdeckter Ausländerfeindlichkeit" ergebe sich keine Strafbarkeit nach § 185 StGB, da der Nachweis ausländerfeindlicher Haltung bei Berufung des Gastwirts auf sachliche Gründe ungleich schwieriger zu führen sei.

377 In den achtziger Jahren statteten sich Gastwirte im Umkreis amerikanischer Garnisonen mit Schildern wie „Off Limits – US-Soldaten unerwünscht" aus.

378 Ausführlich hierzu *Joecks*, Vor § 185 Rn. 15 ff.

379 BGHSt 6, S. 186 (191); 36, S. 83, (85 ff.); *Rengier*, Strafrecht BT 2, § 28 Rn. 14.

380 *Wehinger*, Kollektivbeleidigung – Volksverhetzung, Der strafrechtliche Schutz von Bevölkerungsgruppen durch die §§ 185 ff. und 130 StGB, S. 53.

381 OLG Köln, NStZ 1981, S. 183 (184).

wirt schwer fallen, über die einzelnen Angehörigen ein individuelles Urteil abzugeben. Mit der Schilderaufschrift „Türken unerwünscht“ wären Millionen von Menschen angesprochen. Eine Einschränkung würde dieser unüberschaubare Personenkreis lediglich erfahren, wenn nur auf die in Deutschland lebenden Türken abgestellt würde[382]. Vor dem Hintergrund dieser schwierigen Abgrenzungsfragen darf der Charakter der Beleidigung als eines gegen das Individuum gerichteten Delikts nicht aus den Augen verloren werden[383]. Durch die Einstufung der Zutrittsverweigerung als Beleidigung im Sinne des § 185 StGB wegen der Zugehörigkeit zu einer bestimmten Rasse würden die tatbestandlichen Grenzen (des an sich nicht näher umschriebenen Tatbestands) überschritten und dem § 185 StGB eine pönalisierende Wirkung beigemessen, die dem Charakter der Beleidigung nicht mehr entspräche[384]. Vorzugswürdig erscheint hier der Rückgriff auf § 130 StGB[385].

Insgesamt fällt die rassistisch motivierte Zutrittsverweigerungen einzelner Personen unter den Tatbestand der Beleidigung, da hierin die Willensäußerung enthalten ist, dass der Gastwirt diese Personen generell nicht für würdig hält, bei ihm bedient zu werden. Bei kollektiv erteilten Zutrittsverboten sind die Voraussetzungen des § 185 StGB mangels Überschaubarkeit des Personenkreises nicht erfüllt. Hier bleibt es vielmehr bei einem Angriff auf Teile der Bevölkerung im Sinne des § 130 StGB.

cc. Belästigung der Allgemeinheit, § 118 OWiG

Da ein rassistisch motiviertes Zutrittsverbot von der breiten Öffentlichkeit als störend empfunden werden könnte, kommt zudem ein Verstoß gegen § 118 Abs. 1 OWiG in Betracht. Der Anwendungsbereich des § 118 Abs. 1 OWiG ist allerdings nur dann eröffnet, wenn das Zugangsverbot nicht zugleich die Straftatbestände der §§ 130 und 185 StGB verwirklicht[386]. Ein Verstoß im Sinne der Vorschrift setzt die Vornahme einer grob ungehörigen Handlung voraus, die zur Belästigung der Allgemeinheit und zur Beeinträchtigung der öffentlichen Ordnung geeignet ist.

Grob ungehörig handelt, wer sich bewusst nicht in die für das gedeihliche Zusammenleben der jeweiligen Rechtsgemeinschaft erforderliche Ordnung ein-

---

382 Mit ähnlicher Argumentation hat der Bundesgerichtshof die Kollektivbeleidigungsfähigkeit der in Deutschland lebenden Juden aufgrund der menschenunwürdigen Vorkommnisse im Nationalsozialismus bejaht, BGHSt 11, S. 207.

383 *Kühl* in: L/K, vor § 185 Rn. 3; *Geppert*, Jura 1983, S. 530 (539, Fn. 59).

384 A.A. *Stock*, ZAR 1999, S. 118 (121 f.), der in diskriminierenden Zutrittsverboten stets eine Beleidigung sieht. Allerdings gelangt Stock nur zu diesem Ergebnis, in dem er auf das Kriterium der „Überschaubarkeit“ verzichtet.

385 *Lenckner/Sternberg-Lieben* in: S/S, § 130 Rn. 7.

386 Vgl. zur Subsidiarität *Göhler*, OWiG, § 118 Rn. 17.

fügt und dadurch in einen deutlichen Widerspruch zur Gemeinschaftsordnung tritt[387].

Die im Rahmen der Volksverhetzung bereits erörterte Menschenwürde ist als wesentlicher Bestandteil der Gemeinschaftsordnung anzusehen. Gleiches gilt für die verfassungsrechtliche Aussage des Art. 3 Abs. 3 GG, wonach niemand wegen seiner Rasse oder Herkunft benachteiligt werden darf. Ein Angriff auf sie durch diskriminierende Zutrittsverbote unterfällt damit dem Tatbestand des § 118 Abs. 1 OWiG[388].

Die zu beurteilende Handlung muss darüber hinaus zur Belästigung der Allgemeinheit geeignet sein. Ein Betretungsverbot für eine Gaststätte in einer für die Allgemeinheit erkennbar diskriminierenden Art stellt unzweifelhaft eine Belästigung dar[389]. Geeignet ist die Handlung, wenn die Allgemeinheit sie wahrnehmen und an ihr Anstoss nehmen kann[390]. Dazu kann es ausreichen, wenn die Handlung nur gegenüber einem einzelnen vorgenommen wird, aber die Allgemeinheit sie wahrnimmt[391]. Dies kann der Fall sein, wenn andere Gäste oder Passanten Schilder mit Zutrittsverboten lesen oder gar Zeugen der Zutrittsverweigerung werden[392].

Des Weiteren muss die Einlassverweigerung zur Beeinträchtigung der öffentlichen Ordnung geeignet sein. Da es sich bei § 118 OWiG um ein Gefährdungsdelikt handelt, wird der Eintritt des Erfolges nicht vorausgesetzt[393]. Ungeachtet der nach wie vor bestehenden Unstimmigkeiten hinsichtlich des Begriffs der öffentlichen Ordnung ist zumindest anerkannt, dass der Begriff u. a. die Gesamtheit der geschriebenen Regeln für den Einzelnen in der Öffentlichkeit umfasst[394]. Die diskriminierende Zurückweisung aus rassistischen Gründen erfüllt den Tatbestand der Volksverhetzung nach § 130 StGB und stellt damit einen

---

387 BGHSt 13, S. 241 (244); KG, NStZ 1987, S. 467 (468); AG Göttingen, NJW 1983, S. 1209 (1210); *König* in: Göhler, § 118 Rn. 4.

388 Verwirklicht eine Handlung den äußeren Tatbestand eines Strafgesetzes (hier § 130 Abs. 1 Nr. 2 StGB), so ist im Übrigen die tatbestandliche Handlung des § 118 OWiG stets gegeben, *König* in: Göhler, § 118 Rn. 17.

389 *König* in: Göhler, § 118 Rn. 4; *Bohnert*, OWiG, § 118 Rn. 4.

390 *Bohnert*, § 118 Rn. 6.

391 *Senge* in: KK, OWiG, § 118 Rn. 10.

392 *Timme* lässt den Tatbestand des § 118 OWiG gerade an dieser Voraussetzung scheitern. Der Gastwirt würde sich bei Zutrittsverboten nur mit dem betroffenen Ausländer auseinandersetzen, so dass es „letztlich an einer unmittelbaren Ausstrahlung der Handlung in die Öffentlichkeit" fehle, ZAR 1997, S. 130 (131). Dieser Auffassung kann so nicht gefolgt werden. Die Einlassverweigerung im Eingangsbereich einer Diskothek erfolgt notgedrungen in der Öffentlichkeit und wird grundsätzlich von auf Einlass Wartende wahrgenommen, mithin von der Allgemeinheit.

393 *Senge* in: KK, § 118 Rn. 5.

394 *Lemke/Mosbacher*, OwiG, § 118 Rn. 1; *Senge* in: KK, § 118 Rn. 2.

Angriff auf die Rechtsordnung dar. Zudem wird dadurch zugleich der Persönlichkeitskern der Betroffenen verletzt.

Die einschlägigen Verhaltensweisen verstoßen somit gegen die öffentliche Sicherheit und sind damit zur Beeinträchtigung der öffentlichen Ordnung geeignet[395]. Einer anderen Beurteilung unterzieht sich möglicherweise die Zurückweisung aus Angst vor gewaltsamen Auseinandersetzungen. Trotz der rechtfertigenden Gründe des Gastwirts ist es nicht ausgeschlossen, dass ein solches Zugangsverbot dennoch gegen die öffentliche Sicherheit verstößt. Eine Klärung soll an dieser Stelle noch dahinstehen und im Rahmen der Gefahrenlage unter dem Gesichtspunkt erfolgen, ob der polizeirechtliche Gefahrenbereich überhaupt tangiert wird.

Schließlich muss zwischen der Belästigung der Allgemeinheit und der Beeinträchtigung der öffentlichen Ordnung ein unmittelbarer Zusammenhang erkennbar sein[396]. Anhand dieses Kriteriums sollen jene Fallkonstellationen ausgeschlossen werden, bei denen die Allgemeinheit von der grob ungehörigen Handlung nicht durch unmittelbare Wahrnehmung Kenntnis erlangt, sondern erst durch Berichterstattung in den Medien oder durch Erzählungen Dritter[397]. Wie bereits erwähnt, werden in den meisten Fällen eines Zutrittsverbots durch den Gastwirt Gäste oder Passanten zugegen sein, so dass auch ein unmittelbarer Zusammenhang stets vorliegen wird.

dd. Verstoß gegen Art. 5 (f) RDK

Ob Art. 5 (f) RDK als völkerrechtliche Norm unter den Schutz der objektiven Rechtsordnung fällt, ist zunächst zweifelhaft. In der Gesamtheit der Rechtsordnung manifestiert sich der Wille des *deutschen* Gesetzgebers zur Ordnung und Gestaltung des menschlichen Zusammenlebens[398]. Eine völkerrechtliche Norm ist somit nicht Ausdruck des Willens des deutschen Gesetzgebers. Wie bereits im 2. Kapitel dargestellt[399], ist die Rassendiskriminierungskonvention zwar innerstaatlich nicht unmittelbar anwendbar, doch ist sie durch ein Zustimmungsgesetz in den innerstaatlichen Rechtsraum eingeführt worden und somit Bestandteil des geltenden Rechts. Damit ist es Ausfluss deutscher Staatsgewalt und Bestandteil der Rechtsordnung im Sinne des Schutzguts der öffentlichen Sicherheit.

Allerdings wird in Literatur und Rechtsprechung die Auffassung vertreten, den Bestandteil der geschützten Rechtsordnung zu beschränken[400]. Polizei-

---

395 Vgl. *Senge* in: KK, § 118 Rn. 17.

396 *König* in: Göhler, § 118 Rn. 14; *Bohnert*, § 118 Rn. 10.

397 RGSt 64, S. 250 (252); BGHSt 13, S. 241 (247).

398 *Drews/Wacke/Vogel/Martens*, Gefahrenabwehr, S. 236.

399 Vgl. 2. Kap., A., III., 2., c.

400 VGH Mannheim, NVwZ 1994, S. 1233 (1234); *Reichert/Ruder/Fröhler*, Polizeirecht, S. 136.

und Ordnungsbehörden seien nicht zur Erhaltung der Unversehrtheit *aller* Rechtsnormen zuständig, wie zum Beispiel des Verwaltungsverfahrensrechts[401]. Der Schutz der objektiven Rechtsordnung beschränke sich nur auf die Abwehr solcher Rechtsnormen, die sich mit zwingenden Anforderungen an den einzelnen wenden und daher durch sein Verhalten verletzt werden können[402]. Würde man dieser Ansicht folgen, so wäre Art. 5 (f) RDK kein unter die öffentliche Sicherheit fallendes Schutzgut. Die Rassendiskriminierungskonvention enthält zwar eine Vielzahl an Ge- und Verboten, doch handelt es sich dabei um Staatenverpflichtungen, die sich nur *mittelbar* an Individuen wenden[403]. Die diskriminierende Zutrittsverweigerung eines Gastwirts steht der Aussage und Verpflichtung des Art. 5 (f) RDK zwar entgegen, einen Verstoß im Sinne der Vorschrift vermag sein Verhalten dennoch nicht zu begründen. Verpflichtete der Rassendiskriminierungskonvention sind allein die Vertragsstaaten und nicht der einzelne.

Eine Beschränkung des Bestandes der geschützten Rechtsordnung in der Form, dass sich die Normaussage an den Bürger zu wenden habe, wird nicht von allen Stimmen in der Literatur zwingend gefordert. So verlangt *Habermehl*, dass die in Betracht kommenden öffentlich-rechtlichen Normen lediglich Ge- oder Verbote normieren[404]. Dieser Ansicht würde Art. 5 (f) RDK genügen, da Ge- und Verbote zweifellos durch die Konvention begründet werden.

Nach der hier vertretenen Auffassung unterfällt Art. 5 (f) RDK nicht dem Schutz der objektiven Rechtsordnung. Ziel des Polizei- und Ordnungsrechts ist es nicht, die Gesamtrechtsordnung umfassend vor Rechtsbrüchen zu schützen[405]. Diese Aufgabe würde das Polizeirecht aber letztlich durch Einbeziehung völkerrechtlicher Normen wie Art. 5 (f) RDK übernehmen. Zuzustimmen ist dem Faktum, dass es für ein polizeiliches Eingreifen unerheblich ist, wie die Gefahr für ein durch die Rechtsordnung geschütztes Gut entsteht[406]. Im Ergebnis werden regelmäßig aber nur die Gefahren solcher Rechtsnormen abgewehrt, die Ge- oder Verbote an den *einzelnen* richten und daher durch sein Handeln oder Unterlassen verletzt werden können.

Gegen eine Einbeziehung von Art. 5 (f) RDK in den geschützten Bereich spricht auch ein systematischer Vergleich mit Art. 3 Abs. 3 GG. Nach inzwi-

---

401 *Klein*, DVBl. 1971, S. 233 (238).

402 *Götz*, POR, Rn. 113; *Schoch*, Jus 1994, S. 570 (572) und Jura 2003, S. 177 (178), *Schenke* in: Steiner, II Rn. 35.

403 Vgl. die Ausführungen im 2. Kap., A., III., 2.

404 *Habermehl*, Polizei- und Ordnungsrecht, Rn. 98.

405 So bereits *Drews/Wacke/Vogel/Martens*, S. 237.

406 *Kirchhof*, DÖV 1976, S. 449 (454). Dies verdeutlicht *Fries* recht anschaulich an der Haftung des Zustandsstörers, „der unabhängig davon zur Gefahrenabwehr herangezogen werden kann, ob durch sein Verhalten die Gefahr geschaffen wurde oder ob er als Eigentümer einer Sache im Einzelfall überhaupt Einflussmöglichkeiten auf die Gefahrentwicklung hatte“, S. 321.

schen herrschender Meinung strahlen die Grundrechte mittelbar in die deutsche Rechtsordnung ein, unmittelbare Anspruchsqualität im Sinne eines Leistungsanspruchs kommt Art. 3 Abs. 3 GG nicht zu[407]. Wären die Bürgerinnen und Bürger in gleichem Maße wie die staatliche Gewalt an die Differenzierungsverbote des Grundgesetzes gebunden, würde dies zu erheblichen und unverhältnismäßigen Einbußen ihrer Freiheitsentfaltung führen. Dem Staat obliegt eine verfassungsrechtliche Schutzpflicht, Ungleichbehandlungen aufgrund der dort genannten verpönten Merkmale zu verhindern. Diese Schutzpflicht erfüllt er u. a. durch Berücksichtigung des Art. 3 Abs. 3 GG bei der Auslegung einfachgesetzlichen Rechts.

Vergleichbares gilt für Art. 5 (f) RDK. Wie bereits dargestellt, verpflichtet diese Vorschrift nicht den einzelnen unmittelbar, sondern es handelt sich hierbei um Staatenverpflichtungen. Art. 5 (f) RDK kann (auch hier vergleichbar mit Art. 3 Abs. 3 GG) unterstützend zur Auslegung einfachgesetzlicher Vorschriften herangezogen werden. Mangels der Begründung von Verhaltenspflichten an den einzelnen eröffnet ein „Rechtsbruch" des Art. 5 (f) RDK aber nicht den polizeilichen Aufgabenbereich. Die allgemeine polizeiliche Generalklausel ermächtigt die Polizei- und Ordnungsbehörden daher nicht, das Gebot des Art. 5 (f) RDK zu konkretisieren und einem Gastwirt die Erteilung eines Zugangsverbots aufgrund der Rasse zu untersagen.

b. *Individuelle Rechte und Rechtsgüter*

Nach geltendem Polizei- und Ordnungsrecht unterfallen private Rechte (Eigentum, Besitz, Persönlichkeitsrechte, Ansprüche) und Individualrechtsgüter (Leben, Gesundheit, Freiheit, Ehre) dem Schutzgut „öffentliche Sicherheit"[408]. Nicht zuletzt durch die Subsidiaritätsklausel, die vom *Schutz privater Rechte* spricht, wird die polizei- und ordnungsrechtliche Befugnis vorausgesetzt[409].

Bei einem Zutrittsverbot zu Gaststätten kommt eine Beeinträchtigung des allgemeinen Persönlichkeitsrechts einschließlich der Ehre in Betracht.

Das allgemeine Persönlichkeitsrecht ist im wesentlichen von der Rechtsprechung entwickelt worden. Laut Bundesverfassungsgericht ist es Aufgabe des allgemeinen Persönlichkeitsrechts, „im Sinne des obersten Konstitutionsprinzips der Würde des Menschen (Art. 1 Abs. 1 GG) die engere persönliche Lebenssphäre und die Erhaltung ihrer Grundbedingungen zu gewährleisten."[410] Von der allgemeinen Handlungsfreiheit hebt das Bundesverfassungsgericht das Recht auf Respektierung der Privatsphäre und des sozialen Geltungsanspruchs

---

407 Vgl. 3. Kap., A., I., 2.

408 Vgl. *Schoch* in: Schmidt-Aßmann, 2. Kap Rn. 72.

409 Stellvertretend für die Regelungen in den übrigen Bundesländern § 162 Abs. 2 LVwG-SH.

410 BVerfGE 54, S. 148 (153); 72, S. 155 (170); 96, S. 56 (61).

des Einzelnen ab, das im Anschluss an die zivilrechtliche Rechtsprechung[411] als „allgemeines Persönlichkeitsrecht" bezeichnet und aus Art. 2 iVm. Art. 1 Abs. 1 GG abgeleitet wird[412].

Das allgemeine Persönlichkeitsrecht schützt die Person in ihrem gesamten Wirkungs- und Ausstrahlungskreis. Darunter fällt auch der Schutz des Betroffenen vor der Herabwürdigung und Entstellung seiner Person. Erfasst werden hiervon auch insbesondere Ehrverletzungen[413].

Durch ein Zutrittsverbot werden die betroffenen Personen in ihrem allgemeinen Persönlichkeitsrecht verletzt, indem die Persönlichkeit durch die diskriminierende Ausgrenzung herabgewürdigt und in der Öffentlichkeit entstellt wird.

Der Schutz von Individualrechtsgütern obliegt der Polizei jedoch nur, wenn zivilgerichtlicher Schutz nicht rechtzeitig zu erlangen ist[414]. Die Zuständigkeit beschränkt sich dabei grundsätzlich nur auf vorläufige, die Sicherung des Rechts ermöglichende Maßnahmen[415]. Diese Kompetenzbeschränkung entfällt, wenn die konkrete Beeinträchtigung des privaten Rechtsgutes gleichzeitig durch öffentlich-rechtliche Vorschriften, insbesondere Strafnormen sanktioniert ist[416]. Da ein Zutrittsverbot bereits die Straftatbestände der §§ 130 und (eingeschränkt) 185 StGB sowie den Ordnungswidrigkeitentatbestand des § 118 OWiG verwirklicht, ist der Subsidiaritätsgrundsatz in den hier untersuchten Fällen nicht bedeutsam.

2. Beeinträchtigung der öffentlichen Ordnung

Zweifelhaft ist, ob zugleich auch ein Verstoß gegen die öffentliche Ordnung vorliegen kann. Nach überwiegender Meinung ist die öffentliche Ordnung die Gesamtheit jener ungeschriebenen Regeln für das Verhalten des einzelnen in der Öffentlichkeit, deren Beachtung nach den jeweils herrschenden Anschauungen unerlässliche Voraussetzung eines geordneten Gemeinschaftslebens ist[417]. Die öffentliche Ordnung übernimmt somit die Funktion eines Auffangtatbestandes, indem sie die Ermächtigungsgrundlage für diejenigen Gefahrenlagen darstellt, die nicht straf- oder ordnungswidrigkeitenrechtlich relevant sind[418].

---

411 BGHZ 13, S. 334 (337 f.); 24, S. 72 (81); 27, S. 284 (287).

412 Vgl. nur BVerfGE 27, S. 1 (6).

413 *Staudinger* in: Hk-BGB, § 823 Rn. 98.

414 Vgl. hierzu die jeweiligen Regelungen in den entsprechenden Ländergesetzen.

415 *Schenke* in: Steiner, II Rn. 31.

416 *Frotscher*, DVBl. 1976, S. 695 (699); *Martens*, DÖV 1976, S. 457 (459); *Habermehl*, Rn. 96.

417 prOVGE 91, S. 140; BVerwG, DVBl. 1970, S. 504 (506); VGH Mannheim, DVBl. 1983, S. 1070 (1072).

418 Vgl. *Knemeyer*, POR, Rn. 104.

Hill will den Begriff der öffentlichen Ordnung beschränken und lediglich die rechtlich gesetzte und geschützte Ordnung in das Schutzgut einfließen lassen[419]. Eine derartige Begrenzung würde die öffentliche Ordnung als Teil einer Ermächtigungsgrundlage praktisch überflüssig machen, da die rechtlich gesetzte und geschützte Ordnung bereits dem Schutzgut der öffentlichen Sicherheit unterfällt.

Aber auch wenn man der inzwischen herrschenden Meinung folgt, bleibt für den Anwendungsbereich der öffentlichen Ordnung bei Zutrittsverboten nur Raum, wenn die beschriebenen Grenzfälle rassischer Zurücksetzung einen neuen Typus von Gefahren darstellen, die nicht straf- oder ordnungswidrigkeitenrechtlich erfasst sind[420]. Hinsichtlich der einschlägigen Fallgestaltungen hat die obige Darstellung gezeigt, dass die diskriminierende Zutrittsverweigerung durch den Gastwirt stets das Schutzgut der öffentlichen Sicherheit beeinträchtigt und somit der Anwendungsbereich des Auffangtatbestandes der öffentlichen Ordnung nicht eröffnet ist.

3. Gefahrenlage

Ein polizeiliches bzw. ordnungsbehördliches Handeln ist nach der Generalklausel erst dann zulässig, wenn eine konkrete Gefahr für die öffentliche Sicherheit oder Ordnung besteht. D.h., es muss die Gefahr eines bzw. weiterer Zugangsverbote bestehen. Eine Gefahr ist eine Sachlage, in der bei ungehindertem Geschehensablauf ein Zustand oder Verhalten in absehbarer Zeit zu einem Schaden hinsichtlich der einschlägigen Schutzgüter führt[421].

Als Schaden im polizeirechtlichen Sinne ist die objektive Minderung des normalen vorhandenen Bestandes an geschützten Individual- oder Gemeinschaftsgütern anzusehen[422]. Bei dem einzelnen Schutzgut muss eine nicht unerhebliche Beeinträchtigung drohen. Keinen polizeirechtlichen Schaden stellen daher bloße Belästigungen, Unbequemlichkeiten, Nachteile oder Geschmacklosigkeiten dar[423].

Ist es bereits zu diskriminierenden Zurückweisungen seitens des Gastwirts gekommen, so liegt eine Gefahr vor, da nach allgemeiner Lebenserfahrung davon ausgegangen werden kann, dass es zukünftig erneut zu Abweisungen kommen wird[424].

---

419 *Hill*, DVBl. 1985, S. 88 ff.
420 *Knemeyer*, Rn. 104.
421 BVerwGE 45, S. 51 (57); VGH Mannheim, NVwZ-RR 1991, S. 24 (26); BayVGH, NVwZ-RR 1997, S. 615 (616); *Röhrig*, DVBl. 2000, S. 1658 (1660).
422 *Gusy*, Polizeirecht, Rn. 104.
423 *Denninger* in: Lisken/Denninger, POR, Kap. E, Rn. 30.
424 *Stock*, ZAR 1999, S. 118 (123).

Fraglich bleibt die rechtliche Beurteilung der an anderer Stelle bereits beschriebenen Grenzfälle, in denen ein Gastwirt zum Beispiel aus Furcht vor gewaltsamen Auseinandersetzungen bestimmten Bevölkerungsgruppen den Einlass verwehrt. Die betroffenen Personen werden durch die Zurücksetzung zwar in ihren Rechten und Rechtsgütern verletzt, die Handlung des Gastwirts stellt aber zumindest insoweit eine Rechtfertigung dar, als die objektiv verwirklichten Straftatbestände der Volksverhetzung nach § 130 StGB und der Beleidigung nach § 185 StGB nicht einschlägig sind. Ob diese Form der Einlassverweigerung das Schutzgut der öffentlichen Ordnung beeinträchtigt, ist entscheidungsirrelevant, wenn die Gefahrengrenze bereits nicht überschritten wird. Die somit aufgeworfene Frage der polizeirechtlichen „Verursachung" wird nach wie vor unterschiedlich behandelt.

Die Rechtsprechung und die überwiegende Meinung des Schrifttums vertreten die *Theorie der unmittelbaren Verursachung*[425]. Danach ist Verursacher, „wer bei wertender Betrachtung unter Einbeziehung aller Umstände des jeweiligen Einzelfalles die Gefahrengrenze überschritten und damit die unmittelbare Ursache für den Eintritt der Gefahr gesetzt hat"[426]. Hingegen sehen die Befürworter der *Theorie der rechtswidrigen Verursachung* denjenigen als Gefahrenverursacher an, der in seinem rechtswidrigen Verhalten die Ursache gesetzt hat[427].

Ob es vorliegend einer Entscheidung zugunsten einer der Theorien bedarf, kann möglicherweise dahinstehen. Die Anhänger der Unmittelbarkeitslehre sind sich seit langem darüber einig, dass derjenige nicht als Gefahrenverursacher in Betracht kommt, der sich rechtmäßig verhält und von einem ihm ausdrücklich oder auf andere Weise zustehenden Recht legalen Gebrauch macht und dabei eine Gefahr verursacht[428]. Insofern stehen beide Theorien nicht in einem Gegensatz.

Ein dem Gastwirt zustehendes Recht ist das Hausrecht. Hierunter versteht man das Recht des über die betreffende Örtlichkeit Verfügungsberechtigten, Fremde oder Unbefugte von der Benutzung bzw. dem Betreten fernzuhalten

---

425 OVG Hamburg, DÖV 1983, S. 1016 (1017); VGH Kassel, DÖV 1986, S. 441; OVG Münster, NVwZ 1985, S. 355 (356); *Selmer*, JuS 1992, S. 97 (99); *Drews/Wacke/Vogel/Martens*, S. 313.

426 OVG Münster, NVwZ 1985, S. 355 (356 m. w. N.).

427 Begründet von *Schnur*, DVBl. 1962, S. 1 ff.; aufgegriffen von *Denninger* in: Lisken/Denninger, Kap. E, Rn. 69. Darauf aufbauend die Lehre von der *Sozialadäquanz*, die nur sozialinadäquates Verhalten als Zurechnungskriterium berücksichtigen möchte. Vgl. hierzu *Gusy*, Rn. 339.

428 *Götz*, Rn. 200; *Pieroth/Schlink/Kniesel*, § 9 Rn. 17; *Schoch* in: Schmidt-Aßmann, 2. Kap, Rn. 130. Vielzitiertes Beispiel ist der Wohnungseigentümer, der aufgrund eines rechtskräftigen Räumungstitels gegen den Mieter ordnungsgemäß vollstrecken lässt und diesen dadurch in die Obdachlosigkeit führt.

bzw. das weitere Verweilen zu untersagen[429]. Von einem *legalen* Gebrauch dieses Rechts ist sicherlich nicht in Fällen eindeutiger und beweisbarer ausländerfeindlicher Tendenz auszugehen. Einer anderen Beurteilung unterzieht sich der Gebrauch des Hausrechts aber dann, wenn gewaltbereite Personen eine erhebliche Gefährdung für die Gäste und Mitarbeiter darstellen. In diesen Fällen muss der Gaststättenbetreiber sogar von seinem ihm zustehenden Hausrecht Gebrauch machen[430]. Schließlich obliegt dem Betreiber die Rechtspflicht zu polizeimäßigem Verhalten, welche sich u.a. auch darin erschöpft, Gäste vor Gefahren zu schützen[431]. Hat er es zum Beispiel pflichtwidrig versäumt, gewaltbereiten Personen den Zutritt zur Vermeidung von Auseinandersetzungen zu untersagen, so kann er von den ihm zustehenden Notwehr- bzw. Nothilferecht nach §§ 227 BGB, 32 StGB Gebrauch machen.

Der Gaststättenbetreiber verhält sich somit rechtmäßig und macht durch ein Zutritt verbietendes Schild, um von vornherein Schlägereien zu vermeiden, lediglich von dem ihn zustehendem Hausrecht Gebrauch. Wenn man dem Gastwirt die Verantwortung für die Zusammensetzung seines Gästekreises aufbürdet, muss man ihm auch die Mittel an die Hand geben, dieser Verantwortung gerecht zu werden. Die Gefahrengrenze wird dabei nicht überschritten[432]. Diesen Befund unterstützt auch die im Musterentwurf zu den Allgemeinen Verwaltungsvorschriften zum Gaststättengesetz enthaltene Einschränkung[433]: „Ein willkürlicher Ausschluss ist jedoch nicht anzunehmen, wenn der Gastwirt durch besondere Vorkommnisse befürchten muss, daß sonst sein Betrieb gestört oder seine Beschäftigten und Gäste beeinträchtigt werden“.

Zusammenfassend ist festzuhalten, dass in den auf sachlichen Gründen beruhenden Zutrittsverboten zu Gaststätten die Gefahrengrenze nicht überschritten wird und damit keine Gefahrenlage im Sinne der Generalklausel vorliegt. Damit bleibt auch in diesen Fallkonstellationen für den Anwendungsbereich der öffentlichen Ordnung kein Raum.

---

429 *Molketin*, GewArch. 1989, S. 86 (87). Das Hausrecht erfährt eine spezielle Ausgestaltung im öffentlichen Recht, insbesondere im Kommunalrecht. Hier beruht das Hausrecht auf einem im Gefahrenabwehrrecht entwickelten Annexgedanken, der dahin geht, dass der Träger einer Einrichtung oder Störung, die von Dritten ausgehen, aufgrund einer ungeschriebenen Ordnungsgewalt abwehren kann. Es ist fraglich, ob man angesichts des Grundrechtsschutzes und des Demokratieprinzips überhaupt derartige gesetzlich nicht ausdrücklich normierte Befugnisermächtigungen anerkennen will.

430 *Michel/Kienzle*, § 4 Rn. 24; *Molketin*, a.a.O., S. 88.

431 VGH Mannheim, GewArch. 1987, S. 32 (34); OVG Hamburg, GewArch. 1994, S. 294 (295).

432 So auch *Vollmuth*, VerwArch. 68 (1977), S. 45 (52): „Von den ursächlichen Handlungen und Zuständen hat *die* Bedingung die Grenze zur Gefahr überschritten, die nicht den Erfordernissen entspricht, welche die Rechtsordnung im Interesse eines störungsfreien Gemeinschaftslebens aufstellt.“

433 Abgedruckt in: *Seitter*, Gaststättenrecht, Ergänzende Bestimmung V, 3.2.1.

4. Durchsetzung der Gefahrenabwehrmaßnahmen

Die landesrechtlichen Gesetze zur Gefahrenabwehr stellen den Ordnungs- und Polizeibehörden unterschiedliche Handlungsformen und Instrumentarien zur Gefahrenabwehr zur Verfügung. Dabei ist die allgemeine Ordnungsbehörde nur nachrangig gegenüber der Gewerbeaufsicht, die Polizei nur bei Gefahr in Verzug zuständig. Klassisches Instrument zur Gefahrenabwehr ist die Ge-/Verbotsverfügung. Damit wird dem Ordnungspflichtigen aufgegeben, mit geeigneten Maßnahmen der Störung entgegenzuwirken. In den Fällen diskriminierender Zutrittsverweigerungen wird die Gewerbeaufsicht dem Gastwirt eine aufsichtsbehördliche Verbotsverfügung mit dem Inhalt erteilen, künftige Zugangsverbote zu unterlassen.

Bei Weigerung stehen zu ihrer zwangsweisen Durchsetzung die landesrechtlichen Zwangsmaßnahmen zur Verfügung. Mittel des Verwaltungszwangs sind Zwangsgelder, die Ersatzvornahme bei vertretbaren Handlungen auf Kosten des Pflichtigen sowie der unmittelbare Zwang durch Einwirkungen auf Personen oder Sachen[434]. Bei einer Verpflichtung zur Duldung oder Unterlassung wie in den hier behandelten Fällen kommt als Zwangsmittel insbesondere das Zwangsgeld in Betracht, welches als Beugemittel zur Durchsetzung der Verbotsverfügung führt[435].

5. Zwischenergebnis

Der Gang der Untersuchung hat gezeigt, dass rassisch motivierte Zutrittsverbote zu Gaststätten gegen das Schutzgut der öffentlichen Sicherheit verstoßen und dadurch Eingriffe zur Abwendung der Zugangsverweigerung im Rahmen der polizeilichen Generalklausel erlauben. Die Handlung des Gastwirts verstößt sowohl gegen Vorschriften des Straf- als auch des Ordnungswidrigkeitenrechts. Der Tatbestand der Volksverhetzung nach § 130 StGB ist in der Variante des böswilligen Verächtlichmachens verwirklicht. Zweifelsohne stellt zudem die diskriminierende Zutrittsverweigerung einzelner Personen eine Beleidigung im Sinne des § 185 StGB dar. Kollektivbezeichnungen, beispielsweise durch Schilder, unterfallen nicht dem Tatbestand der Beleidigung, da § 185 StGB lediglich die Fälle individualisierter Diskriminierung erfasst. Diese Lücke schließt § 118 OWiG, dessen objektiver Tatbestand bei Beeinträchtigung der Allgemeinheit verletzt ist und somit auch die Fälle der Diskriminierung durch Schilder erfasst. Darüber hinaus sind durch das Zutrittsverbot Individualrechtsgüter betroffen, namentlich das allgemeine Persönlichkeitsrecht einschließlich der Ehre. Allerdings fällt die völkerrechtliche Vorschrift des Art. 5 (f) RDK nicht unter den

---

434 Vgl. *Schoch* in: Schmidt-Aßmann, 2. Kap. Rn. 278.

435 VGH Mannheim, NVwZ-RR 1994, S. 620; OVG Münster, DÖV 1993, S. 398 (399); OVG Schleswig, DÖV 2000, S. 608 (609).

Schutz der objektiven Rechtsordnung und ermächtigt die Polizei nicht zur Gefahrenabwehr. Die Normaussage des Art. 5 (f) RDK wendet sich nur mittelbar an den Bürger und begründet damit keine polizeirechtliche Verantwortlichkeit. Einen Rückgriff auf den umstrittenen Begriff der öffentlichen Ordnung ist des weiteren nicht erforderlich. Der nach der hier vertretenen Auffassung einzig in Betracht kommende Anwendungsbereich ist mangels Gefahrenlage nicht eröffnet. Zugangsverweigerungen aus Angst vor gewaltsamen Auseinandersetzungen oder aus berechtigter Furcht vor Ausbleiben der Kundschaft überschreiten die Gefahrengrenze nicht. Für die Fälle von Ausländerfeindlichkeit bzw. von Rassendiskriminierung, die auf die Angabe scheinbar sachlicher Gründe beruht, ist auf die obigen Ausführungen zu verweisen[436].

Abgesehen von diesen Ausnahmefällen liegen die Tatbestandsvoraussetzungen der polizeilichen Generalklausel vor. Eine diskriminierende Zugangsverweigerung ermächtigt somit die Gewerbeaufsichtsbehörde, gefahrenabwehrrechtlich einzuschreiten. Bei Weigerung des Gastwirts kommt zur Durchsetzung der Verbotsverfügung Verwaltungszwang in Form des Zwangsgelds in Betracht.

II. Gaststättenrecht

Ein jedermann zugänglicher Gaststättenbetrieb stellt eine potenzielle Gefahrenquelle für Gäste, Nachbarschaft und Allgemeinheit dar. Dementsprechend will das geltende Gaststättengesetz ausweislich der §§ 4, 5 und 15 GastG in erster Linie die Gäste und die im Betrieb Beschäftigten gegen Ausbeutung und gegen Gefahren für Leben, Gesundheit oder Sittlichkeit sowie die Nachbarschaft und die Allgemeinheit gegen die von Gaststätten ausgehenden erheblichen Nachteile, Gefahren oder Belästigungen schützen[437]. Insofern verfolgt das Gaststättengesetz primär die Abwehr von Gefahren[438]. Die Ordnungsstörungen spiegeln sich in den durch das Gesetz genannten und von Rechtsprechung und Literatur dokumentierten Erlaubnisversagungsgründen wider. Der Gesetzgeber hat daher die gewerbliche Betätigung des Gastwirts einer präventiven Zugangsschranke in der Gestalt eines Erlaubnisvorbehalts unterworfen, § 2 Abs. 1 GastG. Mit welcher Stringenz der Gastwirt für die Ordnungsmäßigkeit seines Betriebes einzustehen hat, ergibt sich aus der Funktion des zentralen Begriffs der Unzuverläs-

---

436 Allerdings wird eine „verdeckte" ausländerfeindliche Gesinnung nur schwer nachweisbar sein. Insofern kann der Behauptung *Fries* nicht zugestimmt werden, dass „eine neutral formulierte Zugangsverweigerung angesichts der sensibilisierten Stimmung in der Gesellschaft regelmäßig den Schluss auf eine feindliche Willensrichtung" zuließe, S. 335.

437 *Steinberg*, DÖV 1991, S. 354 ff; *Schliesky*, Öffentliches Wirtschaftsrecht, S. 235.

438 *Stober*, Bes. Wirtschaftsverwaltungsrecht, S. 88; *Ehlers* in: Achterberg/ Püttner/ Würtenberger, Bes. VerwR. Bd. 1, S. 196.

sigkeit nach § 4 Abs. 1 Nr. 1 GastG. Ebenso wie im sonstigen Gewerberecht ist der Begriff der Unzuverlässigkeit ein Instrument sicherheits- und ordnungsrechtlicher Gefahrenabwehr. Hier wird auch der Schwerpunkt der nachfolgenden Ausführungen sein, insbesondere welche Anforderungen vor dem Hintergrund der Berufsfreiheit des Gastwirts nach Art. 12 GG an die Zuverlässigkeitsprüfung zu stellen sind.

1. Historischer Überblick

Das Gaststättenrecht ist Bestandteil des Gewerberechts. Seinen Ausgang nahm es von § 33 der Gewerbeordnung von 1869. Danach war für den Betrieb einer Gast- oder Schankwirtschaft und für den Kleinhandel mit Spiritus und Branntwein eine Erlaubnis erforderlich. Zur Bekämpfung der Trunksucht und zur Beseitigung von Ordnungsstörungen wurde 1923 allgemein der Nachweis eines Bedürfnisses und die Zuverlässigkeit des Gewerbetreibenden als Rechtsvoraussetzungen für eine Gaststättenerlaubnis eingeführt[439]. Die Abgabe geistiger Getränke an Jugendliche und Betrunkene wurde verboten.

Am 8. April 1930 trat das Gaststättengesetz von 1930 in Kraft, wodurch erstmals ein geschlossenes System an Regelungen im Gaststättenbereich erreicht wurde.

Eine wesentliche Änderung erfuhr das Gaststättengesetz 1970 durch die Rechtsprechung des Bundesverwaltungsgerichts. Es sah in dem Erfordernis einer Bedürfnisprüfung eine Sperre zum Beruf und einen Verstoß gegen Art. 12 GG[440]. Um sich der neuen verfassungsrechtlichen Lage anzupassen, nahm das geltende Gaststättengesetz vom 5. Mai 1970 die Vorschriften über eine Bedürfnisprüfung nicht mehr auf.

Vor dem Hintergrund der Entscheidung des Bundesverfassungsgerichts hinsichtlich des Sachkundenachweises im Einzelhandel[441] entstand auch im Gaststättenrecht die Diskussion hinsichtlich der Einführung eines solchen Nachweises. Der Sachkundenachweis wurde schließlich nicht aufgenommen, stattdessen wurde der Unterrichtsnachweis eingeführt, § 4 Abs. 1 Nr. 4 GastG. Des weiteren wurden die Befugnisse der Aufsichtsbehörden durch Auskunfts- und Kontrollrechte erweitert (§ 22 GastG). Mit Einführung des § 28 GastG wurde letztlich das Gaststättenrecht entpönalisiert, indem der Gastwirt nicht mehr der Strafdrohung, sondern nur der Bedrohung durch die Sanktionierung von Ordnungswidrigkeiten unterliegt.

---

[439] Notgesetz vom 24. Februar 1923, RGBl. 1, S. 147.

[440] BVerwGE 1, S. 48.

[441] BVerfGE 19, S. 330.

2. Unzuverlässigkeit, § 4 Abs. 1 Nr. 1 GastG

Vorrangige Norm für die Abwehr von Gefahren, die von dem Betrieb einer Gaststätte ausgehen, ist § 15 GastG. Entsprechend der aus dem allgemeinen Verwaltungsverfahrensrecht (§§ 48, 49 VwVfG) bekannten Terminologie unterscheidet die einschlägige Spezialvorschrift des § 15 GastG zwischen der Aufhebung einer rechtswidrigen Konzession (Rücknahme) und der einer rechtmäßigen Erlaubnis (Widerruf)[442]. Einen umfangreichen Katalog fakultativer Ermessenswiderrufsgründe enthält § 15 Abs. 3 GastG, dessen Anwendungsbereich in den Fällen diskriminierender Zutrittsverweigerung nicht eröffnet ist.

Werden vorher eingetretene Tatsachen, die die Unzuverlässigkeit des Betreibers begründen, erst nach der Erteilung der Erlaubnis bekannt, liegt ein Fall des Abs. 1 vor. In der Regel wird dem Gewerbeaufsichtsamt eine ausländerfeindliche Gesinnung des Gaststättenbetreibers bei Antragsstellung nicht bekannt sein, so dass sich nach allgemeiner Lebenserfahrung die Vorkommnisse für die Annahme der Unzuverlässigkeit erst nach Erteilung der Erlaubnis (durch die erstmalige diskriminierende Zugangsverweigerung) ereignet haben und somit ein Fall des Widerrufs nach Abs. 2 gegeben ist.

Die Versagung der Erlaubnis richtet sich nach § 4 Abs. Nr. 1 GastG. Danach ist die Erlaubnis zum Betrieb eines Gaststättengewerbes zu versagen, wenn Tatsachen die Annahme rechtfertigen, dass der Antragssteller die für den Gewerbebetrieb erforderliche Zuverlässigkeit nicht besitzt. Aus der Notwendigkeit einer einheitlichen Erfassung des Begriffs der Unzuverlässigkeit und um den Aufsichtsbehörden Anhaltspunkte zu geben, wann im Einzelfall der Tatbestand der Unzuverlässigkeit erfüllt ist, führt der Gesetzgeber in § 4 Abs. 1 Nr. 1 GastG eine Reihe von Tatbeständen auf, bei deren Vorliegen Unzuverlässigkeit stets zu bejahen ist. Der Katalog ist nicht abschließend („insbesondere"), um bisher noch unbekannte Gefahren erfassen zu können und eine flexiblere Handhabung des Gaststättenrechts zu erleichtern[443].

Dem Begriff der Zuverlässigkeit kommt im Bereich des Gaststättenrechts somit eine zentrale Bedeutung zu[444].

---

442 Hinsichtlich der Frage, ob die Vorschriften des VwVfG neben § 15 GastG Anwendung finden, vgl. *Mörtel/Metzner*, GastG, § 15 Rn. 15 ff. Die Regelungen in Abs. 2 und 3 werden von der Rechtsprechung als abschließend angesehen, so dass die allg. Widerrufsvorschrift des § 49 VwVfG keine Anwendung findet (BVerwG DVBl. 1989, S. 376). Etwas anderes soll für die Rücknahmebefugnis aus § 15 Abs. 1 GastG gelten, da es schon aus praktischen Gründen misslich wäre, wenn nur die fehlende Zuverlässigkeit – nicht aber sonstige Versagungsgründe – eine Aufhebung der Erlaubnis rechtfertigen könnten.

443 *Michel/Kienzle*, § 4 Rn. 11; *Pauly* in: Robinski, Gewerberecht, S. 225; *Stober*, Bes. Wirtschaftsveraltungsrecht, S. 94.

444 *Laubinger*, VerwArch. 89 (1998), S. 145 (148 ff.).

a. *Unzuverlässigkeit*

Das Grundrecht der Berufsfreiheit nach Art. 12 Abs. 1 GG ist die zentrale Verfassungsnorm, die dem liberalen System des Gewerberechts zugrunde liegt. An Art. 12 GG ist die Verfassungsmäßigkeit gewerberechtlicher Vorschriften und die Rechtmäßigkeit der von den Gewerbebehörden im Einzelfall erlassenen Verwaltungsakte zu messen, da die Berufsfreiheit auch die Gewerbefreiheit umfasst. Das Bundesverfassungsgericht hat mit der sog. „Drei-Stufen-Theorie" im Apothekenurteil die Auslegung des Art. 12 Abs. 1 GG maßgeblich geprägt[445]. Es urteilte, dass die Freiheit der *Berufswahl* nur eingeschränkt werden dürfe, soweit der Schutz besonders wichtiger Gemeinschaftsgüter es zwingend erfordere. Hierbei sei zwischen subjektiven und objektiven Zulassungsvoraussetzungen zu unterscheiden.

Die „Drei-Stufen-Theorie" soll hier im Detail nicht nachgezeichnet werden, für den Begriff der Zuverlässigkeit ist jedoch die Darstellung subjektiver Zulassungsvoraussetzungen von Bedeutung. Für sog. subjektive Zulassungsvoraussetzungen wie zum Beispiel Qualifikationen, auf die der Bewerber selbst Einfluss hat, gilt der Verhältnismäßigkeitsgrundsatz in dem Sinne, dass die vorgeschriebenen subjektiven Voraussetzungen zu dem angestrebten Zweck der ordnungsgemäßen Erfüllung der Berufstätigkeit nicht außer Verhältnis stehen dürfen. Gaststättenrechtlich gehört hierher die Erlaubnisvoraussetzung der Zuverlässigkeit[446].

Nach der Rechtsprechung des Bundesverwaltungsgerichts ist ein Gewerbetreibender unzuverlässig, wenn er nach dem Gesamteindruck seines Verhaltens nicht die Gewähr dafür bietet, dass er sein Gewerbe künftig ordnungsgemäß betreiben wird[447].

Die Passage „nach dem Gesamteindruck seines Verhalten" ist erst nachträglich Bestandteil des Begriffs der Unzuverlässigkeit geworden[448]. Aufgrund des Charakters der Gaststättenerlaubnis als personengebundene Konzession wollte das Bundesverwaltungsgericht durch die Beifügung dieser Worte die personale Komponente des Unzuverlässigkeitsbegriffs stärker in den Vordergrund rücken[449].

---

445 BVerfGE 7, S. 377.

446 *Pöltl*, GastG, § 4 Rn. 22.

447 BVerwGE 65, S. 1; BVerwG, GewArch. 1997, S. 242 (243).

448 Vgl. BVerwGE 18, S. 305.

449 Der Stellenwert der personalen Komponente zeigt sich in den hier zu untersuchenden Fällen diskriminierender Zutrittsverbote. Das Erteilen eines solchen Verbots ist Ausdruck des Verhaltens des Gastwirts und damit elementarer Bestandteil der Unzuverlässigkeitsprüfung.

Ordnungsgemäß ist die Gewerbeausübung, wenn sie im Einklang mit dem geltenden Recht steht[450]. Als einzuhaltende Vorschriften kommen in erster Linie die des öffentlichen Rechts einschließlich des Strafrechts in Betracht. Im Zusammenhang mit der Darstellung der polizeilichen Generalklausel wurde bereits dargelegt, dass diskriminierende Zutrittsverweigerungen sowohl strafrechtliche als auch ordnungswidrigkeitenrechtliche Tatbestände verletzen und die Polizei zu Eingriffen der Gefahrenabwehr ermächtigen. Aber nicht zuletzt aufgrund derartiger Verstöße wäre auf eine Unzuverlässigkeit des Gastwirts zu schließen. Bereits der Musterentwurf zu den Allgemeinen Verwaltungsvorschriften zum Gaststättengesetz stellt auf rassistische Zugangspraktiken des Gaststättenbetreibers ab[451]:

„Die Unzuverlässigkeit eines Gastwirts kann sich auch daraus ergeben, dass er willkürlich Personen lediglich wegen ihrer Hautfarbe, Rasse, Herkunft oder Nationalität vom Besuch seiner Gaststätte ausschließt."

b. Feststellung der Unzuverlässigkeit, §§ 15 Abs. 2 iVm. 4 Abs. 1 Nr. 1 GastG

Der Charakter des § 15 Abs. 1 und 2 GastG ist zwingend. Bei Feststellung der Unzuverlässigkeit ist die Person vom Betrieb eines Gaststättengewerbes auszuschließen, ohne dass der zuständigen Behörde noch Raum für eine Ermessensausübung bleibt. Grund hierfür ist, dass die Erlaubnis gemäß § 4 Abs. 1 Nr. 1 GastG bei Unzuverlässigkeit des Antragsstellers zu versagen ist. Trotz dieser zwingenden Rechtsfolge genügt zur Versagung der Gaststättenkonzession bei verständiger Würdigung aller Umstände lediglich eine gewisse Wahrscheinlichkeit, dass der Gastwirt seinen Betrieb in Zukunft ordnungswidrig führen wird. Beachtliche Zweifel sind dabei ausreichend[452].

Der in dem diskriminierenden Zutrittsverbot liegende Verstoß gegen die öffentliche Sicherheit ist daher geeignet, das Urteil der Unzuverlässigkeit zu begründen.

Allerdings ist bei dieser Prognoseentscheidung der Erheblichkeit der Verstöße besonderes Gewicht beizumessen. Da die Behörde bei Unzuverlässigkeit die Erlaubnis zwingend zurückzunehmen bzw. zu widerrufen hat, besitzt der Begriff der Unzuverlässigkeit den Grundsatz der Erforderlichkeit und Verhält-

---

[450] BVerwG GewArch. 1977, S. 22 (23).

[451] Der Begriff der gewerberechtlichen Unzuverlässigkeit ist als unbestimmter Rechtsbegriff gerichtlich voll überprüfbar. Die Frage, ob der Gewerbetreibende Gewähr dafür bietet, dass er sein Gewerbe künftig ordnungsgemäß ausüben wird, ist somit im Verwaltungsprozess in tatsächlicher und rechtlicher Hinsicht voll nachzuprüfen.

[452] BVerwGE 49, S. 154; BVerwG GewArch. 1977, S. 22 (23); OVG Koblenz GewArch. 1980, S. 305; VGH Mannheim GewArch. 1990, S. 253.

nismäßigkeit als immanente Schranke und ist bei der Anwendung des § 15 GastG in besonderem Maße zu beachten[453].
Angesichts der schweren Beeinträchtigung der Berufsfreiheit des Gastwirts durch solch eine Maßnahme ist fraglich, von welcher Intensität die Rechtsverstöße sein müssen, um die zum Zeitpunkt der Konzessionserteilung festgestellte Zuverlässigkeit entfallen zu lassen.

Legt man den unbestimmten Rechtsbegriff der Unzuverlässigkeit unter Beachtung des bedeutenden Grundrechts der Berufsfreiheit gemäß Art. 12 GG aus[454], so können nur *erhebliche* Rechtsverstöße die Annahme der Unzuverlässigkeit rechtfertigen. Es muss sich dabei um gravierende Vorfälle handeln, die überdies nicht nur als einmalige oder geringfügige Entgleisungen anzusehen sind[455]. Auch mehrere Einzelfälle, die für sich genommen die Zuverlässigkeit des Gastwirts noch nicht in Frage stellen, sind in der Lage, die Unzuverlässigkeit zu begründen, wenn sich aus ihrer Häufung ein Hang zur Nichtbeachtung geltender Vorschriften erkennen lässt[456].

Einmalige Zutrittsverbote sind daher wohl nicht in der Lage, die Unzuverlässigkeit des Betreibers zu begründen, sondern als einmalige Ausnahmeentscheidung zu werten. In den Schilder-Fällen sind künftige Einlassverweigerungen mit hoher Wahrscheinlichkeit zu erwarten, da das durch die Schilder erteilte Verbot auf unbestimmte Zeit angelegt und für die betroffenen Personen jederzeit gegenwärtig ist. Der Gaststättenbetreiber verstößt durch die (wiederholt) diskriminierende Einlassverweigerung nachhaltig gegen Schutzgüter der polizeilichen Generalklausel, was damit den Vorwurf der Unzuverlässigkeit begründet[457].

Wegen der erheblichen Störung der öffentlichen Sicherheit (und Ordnung) durch die diskriminierende Einlasspraxis des Gastwirts ist die Annahme der Unzuverlässigkeit im Sinne des § 4 Abs. 1 Nr. 1 GastG auch im Hinblick auf die verfassungsrechtlich garantierte Berufsfreiheit verhältnismäßig.

aa. Verhältnismäßigkeitsprüfung

Jede Aufhebung der Gaststättenerlaubnis muss dem Übermaßverbot genügen[458]. Als Ausfluss des Rechtsstaatsgebots aus Art. 20 Abs. 3 GG gebietet es der Grundsatz der Verhältnismäßigkeit, alle Möglichkeiten in Betracht zu ziehen und auszuschöpfen, die weniger stark in die Freiheit der Berufsausübung des

---

453 BVerwG, GewArch. 1975, S. 385 (387 f.); BVerwG, GewArch. 1997, S. 242 (243); *Michel/Kienzle*, § 15 Rn. 13 f.

454 Eine ausführliche Darstellung zur Bedeutung der Berufsfreiheit im Gewerberecht findet sich bei *Kahl* in: Landmann/Rohmer, GewO, § 1 Rn. 8.

455 VGH Mannheim, GewArch. 1985, S. 200; VG Schleswig, NJW 2001, S. 387; VG Stuttgart, GewArch. 1976, S. 27.

456 BVerwG, GewArch. 1965, S. 36 (37); VGH Mannheim, GewArch. 1987, S. 32; VG Schleswig, NJW 2001, S. 387.

457 *Ehlers* in: Achterberg/Püttner/Würtenberger, S. 201; *Michel/Kienzle*, GastG, § 4 Rn. 22.

458 Vgl. dazu BVerwGE 49, S. 160 (168 f.); OVG Hamburg, GewArch. 1996, S. 425 (426).

Gastwirts eingreifen, bevor die Gaststättenerlaubnis entzogen wird[459]. Vor diesem Hintergrund betont das Bundesverwaltungsgericht:

„Die Gewerbeerlaubnis darf nicht widerrufen werden, wenn ein weniger schwerwiegendes Mittel (Auflagen, Abmahnung) voraussichtlich bewirkt, daß das Gewerbe künftig ordnungsgemäß ausgeübt wird".[460]

Von allen in Betracht kommenden Mitteln stellt der Widerruf der Gaststättenerlaubnis nach §§ 15 Abs. 2 iVm. 4 Abs. 1 Nr. 1 GastG den am meist eingreifenden, die Berufsfreiheit am stärksten einschränkenden und damit den Betroffenen am meisten beschwerenden Eingriff dar. Trotz des zwingenden Wortlauts des § 15 Abs. 2 GastG ist ein Widerruf daher ausgeschlossen, wenn mildere Mittel vorhanden sind, um die Beanstandungen auszuräumen[461].

(1) Abmahnung

Als ein weniger einschneidendes Mittel kommt zunächst eine Abmahnung der zuständigen Behörde an den Gastwirt in Betracht. Die Abmahnung kann zum Beispiel mit der Androhung des Widerrufs der Erlaubnis bei erneuter ordnungswidriger Gewerbeausübung verbunden werden[462].

Als milderes Mittel hat sie dem Widerruf nach § 15 Abs. 2 GastG zwingend vorauszugehen.

(2) Auflagen, § 5 GastG

Im Rahmen ihrer Tätigkeit kann die zuständige Behörde verschiedene Maßnahmen der Gaststättenaufsicht ergreifen. Mit dem gewerberechtlichen Instrumentarium der Auflage nach § 5 GastG besitzt die Gewerbebehörde die Möglichkeit, denkbare Versagungsgründe, die „an sich" einer Erlaubniserteilung entgegenstünden, auszuräumen[463]. Auflagen können nach § 5 Abs. 1 GastG der Erlaubnis beigefügt oder nachträglich hinzugefügt werden.

---

459 BVerwG, GewArch. 1982, S. 294 f.; BVerwG, NVwZ 1991, S. 408 zu der insoweit vergleichbaren Fallgestaltung nach § 35 GewO.

460 BVerwGE 49, S. 160.

461 *Pauly* in: Robinski, S. 244 f. A. A. VGH Mannheim, GewArch. 1996, S. 208 (209); *Michel/Kienzle*, § 15 Rn. 14. Angesichts des klaren Wortlauts sei behördliches Ermessen ersichtlich, um weniger belastende Mittel zu wählen.

462 BVerwG, GewArch. 1975, S. 385 (387 f.); *Marcks* in: Landmann/Rohmer, § 35 Rn. 78; *Michel/Kienzle*, § 15 Rn. 13.

463 So auch die Begründung zur gaststättenrechtlichen Auflage in BT-Drucks. V/1652, S. 4 f.: „Diese Vorschrift liegt auch im Interesse der Gewerbetreibenden, denn wäre die Möglichkeit der Erteilung von Auflagen nicht gegeben, müßte die Erlaubnis entzogen werden, wenn infolge veränderter Verhältnisse sich zusätzliche Schutzmaßnahmen als notwendig erweisen." Siehe auch BVerwG, NVwZ-RR 1997, S. 222.

Als Maßnahme mit weniger einschneidenden Rechtsfolgen kommt vorliegend § 5 Abs. 1 Nr. 1 GastG in Betracht. Die Vorschrift gestattet Auflagen zum Schutz der Gäste gegen Ausbeutung und gegen Gefahren für Leben, Gesundheit und Sittlichkeit. Allerdings dient eine Auflage gegen diskriminierende Zutrittsverweigerungen nicht dem Schutz des Lebens, der Gesundheit oder Sittlichkeit. Das Merkmal der Sittlichkeit ist ausschließlich geschlechtsbezogen zu verstehen und steht in keinem Zusammenhang mit dem Begriff der Sittenwidrigkeit des § 138 BGB[464]. Es ist jedoch zu beachten, dass § 5 GastG keine abschließende Regelung darstellt. Vielmehr ist davon auszugehen, dass der Gesetzgeber in § 5 GastG die im Gaststättenrecht am häufigsten auftretenden Fälle anspricht, weitere Fälle dennoch nicht von der Möglichkeit von Anordnung ausschließen wollte[465]. Insbesondere werden dadurch auch solche Situationen erfasst, die bei Entstehung des Gaststättengesetzes noch nicht bekannt waren bzw. als nicht schützenswert erschienen.

In den Fällen diskriminierender Zutrittsverweigerungen kann mithin eine Auflage nach § 5 GastG als milderes Mittel erteilt werden.

bb. Zwischenergebnis

Die diskriminierende Zugangspraxis begründet die Unzuverlässigkeit des Gastwirts und hat den Widerruf der Konzession nach §§ 15 Abs. 2 iVm. 4 Abs. 1 Nr. 1 GastG zur Folge, sollten keine milderen Mittel für die Gewerbebehörden zur Verfügung stehen. Die Untersuchung hat gezeigt, dass als weniger einschneidende Maßnahmen eine Abmahnung bzw. Auflage dem Widerruf vorauszugehen haben.

3. Gewerberechtliche Ermächtigungsvorschriften

Das Gaststättengesetz ist ein Sondergesetz zur Gewerbeordnung. Über § 31 GastG finden daher die allgemeinen Vorschriften der Gewerbeordnung neben dem Gaststättengesetz Anwendung. Als weitere Ermächtigungsnorm der Gewerbebehörde zur Entziehung der Gaststättenerlaubnis neben § 15 Abs. 2 GastG ist § 51 GewO in Erwägung zu ziehen. Danach kann wegen überwiegender Nachteile und Gefahren für das Allgemeinwohl die Benutzung einer jeden gewerblichen Anlage untersagt werden. Im Gegensatz zu der zwingenden Rechtsfolge des § 15 GastG steht der Behörde hier ein Ermessensspielraum zu.

Unter den Begriff der gewerblichen Anlage fällt auch der Gaststättenbetrieb[466]. Die Untersagungsverfügung muss sich auf überwiegende Nachteile stützen, d. h. die Nachteile und Gefahren für das Gemeinwohl müssen von einer Intensität sein, dass das grundrechtlich geschützte Interesse des Anlagenbetreibers

---

464 BVerwGE 49, S. 160.

465 *Mörtel/Metzner*, § 5 Rn. 2.

466 So schon das OLG Celle, GewArch. 1911, S. 548.

an der Fortsetzung seiner Tätigkeit zurückzutreten hat[467]. Allerdings wirkt das diskriminierende Verhalten des Gastwirts nicht anlagenbezogen, sodass der Schutz gegen diskriminierende Zugangsverweigerungen von der anlagenbezogenen Gefahrenabwehr iSd. § 51 GewO nicht umfasst ist.

III. Verhältnis des Gaststättenrechts zur polizeilichen Generalklausel

Das gewichtigste und zugleich eingriffsintensivste Instrumentarium gegen diskriminierende Zugangsverbote stellt die Erlaubnisversagung dar. Danach muss die Gewerbeaufsichtsbehörde gemäß §§ 15 Abs. 2 iVm. 4 Abs. 1 Nr.1 GastG die Gaststättenkonzession widerrufen. Mangels einer gaststättenrechtlichen Generalklausel gibt es keine spezialgesetzliche Eingriffsbefugnis, um andere Maßnahmen unterhalb der Schwelle einer Erlaubnisversagung zu ergreifen[468]. In den Fällen vereinzelter Zutrittsverbote kann daher die Gewerbeaufsicht auf die ordnungsbehördliche Generalklausel zurückgreifen. Der Anwendbarkeit steht der Vorrang der spezifischen Gefahrenabwehr nicht entgegen, da die gewerberechtlichen Ermächtigungsnormen kein geschlossenes System darstellen[469]. Nur hinsichtlich solcher Maßnahmen, die einer generellen Beschränkung der Zulassung oder einer Gewerbeuntersagung gleichkommen, ergibt sich eine Grenze aus dem Gaststättengesetz. Derartige Handlungen können nicht auf die Generalklausel gestützt werden[470].

Neben der Gewerbeaufsichtsbehörde kann die Polizei bei Gefahr in Verzug in Fällen diskriminierender Einlassverweigerungen unterhalb der Schwelle der Unzuverlässigkeit einschreiten.

Zusammenfassend lässt sich festhalten, dass bei wiederholten Zutrittsboten der Widerruf der Gaststättenkonzession durch die Gewerbeaufsicht erfolgt. Bei einzelnen Zugangsverweigerungen kann die zuständige Behörde (in Eilfällen die Polizei) zur Aufrechterhaltung der öffentlichen Sicherheit aufgrund der ordnungsbehördlichen Generalklausel einschreiten.

---

467 *Salewski* in: Landmann/Rohmer, § 51 Rn. 16.

468 Vgl. hierzu OVG Mannheim, VBlBW 1982, S. 405 (406) und GewArch 1990, S. 403 (404).

469 OVG Mannheim, GewArch 1990, S. 43 (404).

470 Vgl. BVerwG 38, S. 209 (213 f.); BVerfGE 30, S. 292.

B. Zusammenfassung und Bewertung

Das Gefahrenabwehrrecht verfügt über ein weites Spektrum an Handlungsmöglichkeiten, um der diskriminierenden Zugangspraxis effektiv zu begegnen.

Durch Zutrittsverbote verstößt der Gastwirt gegen Straf- und Ordnungswidrigkeitentatbestände, namentlich §§ 130, 185 StGB und 118 OWiG. Das dadurch beeinträchtigte Schutzgut der öffentlichen Sicherheit eröffnet den Anwendungsbereich der polizei- und ordnungsrechtlichen Generalklausel. Der Straftatbestand der Volksverhetzung ist in der Variante des Verächtlichmachens erfüllt. Durch das Anbringen von Schildern, auf denen bestimmten Personengruppen der Zutritt verwehrt wird, bringt der Gaststättenbetreiber seine Geringschätzung gegenüber diesen Bevölkerungsgruppen zum Ausdruck. Diese öffentlich dargestellte Herabwürdigung genügt allerdings nicht den tatbestandlichen Anforderungen des Aufstachelns zum Hass oder Aufforderns zu Gewalt- oder Willkürmaßnahmen im Sinne der Vorschrift. Zutrittsverbote einzelner Personen aufgrund rassistischer Motive erfüllen zudem zweifelsfrei den Tatbestand der Beleidigung nach § 185 StGB. Einzig problematisch ist in diesem Kontext die rechtliche Beurteilung von Kollektivbezeichnungen, wie sie sich zum Beispiel durch den Aushang von Schildern ereignen. Hier darf der gegen ein Individuum gerichtete Charakter des § 185 StGB nicht außer Acht gelassen werden, so dass Kollektivbeleidigungen aus dem Anwendungsbereich der hier untersuchten Fälle herauszunehmen sind. Der objektive Tatbestand des § 118 OWiG ist verletzt, wenn die Allgemeinheit beeinträchtigt ist – also gerade bei den durch § 185 StGB nicht erfassten Fällen der Diskriminierung durch Schilder.

Die völkerrechtliche Vorschrift des Art. 5 (f) RDK ist durch ein Zustimmungsgesetz in den innerstaatlichen Rechtsraum eingeführt und damit Bestandteil des geltenden deutschen Rechts geworden. Der Bürger ist jedoch nicht Normadressat der Vorschrift. Verpflichtet werden allein die Vertragsstaaten und nicht der einzelne. Daher fällt Art. 5 (f) RDK nicht in den Schutzbereich der objektiven Rechtsordnung und ermächtigt die Polizei- und Ordnungsbehörden nicht zur Gefahrenabwehr.

Sollte zivilgerichtlicher Schutz nicht rechtzeitig zu erlangen sein, so hat die Polizei in den Fällen diskriminierender Einlassverweigerungen gefahrenabwehrrechtlich einzuschreiten. Durch das Zutrittsverbot wird der Betroffene in seinem allgemeinen Persönlichkeitsrecht aus Art. 2 iVm. Art. 1 Abs. 1 GG verletzt und mithin die öffentliche Sicherheit angegriffen.

Einer anderen rechtlichen Beurteilung unterziehen sich die Fälle, in denen der Gastwirt annimmt, gerechtfertigt zu handeln. Werden potenzielle Besucher aus Furcht vor gewalttätigen Auseinandersetzungen oder aus Angst vor dem Ausbleiben der Kundschaft (damit eng verbunden ist die Gefährdung der wirtschaftlichen Existenz) abgewiesen, macht der Gastwirt lediglich von dem ihm zustehenden Hausrecht Gebrauch und überschreitet durch sein Verhalten nicht die Gefahrengrenze.

Aufgrund der von einem Gaststättenbetrieb ausgehenden Gefahren für Gäste, Nachbarschaft und Allgemeinheit steht der Behörde mit der Möglichkeit des Konzessionswiderrufs nach §§ 15 Abs. 2 iVm. 4 Abs. 1 Nr. 1 GastG ein durchgreifendes Mittel zur Verfügung, um Diskriminierungen im Gaststättenbereich gezielt zu begegnen. Zentrales Tatbestandsmerkmal ist der gewerberechtliche Begriff der Unzuverlässigkeit. Wegen der Verstöße gegen straf- und ordnungsrechtliche Normen durch die diskriminierende Einlasspraxis bietet der Gaststättenbetreiber nicht mehr die Gewähr, seinen Betrieb ordnungsgemäß zu betreiben. Mehrfach herabwürdigende Zutrittsverbote sind daher nicht als geringfügige Entgleisungen zu werten, sondern als erhebliche Verstöße gegen die öffentliche Sicherheit, welche die Annahme der Unzuverlässigkeit vor dem Hintergrund der verfassungsrechtlich garantierten Berufsfreiheit gemäß Art. 12 GG begründen. Als weniger in die Berufsfreiheit einschneidende Maßnahmen kommt die Erteilung von Auflagen nach § 5 GastG sowie eine Abmahnung in Betracht. In den meisten Fällen kann damit gerechnet werden, dass eine Abmahnung (mit der Androhung des Widerrufs der Erlaubnis bei erneuter ordnungswidriger Gewerbeausübung) den Gaststättenbetreiber zur künftigen ordnungsgemäßen Ausübung seines Berufes veranlasst.

Als Ergebnis bleibt festzuhalten, dass diskriminierenden Zutrittsverweigerungen in einer Gaststätte mit den zur Verfügung stehenden Instrumentarien des Polizei- und Ordnungsrechts sowie des Gewerberechts adäquat begegnet werden kann.

Fünftes Kapitel

A. Barrierefreiheit im Gaststättengewerbe

In Deutschland leben insgesamt etwa 82 Mio. Menschen. Ein ganz erheblicher Anteil davon ist behindert[471]. Trotz vielfältiger Integrationsmaßnahmen wird der Zustand der Behinderung in der Gesellschaft immer noch als „Fremdkörper" begriffen und ihm wird mit Mitleid, Abneigung, Angst oder Verachtung begegnet[472]. Dies belegen letztlich nicht nur in der Öffentlichkeit kontrovers diskutierte obergerichtliche Urteile[473].

Die gesellschaftliche Aktivität von Menschen ist überwiegend geprägt von dem Leben in der Gemeinschaft. Das gemeinschaftliche Leben besteht aus dem großen Bereich sozialer Kontakte vom Zusammenschluss in Sportvereinen bis hin zur Begegnung in Gaststätten. Gemein ist diesen kulturellen Betätigungen, dass sie in der Regel öffentlich angelegt sind, wie es beispielsweise bei Sportveranstaltungen, Konzerten oder gemeindlichen Festen der Fall ist. Sie tragen entscheidend zur Persönlichkeitsbildung und -entfaltung wie auch zur gesellschaftlichen Formierung und Differenzierung bei. Damit auch Menschen mit Behinderung Möglichkeiten zum gemeinschaftlichen Leben und zu selbstbestimmenden Entscheidungen offen stehen, bedarf es größtmöglicher Barrierefreiheit. Vor diesem Hintergrund hängt die kulturelle Partizipation entscheidend davon ab, ob öffentliche Gebäude und öffentliche Veranstaltungen barrierefrei errichtet und ausgelegt sind. Beim Zugang zu einer Gaststätte kommt es für Rollstuhlfahrer auf Rampen, Fahrstühle, Türbreiten und Rangierraum, für Blinde auf akustische Signalsysteme an[474].

---

471 Die Zahl der schwerbehinderten Menschen beträgt ca. 6,7 Mio. Vgl. hierzu *Seidel*, Sozialrecht und Praxis 2002, S. 243 f.;

472 *Degener*, KJ 33 (2000), S. 425 (426).

473 So die spektakuläre Entscheidung des OLG Köln im sog. „Behindertenurteil", NJW 1998, S. 763 ff.: Der Landschaftsverband Rheinland hatte ein Haus für eine Wohngruppe geistig behinderter Menschen eingerichtet. Der klagende Nachbar behauptete, seiner Familie sei in der warmen Jahreszeit ein Aufenthalt im Freien wegen des von den Behinderten durch Schreie, Stöhnen, Kreischen und anderer unartikulierter Laute verursachten Lärms kaum noch möglich. Das OLG Köln verurteilte den Beklagten, in der Zeit vom 01. April – 31. Oktober durch geeignete Maßnahmen zu verhindern, dass von den auf seinem Grundstück untergebrachten behinderten Personen Lärmeinwirkungen auf das Grundstück des Klägers dringen.
Hohe Wogen des öffentlichen Protests schlug zudem die Entscheidung des AG Flensburg, NJW 1993, S. 272: Danach sah das Gericht den Anblick einer Gruppe Behinderter für die Reisenden während einer Urlaubsfahrt als Mangel an.

474 *Welti*, a.a.O. S. 723.

Die folgenden Ausführungen werden sich zunächst mit der Frage befassen, ob die generelle Festsetzung der Barrierefreiheit als staatliche Schutzpflicht vor dem Hintergrund der Grundrechtsbeeinträchtigung des Gaststättenbetreibers ohne weiteres rechtlich möglich erscheint. Im weiteren Gang der Untersuchung stehen die Auseinandersetzung mit sozialrechtlichen Regelungen des Behindertenschutzes und die Erörterung barrierefreier Zugangsmöglichkeiten zu Gaststätten im Vordergrund. Nach Einführung des Art. 3 Abs. 3 Satz 2 GG erfolgte auf einfachgesetzlicher Ebene ein Paradigmenwechsel im Behindertenrecht, der sich vor allem in Neuerungen spezialgesetzlicher Regelungen manifestierte. Grund für diesen Perspektivwechsel war die Erkenntnis, dass behinderte Menschen das Recht besitzen, in gleicher Weise wie nichtbehinderte am gesellschaftlichen Leben *teilzunehmen* und nicht allein auf die *Fürsorge* der Gesellschaft angewiesen zu sein. Neben dem Bestehen sozialrechtlicher Ansprüche besitzt daher die Sicherung ihrer Bürgerrechte hervorgehobene Bedeutung. Das SGB IX und das Behindertengleichstellungsgesetz wirken hier zusammen.

I. Barrierefreiheit als Ausdruck der verfassungsrechtlichen Schutzpflicht

Barrierefreiheit ist im umfassenden Sinne zu verstehen, d.h. nicht nur in räumlicher, sondern auch in kommunikativer - und damit an sich in jeglicher - Hinsicht. Behinderte Menschen sollen zu allen Lebensbereichen einen umfassenden Zugang und eine uneingeschränkte Nutzungsmöglichkeit haben. Nach § 4 BGG liegt Barrierefreiheit (bezogen auf den Gaststättenbereich) vor, wenn bauliche oder sonstige Anlagen für behinderte Menschen in der allgemein üblichen Weise, ohne besondere Erschwernis und grundsätzlich ohne fremde Hilfe zugänglich und nutzbar sind. Im Allgemeinen Teil wurde bereits auf die objektiv-rechtliche Schutzfunktion des Staates hingewiesen[475]. An dieser Stelle soll eingehend die Frage erörtert werden, inwieweit Barrierefreiheit Ausdruck der verfassungsrechtlichen Schutzpflicht ist. Bedeutsam für den Gang der Untersuchung sind hier die Gesichtspunkte der verfassungsrechtlichen Erlaubtheit und Gebotenheit.

---

[475] Vgl. zur Schutzrichtung des Art. 3 Abs. 3 GG *Isensee* in: Isensee/Kirchhof, HStR V, § 111 Rn. 90; *Starck*, Praxis der Verfassungsauslegung, S. 62 ff. Diese Grundrechtsfunktion wird Art. 3 Abs. 3 Satz 2 GG im Besonderen zugeordnet und dahin gehend beschrieben, dass alle drei Staatsgewalten aufgerufen seien, Behinderte vor Benachteiligungen durch Dritte zu bewahren; *Sachs*, RdJB 1996, S. 154 (171); *Berlit*, RdJB 1996, S. 145 (146).

1. Erlaubtheit

Unter Erlaubtheit soll hier die Befugnis des Gesetzgebers verstanden werden, Barrierefreiheit gesetzlich vorschreiben zu können. In den für den Gang der Arbeit wichtigen Bereichen hat die Barrierefreiheit in § 4 Abs. 1 Nr. 2a GastG sowie auf Landesebene in § 59 Abs. 2 Nr. 3 LBO-SH einfachgesetzlichen Niederschlag gefunden[476]. Nach § 4 Abs. 1 Nr. 2a GastG stellt die fehlende Zugangsmöglichkeit für Menschen mit Behinderung einen Versagungsgrund für die Gaststättenerlaubnis dar. Darin kann aber nicht schon die uneingeschränkte Erlaubtheit gesehen werden, wird die dem Gaststättenbetreiber auferlegte Verpflichtung zur barrierefreien Nutzung seiner gewerblichen Räume bereits in Abs. 1 Satz 2 GastG einer Einschränkung unterworfen. Bei Unmöglichkeit barrierefreier Gestaltung der Räume sowie bei Unzumutbarkeit kann auch entgegen Nr. 2a GastG die Betriebserlaubnis erteilt werden[477]. So kann beispielsweise die Herstellung der Barrierefreiheit technisch (Kellerlokal) oder rechtlich (aus Gründen des Denkmalschutzes) für den Gastwirt unzumutbar oder unmöglich sein[478]. Die Einschränkung der Barrierefreiheit macht deutlich, dass der Gesetzgeber den Grundrechtspositionen des Gastwirtes mit Rücksicht auf den Grundsatz der Verhältnismäßigkeit Rechnung getragen hat[479]. Den Grund für diese eher vorbehaltliche Verankerung der Barrierefreiheit im einfachgesetzlichen Bereich macht ein Vergleich zwischen dem Diskriminierungsverbot wegen der verpönten Merkmale in Art. 3 Abs. 3 Satz 1 und dem Verbot der Benachteiligung wegen einer Behinderung nach Satz 2 GG deutlich:

Verweigert etwa ein Gastwirt Farbigen den Zutritt zu seinem Betrieb aufgrund ihrer Hautfarbe, dann bestünde die rechtliche Sanktion möglicherweise in der Zahlung von zivilrechtlichem Schadensersatz oder er unterliegt einem Kontrahierungszwang, der ihn künftig zum Vertragsabschluss verpflichtet. Die gesetzliche Verpflichtung zur barrierefreien Gestaltung hingegen kann in Einzelfällen mit erheblichen Umbaukosten verbunden sein. Insbesondere kleinere Gaststättengewerbe, wie Imbisswirtschaften, wären danach verpflichtet, ihre Gewerberäume entsprechend baulich zu gestalten, d. h., behindertengerechte Toiletten, ggf. rollstuhlgerechte Gebäudeeingänge, etc. zur Verfügung zu stellen. Das Verhältnis des zu erwartenden Umsatzes zu den für eine barrierefreie Ausgestaltung erforderlichen Kosten darf dabei aber nicht unverhältnismäßig

[476] Vgl. auch § 39 LBO BW, Art. 51 BayBO, § 51 BO Bln, § 56 BbgBO, § 53 BremLBO, § 52 HamBauO, § 46 HessBO, § 52 LBO MV, § 48 NdsBO, § 49 BO RP, § 53 ThürBO, § 54 LBO Saarl, § 53 SächsBO, § 56 BO LSA.

[477] Zu denken wäre beispielsweise an eine nur über den Fußweg zu erreichende Berggaststätte.

[478] *Pöltl*, GewArch 2003, S. 231 (238).

[479] Kritisch zum „Privileg" der Unzumutbarkeit im Gaststättengewerbe die Stellungnahme des Deutschen Anwaltvereins 09/2002 vom 21. Januar 2002.

sein. Für die Vielzahl der kleinen Gaststätten bedeuten erhöhte bauliche Anforderungen jedoch eine oft untragbare finanzielle Belastung[480].

Der Kabinettsentwurf in der Begründung zu Art. 41, Änderung des Gaststättengesetzes, hat nur die *baulich* barrierefreie Ausgestaltung der Räume einer Gaststätte vorgesehen[481] und damit eher auf einen begrenzteren Begriff der Barrierefreiheit abgestellt. Die Definition der Barrierefreiheit in § 4 BGG hingegen umfasst nicht nur die Beseitigung räumlicher Hindernisse, sondern auch die kontrastreiche Gestaltung der Lebensumwelt für Sehbehinderte und die barrierefreie Kommunikation mittels Gebärdendolmetscher oder über andere Kommunikationshilfen für Hörbehinderte. Grund für die Beschränkung auf die bauliche Ausgestaltung ist die Tatsache, dass die von § 4 BGG ableitbaren Voraussetzungen für die Gleichstellung von Menschen mit Behinderung von Privatpersonen schlichtweg nicht erfüllt werden können[482], argumentum e contrario.

Hinsichtlich des Zugangs zu öffentlichen Einrichtungen für Menschen mit Behinderung hat sich auch das Bundesverfassungsgericht eher zurückhaltend geäußert, indem es formulierte, die Verweigerung des „tatsächlich möglichen“ Zugangs zu öffentlichen Einrichtungen wegen einer Behinderung wie auch die Verweigerung von Leistungen, die „jedermann zustehen“, seien eine unzulässige Benachteiligung[483].

Der Gesetzgeber kann den Gaststättenbetreibern die barrierefreie Gestaltung ihrer gewerblichen Räumlichkeiten somit nicht allgemein aufzwingen, sondern es bedarf einer Differenzierung. Obwohl die Einführung des Art. 3 Abs. 3 Satz 2 GG die Integration behinderter Menschen in die Gesellschaft stärken und fördern soll, unterliegt auch das Ziel einer barrierefreien Gesellschaft dem Grundsatz der Verhältnismäßigkeit. Trotz der besonderen Schutzbedürftigkeit darf die gleichberechtigte Teilhabe von Menschen mit Behinderung nur soweit reichen, wie die Grundrechtspositionen Dritter nicht unverhältnismäßig stark beeinträchtigt werden.

2. Gebotenheit

Einer anderen Beurteilung unterzieht sich die Frage nach der Barrierefreiheit unter dem Blickwinkel der Gebotenheit.

Mit Einführung des Art. 3 Abs. 3 Satz 2 GG im Rahmen der Verfassungsreform wurde die Stärkung behinderter Menschen in Recht und Gesellschaft bezweckt[484]. Zum einen sollte der Schutz dieser Personengruppe verstärkt, zum

---

480 Stellungnahme DEHOGA zum Entwurf eines Gesetzes zur Gleichstellung behinderter Menschen und zur Änderung anderer Gesetze vom 17. Januar 2002, S. 5.

481 BT-Drs. 14/7420 bzw. 8043.

482 DEHOGA, a.a.O., S. 6.

483 BVerfGE 96, S. 288 (303).

484 BT-Drs. 12/8165, S. 29.

anderen ein deutliches Signal für einen Bewusstseinswandel in der Gesellschaft gesetzt werden[485].

Aber auch ohne Berücksichtigung des Art. 3 Abs. 3 Satz 2 GG lassen sich zunächst verschiedene Ansatzpunkte für die Beurteilung der verfassungsrechtlichen Situation behinderter Menschen finden. Insbesondere sind dies die Einflüsse der Staatszielbestimmung des Sozialstaatsprinzips. Neben den Grundrechtsnormen wird die materielle Grundordnung vor allem durch grundlegende Verfassungsprinzipien und Staatszielbestimmungen geprägt[486]. Diese Vorschriften sollen Richtlinien für das Handeln von Staatsorganen begründen und werden dementsprechend als „Verfassungsnormen mit rechtlicher bindender Wirkung, die der Staatstätigkeit die fortdauernde Beachtung oder Erfüllung bestimmter Aufgaben – sachlich umschriebener Ziele vorschreiben" bezeichnet[487]. Staatszielbestimmungen wie das Sozialstaatsprinzip stellen somit nur einzelne *Vorgabepunkte* gegenüber einer sehr weit gedehnten gesetzgeberischen und politischen Gestaltungsfreiheit dar[488]. Bei Staatszielbestimmungen wird die politische Gestaltungsfreiheit des Gesetzgebers gewahrt. Im Umkehrschluss folgt daraus notwendigerweise eine geringere Bindungswirkung. Diese geringere Bindungswirkung der Staatszielbestimmungen gegenüber Gesetzgebungsaufträgen wirkt sich auf die Rechtsstellung Behinderter aus. Eine wichtige Ausformung des Sozialstaatsprinzips ist die Verpflichtung des Staates zur Vor- und Fürsorge für Gruppen der Gesellschaft, die in ihrer persönlichen oder sozialen Entfaltung benachteiligt sind[489]. Eine Konkretisierung der staatlichen Für- und Vorsorgepflicht kann dabei in folgender Weise erfolgen: die Gemeinschaft muss die Mindestvoraussetzungen für ein menschenwürdiges Dasein sichern und sich *bemühen*, behinderte Menschen soweit wie möglich in die Gesellschaft einzugliedern, ihre angemessene Betreuung in der Familie oder durch Dritte zu fördern sowie die notwendigen Pflegeeinrichtungen zu schaffen[490]. Ziel ist die Angleichung der Möglichkeiten der Lebensführung von behinderten und nichtbehinderten Menschen. Diese Zielvorgabe kann in erster Linie durch gleichberechtigte *Teilhabe* behinderter Menschen in der Gesellschaft verwirklicht werden. Dazu gehört auch die Teilhabe im kulturellen Bereich. Der barrierefreie Zugang zu kulturellen Einrichtungen ist gerade unter Berücksichtigung der sozialen Funktion von Gaststätten geboten, werden doch insbesondere diese Orte zur Anbahnung und Pflege sozialer Kontakte genutzt.

---

485 *Dreier*, Art. 3 Rn. 134.

486 *Stern*, Staatrecht I, S. 100.

487 Bericht der Sachverständigenkommission Staatszielbestimmungen, Gesetzgebungsaufträge, Hrsg.: Der Bundesminister für Inneres, Der Bundesminister für Justiz, 1983, S. 13.

488 *Sannwald* in: Schmidt-Bleibtreu/Klein, Art. 20 a, Rn. 9.

489 BVerfGE 35, S. 202 (236); 40, S. 121 (133).

490 BVerfGE 40, S. 121 (133).

Rechtliche Grundlage für die Gewährleistung eines solchen Teilhaberechts ist der besondere Gleichheitssatz des Art. 3 Abs. 3 Satz 2 GG in Verbindung mit der allgemeinen Handlungsfreiheit aus Art. 2 Abs. 1 GG und dem Sozialstaatsprinzip. So urteilte das Bundesverfassungsgericht in der numerus-clausus-Entscheidung, dass aus dem in Art. 12 Abs. 1 S. 1 GG gewährleisteten Recht auf freie Wahl des Berufes und der Ausbildungsstätte in Verbindung mit dem allgemeinen Gleichheitssatz und dem Sozialstaatsprinzip ein Recht auf Zulassung zum Hochschulstudium folge, mithin ein Teilhaberecht[491]. Je stärker sich der moderne Staat der sozialen Sicherung und kulturellen Förderung der Bürger zuwende, desto mehr trete *„im Verhältnis zwischen Bürger und Staat neben das ursprüngliche Postulat grundrechtlicher Freiheitssicherung vor dem Staat die komplementäre Forderung grundrechtlicher Verbürgung der Teilhabe“*[492].

3. Zusammenfassung

Aus Art. 3 Abs. 3 Satz 2 GG iVm. Art. 2 Abs. 1 GG und dem Sozialstaatsprinzip leitet sich ein Teilhaberecht im Sinne gleichen Zugangs für behinderte Menschen ab. Ein subjektiver Leistungsanspruch folgt hieraus jedoch nicht[493].

Zu beachten ist, dass das Ziel einer barrierefreien Gesellschaft dem Verhältnismäßigkeitsgrundsatz unterliegt und nur soweit verwirklicht werden darf, wie es Grundrechte Dritter nicht unangemessen beeinträchtigt.

II. Begriff der Behinderung

Im Allgemeinen Teil wurde im Rahmen des Art. 3 Abs. 3 Satz 2 GG bereits auf den Behinderungsbegriff eingegangen. An dieser Stelle wird die Entwicklungsgeschichte in der Bundesrepublik Deutschland nachgezeichnet und der nach heutigem Verständnis damit eng verbundene Begriff der Teilhabe.

1. Geschichtliche Entwicklung in der Bundesrepublik Deutschland

Zunächst wurde Behinderung als Körperbehinderung verstanden. So definierte das Körperbehindertengesetz von 1957 die Körperbehinderung wie folgt:

„Körperbehindert im Sinne dieses Gesetzes sind Personen, die durch eine Fehlform oder Fehlfunktion des Stütz- und Bewegungssystems oder durch Spaltbil-

---

[491] BVerfGE 33, S. 303 (331).
[492] BVerfGE 33, S. 303 (330).
[493] *Caspar*, EuGRZ 2000, S. 135 (139 f.).

dungen des Gesichts oder des Rumpfes dauernd in ihrer Erwerbsfähigkeit wesentlich beeinträchtigt sind oder in Zukunft voraussichtlich sein werden.“[494]

Das Gesetz fand darüber hinaus Anwendung auf Seelentaube und Hörstumme[495]. Eine klare Begriffsfindung der körperlichen Behinderung wurde damit jedoch nicht erreicht.

Eine konturenscharfe Umschreibung der Behinderung erfolgte Mitte der Achtziger Jahre durch das Schwerbehindertengesetz. Danach wurde in § 3 SchwbG die Behinderung definiert als

„die Auswirkung einer nicht nur vorübergehenden Funktionsbeeinträchtigung, die auf einen regelwidrigen körperlichen, geistigen oder seelischen Zustand beruht. Regelwidrig ist der Zustand, der von dem für das Lebensalter typischen abweicht. Als nicht nur vorübergehend gilt ein Zeitraum von sechs Monaten. Bei mehreren sich gegenseitig beeinflussenden Funktionsbeeinträchtigungen ist deren Gesamtauswirkung maßgeblich.“[496]

Diese Definition konnte auch für andere Gesetze herangezogen werden, soweit deren Eigenart dem nicht entgegenstand[497]. Bis zur Einführung des SGB IX stellte der Behindertenbegriff nach § 3 SchwbG die einzige Legaldefinition von Behinderung dar. Der oben bereits angesprochene Paradigmenwechsel erfolgte 1994 mit Einführung des speziellen Diskriminierungsverbots in Art. 3 Abs. 3 Satz 2 GG, wodurch der Behinderungsbegriff nunmehr verfassungsrechtlich verankert wurde. Eine Konkretisierung erfuhr das Diskriminierungsverbot unter anderem im SGB IX von 2001[498]. Dort ist die neugefasste Definition in den Mittelpunkt gerückt. § 2 Abs. 1 SGB IX lautet:

„Menschen sind behindert, wenn ihre körperliche Funktion, geistige Fähigkeit oder seelische Gesundheit mit hoher Wahrscheinlichkeit länger als sechs Monate von dem für das Lebensalter typischen Zustand abweichen und daher ihre Teilhabe am Leben in der Gesellschaft beeinträchtigt ist.“

Der Gesetzgeber orientierte sich damit an der von der Weltgesundheitsorganisation entwickelten Internationalen Klassifikation der Funktionsfähigkeit, Behinderung und Gesundheit (International Classification of Functioning, Disabilities and Health – ICF). Die ICF wurde im Jahre 2001 beschlossen und löste die In-

494 § 1 Abs. 1 Satz 1 Körperbehindertengesetz.
495 § 1 Abs. 1 Satz 2 Körperbehindertengesetz.
496 § 3 Abs. 1 SchwbG.
497 *Welti*, a.a.O., S. 58.
498 Zu Darstellung der wichtigsten Neuregelungen vgl. *Welti*, NJW 2001, S. 2210 ff; *Braun*, MDR 2001, S. 1157 ff.

ternationale Klassifikation der Schädigungen, Fähigkeitsstörungen und Beeinträchtigungen (ICIDH) von 1980 ab, welche von dem gleichen und nunmehr obsoleten Verständnis von Behinderung wie § 3 SchwbG ausging: Behinderung wurde stets als Defizit unter Ausblendung der vorhandenen Fähigkeiten eingestuft.

Die ICF stellt heute das Zusammenwirken von umwelt- und personenbezogenen Faktoren in den Vordergrund und berücksichtigt dabei maßgeblich die Teilhabe von Menschen mit Behinderung in der Gesellschaft. Das moderne Begriffsverständnis von Behinderung ist somit untrennbar mit gesellschaftlicher Teilhabe verbunden und nicht mehr defizitorientiert und medizinisch angelegt. Das äußert sich in der Tatsache, dass Behinderung an den *Beeinträchtigungen der Teilhabe* in der Gesellschaft und im Arbeitsleben zu erkennen ist. Behinderung muss heutzutage stets im Kontext mit Teilhabe und Selbstbestimmung verstanden werden[499]. Ist sie auch mangels barrierefreier Gestaltung der Umwelt beeinträchtigt (Teilhabestörung), so liegt eine Behinderung vor[500].

2. Der Begriff der Teilhabe

Teilhabe ist ein mehrdeutiger Begriff, der sich nicht nur auf das öffentliche Recht erstreckt[501]. Er steht im unmittelbaren Zusammenhang mit dem heutigen Begriffsverständnis der Behinderung. So definiert § 1 SGB IX als Ziel der Rehabilitation die Selbstbestimmung und (möglichst uneingeschränkte) Teilhabe am Leben der Gesellschaft.

Im Verfassungsrecht beschreibt Teilhabe eine bestimmte grundrechtliche Wirkungsweise, die auf staatliche Schutzansprüche und insbesondere auf originäre und abgeleitete Teilhabeansprüche auf bestehende staatliche und gesellschaftliche Güter gerichtet ist[502]. In der ICF wird Teilhabe definiert als Einbezogensein in eine Lebenssituation (*involvement in a life situation*)[503] und in neun Bereiche unterschieden: Lernen und Wissensanwendung, Allgemeine Aufgaben und Anforderungen, Kommunikation, Mobilität, Selbstversorgung, Häusliches Leben, Interpersonelle Interaktionen und Beziehungen, Bedeutende Lebensbe-

---

499 Inwieweit aus der doppelten Normierung des Behinderungsbegriffs in § 2 Abs. 1 SGB IX und § 3 BGG ein gemeinsamer Behinderungsbegriff ableitbar ist, vgl. *Welti*, a.a.O., S. 111.

500 Umfassende Darstellung des Behinderungsbegriffs in *Lachwitz/Schellhorn/Welti*, Handkommentar zum Sozialgesetzbuch IX, Rehabilitation und Teilhabe behinderter Menschen, Einführung und § 2.

501 Im Zivilrecht etwa bezeichnet der Begriff der Teilhabe das Verhältnis von Personen, die an einer Gemeinschaft (bspw. eine Gesellschaft bürgerlichen Rechts) beteiligt sind und im Zusammenhang damit Rechte und Pflichten haben.

502 Hierzu *Welti*, a.a.O., S. 538 ff.

503 ICF, Einführung, 4.2.

reiche und *Gemeinschafts-*, soziales und staatsbürgerliches Leben[504]. Alle wichtigen Lebensbereiche sind dadurch vom Begriff der Teilhabe erfasst. Teilhabe als Ziel gesetzgeberischer Tätigkeit für behinderte Menschen zeigt sich darin, dass die durch eine Teilhabebeeinträchtigung festgestellte Behinderung durch Aufhebung dieses Defizits ausgeglichen werden soll. Die Verwirklichung dieses Ziels ist auch Aufgabe des Sozialrechts. Eine Konkretisierung erfährt der vielschichtige Begriff in Form der dauerhaften Sicherung der Teilhabe am Arbeitsleben[505] und als Teilhabe im Leben der Gemeinschaft[506]. Bezogen auf den Untersuchungsgegenstand der Arbeit umfasst Teilnahme am gesellschaftlichen und kulturellen Leben damit auch zweifelsohne die barrierefreie Zugangsmöglichkeit zu Gaststätten.

III. Der Behindertenschutz in sozialrechtlichen Regelungen

1. Sozialgesetzbuch IX

Mit dem Sozialgesetzbuch IX, das am 01.07.2001 in Kraft getreten ist, wurde das Recht der Rehabilitation und Teilhabe behinderter Menschen neu gefasst und Selbstbestimmung und gleichwertige Teilhabe von Menschen mit Behinderung gefördert[507]. Ziel des SGB IX ist nicht nur die Umverteilung von Gütern und der materielle Ausgleich wirtschaftlicher Leistungsfaktoren, sondern vor allem der Gedanke umfassender Teilhabe aller an der Gesellschaft. Das SGB IX stellt sich somit dar als eine „Plattform der Rehabilitation durch Koordination, Kooperation und Konvergenz“[508].

Hinsichtlich des barrierefreien Zugangs zu Gaststätten sind in den §§ 55 ff. SGB IX Regelungen zu Leistungen zur Teilhabe am Leben in der Gemeinschaft normiert. Nach § 55 Abs. 2 Nr. 7 SGB IX umfassen solche Leistungen insbesondere Hilfen zur Teilhabe am gesellschaftlichen und kulturellen Leben. Die Vorschrift erfährt eine Konkretisierung in § 58. Nach Nr. 2 werden Hilfen zum Besuch von Veranstaltungen oder Einrichtungen, die der Geselligkeit, der Unterhaltung oder kulturellen Zwecken dienen, gewährt. Insoweit kann § 58 Nr. 2 SGB IX auch Hilfen zum Gaststättenbesuch beinhalten. Als Hilfen kommen sämtliche Mittel personeller und sachlicher Art in Betracht, die individuell benötigt werden, um Veranstaltungen und Einrichtungen zum Zwecke der Gesellig-

504 ICF, Einführung, 4.2.1.
505 §§ 4 Abs. 1 Nr. 3, 33 SGB IX.
506 §§ 4 Abs. 1 Nr. 4, 55 Abs. 2 Nr. 7, 58 SGB IX.
507 *Rips*, Barrierefreiheit gemäß § 554a BGB, S. 58.
508 *Welti/Sulek* in: Igl/Welti, Die Verantwortung des sozialen Rechtsstaats für Personen mit Behinderung und für die Rehabilitation, S. 131.

keit, Unterhaltung oder Kultur zu besuchen, wie zum Beispiel ein Fahrdienst oder eine Begleitperson[509].

Zur Erbringung dieser Hilfen sind die in § 6 SGB IX aufgeführten Leistungsträger verpflichtet. Leistungsträger zur Teilhabe am kulturellen und gemeinschaftlichen Leben können allerdings nur die Unfallversicherung und Versorgungsverwaltung sowie die Sozialhilfe und Jugendhilfe sein[510]. Um den Zugang zu Gaststätten zu gewährleisten, kann der entsprechende Rehabilitationsträger gehbehinderten Menschen im Rahmen der medizinischen Rehabilitation beispielsweise einen Rollstuhl zu Verfügung stellen, § 31 SGB IX. Allerdings umfassen die Leistungen nach § 58 Nr. 2 SGB IX nicht die barrierefreie Gestaltung sämtlicher gesellschaftlicher Veranstaltungen und Einrichtungen. Für den Abbau von Diskriminierungen im privatrechtlichen Verkehr, wozu auch der Besuch von Gaststätten gehört, kann das SGB IX letztlich wohl nur als spürbarer Fortschritt in der Behindertenpolitik und im Behindertenrecht aufgefasst werden[511]. Das Gebot der barrierefreien Gestaltung der Umwelt ist Ziel des Gleichstellungsgesetzes für Menschen mit Behinderung, welches im Anschluss behandelt wird.

2. Das Gesetz zur Gleichstellung behinderter Menschen und zur Änderung anderer Gesetze

Eine verhältnismäßig junge Regelung nach Einfügung des Diskriminierungsverbots in das Grundgesetz stellt das Gesetz zur Gleichstellung behinderter Menschen und zur Änderung anderer Gesetze dar[512]. Es enthält als Art. 1 das Gesetz zur Gleichstellung behinderter Menschen (Behindertengleichstellungsgesetz – BGG). Ähnlich wie das 9. Buch Sozialgesetzbuch, das die sozialrechtlichen Ansprüche von behinderten Menschen regelt, soll das BGG behinderten Menschen in gleicher Weise wie nicht behinderten Menschen die Teilnahme am gesellschaftlichen Leben ermöglichen. Menschen mit Behinderung sollen in möglichst allen Lebensbereichen eine umfassende Zugangsmöglichkeit besitzen[513]. Damit behinderte Menschen sich diskriminierungsfrei im Alltag bewegen können, verfolgt das BGG sowohl die Beseitigung räumlicher Barrieren als auch der barrierefreien Kommunikation[514]. Da sich die Barrierefreiheit auf alle Lebensbereiche erstrecken soll, hat das Gesetz einen sehr breiten Wirkungsgrad in Anspruch genommen und ausgefüllt. Der Hotel- und Gaststättenverband begrüßte anlässlich seiner Anhörung in der 115. Sitzung des Ausschusses für Arbeit und Sozialord-

---

509 *Löschau* in: GK-SGB IX, § 58 Rn. 13.
510 *Welti*, NJW 2001, S. 2210 (2214).
511 Vgl. zur Stellung körperbehinderter im Privatrecht *Neuner*, NJW 2000, S. 1822 ff.
512 In Kraft getreten am 01.05.2002, BGBl. I, S. 1046.
513 *Moritz*, ZFSH/SGB 2002, S. 204 (211); *Stähler*, NZA 2002, S. 777 (778).
514 *Braun*, MDR 2002, S. 862 (863).

nung am 23.01.2002 den Ansatz des Gesetzgebers, bundeseinheitliche Standards für barrierefreies Bauen zu fördern, ausdrücklich[515].

Der Inhalt des BGG wird im Folgenden dargestellt, so weit er für die Anwendung der Neuerungen im Gaststättengesetz von Bedeutung ist.

a. *Für den Gaststättenbereich relevante Vorschriften des BGG*

aa. *Behinderung und Barrierefreiheit iSd. BGG*

§ 3 BGG definiert den Begriff der Behinderung. Danach sind Menschen behindert, wenn ihre körperliche Funktion, geistige Fähigkeit oder seelische Gesundheit mit hoher Wahrscheinlichkeit länger als 6 Monate von dem für das Lebensalter typischen Zustand abweichen und daher ihre Teilhabe am Leben in der Gesellschaft beeinträchtigt ist. Diese Definition der Behinderung übernimmt die im Sozialgesetzbuch IX festgelegte Bestimmung. § 4 BGG enthält die für die Regelung des 2. Abschnitts bedeutende Begriffserläuterung der „Barrierefreiheit“. Barrierefrei sind bauliche oder sonstige Anlagen, Verkehrsmittel, technische Gebrauchsgegenstände, Systeme der Informationsverarbeitung, akustische und visuelle Informationsquellen und Kommunikationseinrichtungen sowie andere gestaltende Lebensbereiche, wenn sie für behinderte Menschen in der allgemein üblichen Weise, ohne besondere Erschwernis und grundsätzlich ohne fremde Hilfe zugänglich und nutzbar sind[516].

bb. *Verbandsklagerecht, § 13 BGG*

Die Barrierefreiheit kann von anerkannten Verbänden behinderter Menschen in ihrem satzungsgemäßen Bereich mit der Verbandsklage verfolgt werden[517]. § 13 Abs. 1 S. 1 Nr. 2 BGG sieht auch für den Bereich des Gaststättengesetzes ein Verbandsklagerecht vor. Danach kann ein nach § 13 Abs. 3 BGG anerkannter Verband, ohne in seinen Rechten verletzt zu sein, Klage nach Maßgabe der Verwaltungsgerichtsordnung oder des Sozialgerichtsgesetzes auf Feststellung eines Verstoßes gegen die Vorschriften des Bundes zur Herstellung der Barrierefreiheit in § 4 Abs. 1 Nr. 2 a GastG erheben. Die Anerkennung der klagebefugten Verbände erfolgt durch das Bundesministerium für Arbeit und Sozialordnung auf Vorschlag der Mitglieder des Beirats für die Teilhabe behinderter Menschen. § 13 Abs. 3 Satz 2 BGG sieht nähere Voraussetzungen vor, bei deren Vorliegen eine Anerkennung erfolgen soll.

cc. *Zielvereinbarungen zur Barrierefreiheit, § 5 BGG*

Ein innovatives Konzept des Behindertengleichstellungsgesetzes stellen die Zielvereinbarungen zur Barrierefreiheit nach § 5 BGG dar. Viele Einrichtungen

---

515 BT-Drs. 14/8331, S. 45.

516 Umfassend zur Begriffsentstehung vgl. *Welti*, a.a.O., S. 60 f.

517 *Schlacke*, RsDe 52 (2003), S. 60 (68 f.).

des kulturellen und gemeinschaftlichen Lebens sind private Unternehmen, wie Einkaufs- und Konzertveranstaltungszentren oder *Gaststätten* und Hotels. Außerhalb der baurechtlichen Vorschriften für den Neubau unterliegen sie nur wenigen Vorschriften über die Gestaltung ihrer Zugänglichkeit und ihres Angebots nach den besonderen Bedürfnissen behinderter Menschen[518]. Durch Zielvereinbarungen zwischen nach dem BGG anerkannten Verbänden einerseits und Unternehmensverbänden der verschiedenen Wirtschaftsbranchen für ihren jeweiligen sachlichen und räumlichen Tätigkeitsbereich andererseits können Mindestanforderungen vereinbart werden, wie Lebensbereiche im Sinne der Barrierefreiheit gestaltet werden können, um den Anspruch behinderter Menschen auf Zugang zu entsprechen[519]. Gegenstand von Zielvereinbarungen mit Vertretern der Wirtschaft können zum Beispiel die Festlegung von Standards für Toilettenanlagen, Ausstattungsmerkmale der Gasträume oder die Anzahl der barrierefreien Zimmer in Hotels sein[520]. Anerkannte Verbände können die Aufnahme von Verhandlungen über Zielvereinbarungen verlangen, § 5 Abs. 1 Satz 2 BGG. Das Instrument der Zielvereinbarung kann insoweit als modernes Regelungsinstrument bezeichnet werden, da die Verantwortlichkeit für die Barrierefreiheit an die Personen delegiert wird, die sie tatsächlich herstellen können.

Eine solche Zielvereinbarung wurde am 12. März 2005 zwischen dem Deutschen Hotel- und Gaststättenverband e.V. (DEHOGA), dem Hotelverband Deutschland e.V. (IHA) und dem Sozialverband VdK Deutschland e.V., der Bundesarbeitsgemeinschaft Hilfe für Behinderte e.V., dem Deutschen Blinden- und Sehbehindertenverband e.V. (DBSV), dem Deutschen Gehörlosen-Bund e.V., der Interessenvertretung Selbstbestimmt Leben Deutschland e.V. (ISL) geschlossen. Ziel der Vereinbarung war die Schaffung und Umsetzung verlässlicher Standards für die Erfassung, Bewertung und Darstellung barrierefreier Angebote in Hotellerie und Gastronomie.

Hierzu merkt *Welti* kritisch an, dass es trotz des innovativen Instrumentariums der Zielvereinbarung nach § 5 BGG bisher nur in dem gerade skizzierten Fall zu einem Abschluss gekommen sei. Das liege daran, dass ein Konsens zwischen Privatunternehmen und Behindertenverbänden oftmals nicht erzielt werden könne, da Menschen mit Behinderung nicht für eine Gruppe von Kunden und Besuchern gehalten würde, deren Kaufkraft den Aufwand einer Um- oder Neugestaltung rechtfertigen würde[521].

Diese kritische Betrachtung ist wohl nicht gänzlich von der Hand zu weisen. Allerdings sind die damit angesprochenen Fälle verdeckter Diskriminierung

---

518 *Welti*, a.a.O., S. 727.

519 *Welti*, a.a.O., S. 727.

520 Das Gaststättenrecht kann als Ordnungsrecht nicht Gegenstand von Zielvereinbarungen sein, da die öffentlich-rechtlichen Vorschriften des Gaststättengesetzes nicht der privaten Disposition unterliegen.

521 *Welti*, a.a.O., S. 728.

nur schwer nachweisbar, da die Privatunternehmen sich bei Zurückweisung oder Verweigerung der barrierefreien Gestaltung ihrer Betriebe in der Regel auf andere Gründe berufen.

Das Behindertengleichstellungsgesetz ist im Jahre 2002 in Kraft getreten, somit acht Jahre nach Einfügung des Art. 3 Abs. 3 Satz 2 GG in die Verfassung. Möglicherweise bedarf es auch hinsichtlich des Behindertengleichstellungsgesetzes noch ein wenig Zeit, bis die Vorteile der Zielvereinbarung nach § 5 BGG von Verbänden und (Privat-)Unternehmen erkannt und umgesetzt werden.

b. Änderung des Gaststättengesetzes

Durch Art. 41 Nr. 1 des Gesetzes zur Gleichstellung behinderter Menschen und zur Änderung anderer Gesetze wurde in § 4 Abs. 1 GastG nach der bisherigen Nummer 2 eine neue Nummer 2 a eingefügt, nach der die gaststättenrechtliche Erlaubnis zu versagen ist, wenn die zum Betrieb des Gewerbes für Gäste bestimmten Räume von behinderten Menschen nicht barrierefrei genutzt werden können, soweit diese Räume in einem Gebäude liegen, für das nach dem 01.11.2002 eine Baugenehmigung für die erstmalige Errichtung, für einen wesentlichen Umbau oder eine wesentliche Erweiterung erteilt wurde oder das, für den Fall, dass eine Baugenehmigung nicht erforderlich ist, nach dem 01.05.2002 fertig gestellt oder wesentlich umgebaut oder erweitert wurde. Das Ziel der Barrierefreiheit im Bereich der Hotels und Gaststätten wurde bislang im Wesentlichen über die Landesbauordnungen der Länder verfolgt.

Um den Belangen behinderter Menschen insbesondere durch einheitliche bundesrechtliche Vorgaben Rechnung zu tragen, wurden flankierende Maßnahmen auf der Ebene des Bundesrechts als Voraussetzung für die Erteilung einer Gaststättenerlaubnis erforderlich gehalten[522]. Zusätzlich wurde ein zweiter Satz eingefügt, wonach die Erlaubnis entgegen Satz 1 Nr. 2 a erteilt werden kann, wenn eine barrierefreie Gestaltung der Räume nicht möglich ist oder nur mit unzumutbaren Aufwendungen erreicht werden kann. Schließlich ist § 4 Abs. 3 GastG um einen zweiten Satz erweitert worden, wonach die Landesregierungen durch Rechtsverordnungen Mindestanforderungen an die Barrierefreiheit festlegen können.

c. Auswirkungen des BGG auf das Gaststättengesetz

Die Änderungen im Gaststättengesetz waren vielfacher Kritik ausgesetzt. So wurde im Gesetzgebungsverfahren die Zuständigkeit des Bundes angezweifelt, des weiteren bestünden erhebliche rechtliche Bedenken hinsichtlich der Be-

---

522 *Michel/Kienzle/Pauly*, § 4 Rn. 47a.

stimmtheit des § 4 BGG[523]. Im Folgenden werden die aufgeworfenen Kritikpunkte auf ihre rechtliche Haltbarkeit hin untersucht. Der Schwerpunkt wird allerdings bei der Reichweite der Anforderungen an die Barrierefreiheit liegen, insbesondere wie der Gesetzgeber die baulich barrierefreie Gestaltung der Gaststättenräume verstanden wissen wollte.

aa. Gesetzgebungskompetenz zur Änderung des GastG

(1) Kritik des Bundesrats

Der Bundesrat hat im Gesetzgebungsverfahren die inzwischen erfolgte Ergänzung des § 4 GastG wegen fehlender Gesetzgebungskompetenz des Bundes in Frage gestellt[524]. Das Gaststättengesetz gehöre zum Recht der Wirtschaft im Sinne von Art. 74 Abs. 1 Nr. 11 GG a. F. und damit zum Bereich der konkurrierenden Gesetzgebung. Art. 41 des Gesetzentwurfs enthalte aber keine gaststättentypische, gerade durch die Eigenart von Gaststätten und nur von Gaststätten geforderte Regelung. Vielmehr stelle sich die Frage nach der Erforderlichkeit solcher Anforderungen übergreifend bei allen öffentlich zugänglichen Gebäuden. Solche Anforderungen an die bauliche Anlage „Gaststätte" gehörten aber zum Bauordnungsrecht und fielen daher in die Gesetzgebungskompetenz der Länder[525]. Zudem fehle es auch an der Erforderlichkeit einer bundesgesetzlichen Regelung. Der Bund habe das Gesetzgebungsrecht im Bereich der konkurrierenden Gesetzgebung nur, wenn und soweit die Herstellung gleichwertiger Lebensverhältnisse im Bundesgebiet oder die Wahrung der Rechts- und Wirtschaftseinheit im gesamtstaatlichen Interesse eine bundesgesetzliche Regelung erforderlich machten. Der Bundesrat hat in der Regelung der Barrierefreiheit für Gaststätten keine Anhaltspunkte für die von Art. 72 Abs. 2 GG a. F. vorausgesetzte Erforderlichkeit gesehen, entsprechende Regelungen könnten ebenso durch Landesrecht erfolgen[526]. Art. 41 sei demzufolge zu streichen.

(2) Stellungnahme

Vor dem soeben dargestellten Hintergrund und unter Berücksichtigung des Erlasses des Gesetzes zur Änderung des Grundgesetzes vom 28.08.2006[527] im Zuge der Föderalismusreform ist fraglich, ob es tatsächlich einer Änderung des

---

523 Darüber hinaus wurde angesichts zunehmender Bestrebungen der Deregulierung kritisiert, das Ziel der Gleichstellung behinderter Menschen mit einem derart umfassenden Gesetz zu verfolgen. Nicht zuletzt seien auch die mit dem Gesetz verbundenen finanziellen Auswirkungen angesichts der fiskalischen Situation des Staates nicht unbedenklich; so *Braun*, MDR 2002, S. 862 (866).

524 BT-Drs. 14/8043, S. 13.

525 BT-Drs. 14/8043, S. 14.

526 BT-Drs. 14/8043, S. 14.

527 BGBl. I Nr. 41, 2034. Vgl. zur Notwendigkeit einer Verfassungsreform *Schmidt-Jortzig*, DÖV 1998, S. 746 ff.

Gaststättengesetzes bedurft hätte. Dazu erfolgt zunächst eine Darstellung unter Zugrundelegung der bisherigen Kompetenztitel, im Anschluss daran wird auf Änderungen durch die Föderalismusreform eingegangen.

(a) Konkurrierende Gesetzgebung des Bundes nach Art. 72 Abs. 2 GG a. F.

(aa) Barrierefreiheit als Gegenstand der konkurrierenden Gesetzgebung gem. Art. 74 Abs. 1 Nr. 11 GG a. F. ?

Es erscheint fraglich, ob die Regelung der Barrierefreiheit für Gaststätten Gegenstand der konkurrierenden Gesetzgebung gem. Art. 74 Abs. 1 Nr. 11 GG a. F. war und damit Sperrwirkung für die Landesgesetzgebung entfaltete. Nach dieser Vorschrift erstreckte sich die konkurrierende Gesetzgebung des Bundes auf das Recht der Wirtschaft. Dieser Begriff wird vom Bundesverfassungsgericht recht weit definiert[528] und erstreckt sich neben der Organisation der Wirtschaft auch auf deren Steuerung und Lenkung sowie alle das wirtschaftliche Leben und die wirtschaftliche Betätigung als solche regelnden Normen[529]. Der in diesem Kontext zur Rede stehende Begriff des Gewerbes ist umfassend zu verstehen und nicht auf die Gewerbeordnung beschränkt[530]. Mithin ist auch das Gaststättengewerbe inbegriffen. Der Bundesrat stützte sich in seinen Ausführungen auf den bauordnungsrechtlichen Charakter der Barrierefreiheit, so dass die Gesetzgebungskompetenz dem Bund entzogen sei. Allerdings hat das Bundesverfassungsgericht festgestellt, dass eine gewerberechtliche Norm, die vorrangig sicherheits- und ordnungsrechtlichen Zwecken diene, nicht dadurch ihre gewerberechtliche Natur einbüße[531]. Soweit das Bauordnungsrecht der Länder bestimmte Regelungen enthielte, so das Bundesverfassungsgericht weiter, die auch Gegenstand eines auf Art. 74 Abs. 1 Nr. 11 GG a. F. beruhenden Bundesgesetzes seien, handele es sich um bundesrechtliche Sonderregelungen, so dass insoweit die landesrechtlichen Regelungen nicht eingriffen.

Angesichts des weiten Interpretationsrahmens kann insoweit davon ausgegangen werden, dass die vom Bund erlassene Regelung der Barrierefreiheit dem Anwendungsbereich des Art. 74 Abs. 1 Nr. 11 GG a. F. unterfiel und sie damit dem Kompetenzbereich des Bundes überantwortet war. Die Regelung der Barrierefreiheit gehörte somit zum Recht der Wirtschaft und war im Ergebnis Gegenstand der konkurrierenden Gesetzgebung des Bundes.

---

528 BVerfGE 5, S. 25 (28 f.); 28, S. 119 (146); 29, S. 402 (409); 55, S. 274 (308).

529 BVerfGE 55, S. 274 (309); *Pieroth* in: J/P, Art. 74 Rn. 22; *Degenhart* in: Sachs, Art. 74 Rn. 37.

530 BVerfGE 41, S. 344 (352 f.)

531 BVerfGE 41, S. 344 (355).

(bb) Rechts- oder Wirtschaftseinheit

Damit die Gesetzgebungskompetenz dem Bund nach Art. 72 Abs. 2 GG a. F. zugewiesen war, muss die Ergänzung des § 4 GastG zur Herstellung gleichwertiger Lebensverhältnisse im Bundesgebiet und zur Wahrung der Rechts- oder Wirtschaftseinheit erforderlich gewesen sein. Die Wahrung der Wirtschaftseinheit im gesamtstaatlichen Interesse zielt auf die Erhaltung der Funktionsfähigkeit des Wirtschaftsraumes durch bundeseinheitliche Rechtssetzung[532]. Die Voraussetzung ist gegeben, „wenn Landesregelungen oder das Untätigbleiben der Länder erhebliche Nachteile für die Gesamtwirtschaft mit sich bringen."[533]

Nachteile für die Gesamtwirtschaft sind nicht ersichtlich, sollte die Barrierefreiheit im Gaststättenwesen nicht umgesetzt werden. Vielmehr rückt durch die Statuierung der Barrierefreiheit die bundesstaatliche Integrationsfunktion der Rechtseinheit in den Vordergrund. Zielvorgabe der Änderung des Gaststättengesetzes ist die rechtliche Gleichbehandlung von Menschen mit und ohne Behinderung in den für ihren privaten Lebensbereich und das gesellschaftliche Leben wichtigen Angelegenheiten.

Damit dient die Ergänzung des § 4 GastG zur Wahrung der Rechtseinheit im gesamtstaatlichen Interesse.

(cc) Erforderlichkeit

Eine bundesgesetzliche Regelung ist insbesondere dann erforderlich, wenn das Gesetz in unmittelbarem Zusammenhang mit einer diesbezüglichen Grundgesetzänderung steht[534]. Mit der Novellierung des Art. 3 Abs. 3 GG und der Einführung des besonderen Diskriminierungsverbotes in die Verfassung wurde u. a. bezweckt, dass der Staat auf eine gleichberechtigte Teilhabe von Menschen mit Behinderung hinwirkt[535]. Beim Erlass des Gesetzes zur Gleichstellung behinderter Menschen hat sich der Bundesgesetzgeber ausdrücklich auf den aus Art. 3 Abs. 3 Satz 2 GG folgenden Auftrag bezogen. Das Diskriminierungsverbot binde unmittelbar Verwaltung und Rechtsprechung, verpflichte aber auch den Gesetzgeber selbst[536]. Da die Gleichstellung bundesweit zu gewährleisten ist und sich auf alle Lebens- und Rechtsbereiche bezieht, könnte die Sicherstellung der Teilhabe somit auch erforderlich im Sinne des Art. 72 Abs. 2 GG a. F. sein[537]. Würde die Ausgestaltung der Barrierefreiheit eine bundesgesetzliche Regelung nicht voraussetzen und damit in den Kompetenzbereich der Länder fallen, so wären durchaus 16 divergierende Regelungen vorstellbar, jede mit unterschied-

---

532 *Sannwald* in: Schmidt-Bleibtreu/Klein, Kommentar zum GG, Art. 72 Rn. 59.

533 BVerfGE 106, S. 62 (147) und BVerfG, NJW 2005, S. 495.

534 *Pieroth* in: J/P, Art. 72 Rn. 10.

535 *Beaucamp*, DVBl. 2002, S. 997 (1000 ff.); *Braun*, RiA 49 (2002), S. 177 ; *Rüfner* in: BK, Art. 3 Rn. 884.

536 BT-Drs. 14/7420, S. 17.

537 So *Pöltl*, GewArch. 2003, S. 231 (234).

lichen Mindestanforderungen an die Barrierefreiheit. Menschen mit Behinderung müssen aber im gesamten Bundesgebiet einheitliche Standards vorfinden, um nicht zuletzt bei einem Umzug in ein anderes Bundesland sicher zu sein, Gaststätten auch ohne fremde Hilfe aufsuchen zu können. Insofern sprechen gewichtige Argumente für die Erforderlichkeit der Änderung des § 4 GastG und die damit einhergehende Barrierefreiheit im Gaststättenwesen im Sinne des Art. 72 Abs. 2 GG a. F.

(b) Konkurrierende Gesetzgebung des Bundes nach Art. 72 Abs. 2 GG n. F.

(aa) Föderalismusnovelle

Durch das Gesetz zur Änderung des Grundgesetzes im Rahmen der Föderalismusreform haben sich für die Kompetenzverteilung des Bundes und der Länder grundlegende Veränderungen ergeben, die auch unmittelbar das Gaststättenrecht betreffen[538].

Nach Art. 72 Abs. 2 GG n. F. hat der Bund das Gesetzgebungsrecht auf den Gebieten des Art. 74 Abs. 1 Nr. 4, 7, 11, 13, 15, 19 a, 20, 22, 25 und 26. Damit ist die Erforderlichkeitsprüfung des Art. 72 Abs. 2 GG n. F. nur noch auf die in der Norm aufgezählten Materien beschränkt und bezieht sich nicht mehr auf den gesamten Katalog der Gegenstände der konkurrierenden Gesetzgebung. Gemäß Art. 74 Abs. 1 Nr. 11 GG n. F. erstreckt sich die konkurrierende Gesetzgebung weiterhin auf das Recht der Wirtschaft. Ausgeschlossen davon ist nunmehr aber u. a. das Recht der Gaststätten. Damit erhalten die Länder neue Gesetzgebungskompetenzen für das Gaststättenrecht. Unter Zugrundelegung der novellierten Kompetenzverteilung wäre der Bund zur Änderung des § 4 GastG und der damit verbundenen Barrierefreiheit nicht zuständig gewesen. Die vom Bundesrat kritisierte fehlende Gesetzgebungskompetenz des Bundes findet hier mithin ihre Berechtigung.

(bb) Übergangsregelung, Art. 125 a GG

Durch die Verfassungsrevision 1994 und durch die Föderalismusreform 2006 erfolgten tiefgreifende Einschnitte in die Ordnung und Verteilung der Gesetzgebungskompetenzen. Daher waren Überleitungsvorschriften vorzusehen. Den Wegfall von Gesetzgebungsbefugnissen des Bundes durch Überführung der Materien in die alleinige Zuständigkeit der Länder regelt Art. 125 a Abs. 1 GG. Danach gilt Bundesrecht als solches weiter, kann aber durch Landesrecht ersetzt werden. Einer speziellen Ermächtigungsvorschrift bedarf es nicht, da der Bund hier in der Sache nicht mehr zuständig ist[539]. Anders als nach Art. 125 a Abs. 2 GG sind nunmehr die Länder allein für die künftige Gesetzgebung zuständig.

[538] Vgl. hierzu *Degenhart*, NVwZ 2006, S. 1209 ff.; *Ipsen*, NJW 2006, S. 2801 ff; *Ipsen*, Staatsrecht I, § 10.

[539] *Degenhart*, NVwZ 2006, S. 1209 (1215).

Ihnen kommt daher auch in der Sache die Entscheidung darüber zu, ob Anpassungs- oder Änderungsbedarf besteht[540].

(c) Zwischenergebnis

Die Kritik des Bundesrates, dem Bund habe hinsichtlich der Ergänzung des § 4 GastG die Gesetzgebungskompetenz gefehlt, war nicht haltbar. Die angestrebte Barrierefreiheit unterfiel dem Anwendungsbereich des Art. 74 Abs. 1 Nr. 11 GG a. F. und entfaltete mithin Sperrwirkung für die Landesgesetzgebung. Die Änderung zur Wahrung der Rechtseinheit im gesamtstaatlichen Interesse gemäß Art. 72 Abs. 2 GG a. F. war auch erforderlich. Dieses Ergebnis findet durch die Änderungen der Kompetenzverteilung im Grundgesetz im Zuge der Föderalismusreform nunmehr keine Stütze. Danach ist das Recht der Gaststätten nicht mehr Gegenstand der konkurrierenden Gesetzgebung des Bundes gemäß Art. 74 Abs. 1 Nr. 11 GG n. F., sondern ausschließlich den Ländern übertragen.

bb. Bestimmtheit der Änderung des GastG

(1) Kritik des Wirtschaftsausschusses des Bundesrats

Der Wirtschaftsausschuss des Bundesrates rügte bei der Beschlussempfehlung an den Bundesrat, dass die Regelung in Art. 41 inhaltlich nicht hinreichend bestimmt sei[541]. Aus der sehr weit gefassten Formulierung der Barrierefreiheit des § 4 des Behindertengleichstellungsgesetzes lasse sich nicht ableiten, welche baulichen Anforderungen konkret erfüllt sein müssten, damit die für die Gäste vorgesehenen Räume barrierefrei seien. Der Wirtschaftsausschuss beruft sich dabei auf § 3 BGG, der alle Arten von Behinderung erfasst. Soweit durch die Verweisung bewerkstelligt werden solle, dass Gaststätten und Hotels im weitesten Sinne behindertengerecht ausgestaltet werden sollten, stelle eine solche Regelung die Konzeption des Gaststättengesetzes in Frage. Trotz der Berücksichtigung der Belange behinderter Menschen müsse die gewerbebezogene Grundlage beibehalten bleiben. Die inhaltlich unklaren Regelungen bewirkten einen unverhältnismäßigen Eingriff in den verfassungsrechtlich geschützten Lebensbereich (Art. 12, 14 GG).

Weiterhin wird die Formulierung „wesentlicher Umbau“ bzw. „wesentliche Erweiterung“ kritisiert. Aus dieser Abfassung ginge für den Bauherrn und die Bauordnungsbehörde nicht hervor, unter welchen Voraussetzungen ein Umbau bzw. eine Erweiterung wesentlich sein solle.

---

540 Das Ziel der Barrierefreiheit ist den Bundesländern nicht fremd, vgl. nur die jeweiligen Landesgleichstellungsgesetze für behinderte Menschen.

541 BR-Drs. 928/1/01, S. 29.

(2) Stellungnahme

Der Begriff der Barrierefreiheit ist ein vom Gesetzgeber verwendeter unbestimmter Rechtsbegriff. Dem Wirtschaftsausschuss des Bundesrates ist insoweit zuzustimmen, dass die Konkretisierung der in § 4 BGG definierten Barrierefreiheit durch § 4 Abs. 1 S. 1 Nr. 2a GastG für den Gaststättenbetreiber nicht erkennen lässt, welche konkreten Baumaßnahmen er ergreifen muss, um eine Barrierefreiheit der Gaststättenräume zu gewährleisten. Der Bezug zur mangelnden inhaltlichen Bestimmtheit und damit ein Verstoß gegen das aus dem Rechtsstaatsprinzip ableitbare Bestimmtheitsgebot liegen nahe. So vertritt das Bundesverfassungsgericht in ständiger Rechtsprechung: „Der Bestimmtheitsgrundsatz gebietet, dass eine gesetzliche Ermächtigung der Exekutive zur Vornahme von Verwaltungsakten nach Inhalt, Zweck und Ausmaß hinreichend bestimmt und begrenzt ist, so dass das Handeln der Verwaltung messbar und in gewissem Ausmaß für den Staatsbürger voraussehbar und berechenbar wird."[542] Das bedeutet aber nicht, dass es dem Gesetzgeber verwehrt ist, unbestimmte Rechtsbegriffe zu verwenden. Solange unbestimmte Rechtsbegriffe von den Gerichten und der Verwaltung durch Auslegung mit herkömmlichen Methoden präzisiert werden können, wird den Anforderungen an das Bestimmtheitsgebot genüge getan[543]. Vor diesem Hintergrund ist § 4 Abs. 1 S. 1 Nr. 2a GastG als hinreichend bestimmt anzusehen. Nach dieser Vorschrift ist die Erlaubnis zu versagen, wenn die für die Gäste bestimmten Räume nicht barrierefrei genutzt werden können. Was unter Barrierefreiheit zu verstehen ist, regelt dabei § 4 BGG.

Barrierefreiheit im Gaststättenbereich kann letztlich nur durch die Verwendung unbestimmter Rechtsbegriffe erfolgen, da die konkreten baulichen Maßnahmen jeweils im *Einzelfall* festgelegt werden müssen. Es erscheint illusorisch, alle baulichen Vorgaben zur Verwirklichung der Barrierefreiheit im Einzelfall, d.h. für jeden einzelnen Gaststättenbetrieb, tatbestandlich zu erfassen. Der Gesetzgeber hat die bauliche Herstellung der Barrierefreiheit somit den Behörden überlassen, um einzelfallorientierte Entscheidungen zu ermöglichen[544].

Demzufolge liegt auch keine Grundrechtsverletzung der Gaststättenbetreiber nach Art. 12 und 14 GG wegen Unbestimmtheit des § 4 Abs. 1 S. 1 Nr. 1 GastG vor, da der Gesetzgeber in § 4 Abs. 1 Satz 2 GG eine Zumutbarkeitsgrenze vorgesehen hat, wenn die Herstellung der Barrierefreiheit nicht möglich oder nur mit unzumutbaren Aufwendungen erreicht werden kann.

---

542 BVerfGE 56, S. 1 (12); 9, S. 137 (147).

543 BVerfGE 78, S. 205 (212); 82, S. 6 (11 f.); 82, S. 209 (224 f.); 83, S. 130 (145); 86, S. 288 (311); 89, S. 69 (84 f.); BayVGH BayVBl. 1997, S. 174 (175).

544 *Pöltl*, GewArch. 2003, S. 231 (236).

III. § 4 Abs. 1 Satz 1 Nr. 2a GastG als zentrale Norm der Barrierefreiheit im Gaststättenrecht

Durch das Behindertengleichstellungsgesetz und den daraus folgenden Gleichstellungsgedanken ist das Verwaltungsrecht nunmehr von behindertenrechtlichen Regelungen durchdrungen. Grund hierfür ist das mit einem Sonderstatus ausgestattete Verhältnis zwischen Menschen mit Behinderung und Staat. In der Regel benötigen sie Bevorzugungen, um gegenüber den Menschen ohne Behinderung nicht benachteiligt zu sein. Im Verwaltungsrecht finden sich in diesem Sinne Regelungen in Wahlgesetzen, in Berufszulassungsgesetzen und in Berufsordnungen, im Gerichtsverfassungsgesetz, in der Bundesnotarordnung, in der Bundesrechtsanwaltsordnung, im Bundesfernstraßengesetz, im Personenbeförderungsgesetz, im Luftverkehrsgesetz und im Wohngeldgesetz.

Zentrale Vorschrift zur Umsetzung der Barrierefreiheit im Gaststättenbereich ist der um Nr. 2a modifizierte § 4 Abs. 1 Satz 1 GastG. Zunächst wird der Frage nachzugehen sein, was unter Barrierefreiheit im Sinne des § 4 Abs. 1 Satz 1 Nr. 2a GastG zu verstehen ist. Im unmittelbaren Zusammenhang dazu steht die Frage nach der Reichweite der baulich barrierefreien Gestaltung der Gaststättenräume.

1. Barrierefreiheit iSd. § 4 Abs. 1 Satz 1 Nr. 2a GastG

Der in § 4 BGG legal definierte Begriff der Barrierefreiheit ist auch für § 4 GastG ausschlaggebend. Die Gaststättenräume müssen für Menschen mit Behinderungen so ausgestaltet sein, dass sie ohne besondere Erschwernis und grundsätzlich ohne fremde Hilfe zugänglich sind.

Stellt man sich als Laie eine baulich barrierefreie Gaststätte vor, so denkt man in erster Linie an Rollstuhlrampen oder Aufzüge für gehbehinderte Menschen. § 4 BGG ist aber in einem umfassenden Sinne zu verstehen, der eine allgemeine Gestaltung des Lebensumfelds für alle Menschen erfassen soll[545]. Somit werden nicht nur physische Hindernisse, sondern auch kommunikative Grenzen erfasst[546]. Die barrierefreie Ausgestaltung des Gaststättenbetriebs soll sich nicht auf eine bestimmte menschliche Funktionsbeeinträchtigung beschränken, sondern eine möglichst *allgemeine Nutzbarkeit* zum Ziel haben[547]. Konkret bedeutet das bspw. für Rollstuhlfahrer, dass nicht nur über einen mit Rampen versehenen Nebeneingang der Zugang ermöglicht werden soll, vielmehr ist ein gleichberechtigter Zugang über den Haupteingang anzustreben[548]. Neben dem tatsächlichen Zugang wird ihnen darüber hinaus das Gefühl gleichberechtigter

---

545 *Braun*, MDR 2002, S. 862 (864).
546 *Braun*, RiA 2002, S. 177 (179).
547 BT-Drs. 14/7420, S. 24.
548 BT-Drs. 14/7420, S. 25.

Teilhabe und Akzeptanz in der Gesellschaft vermittelt. Blinden Besuchern kann mit Handläufen an Treppen geholfen werden. Wünschenswert wären auch blindengerechte, mit Brailleschrift versehene Speisekarten.

Damit sind gleichwohl die Grenzen barrierefreier Gestaltung im Gaststättenwesen angesprochen. Die Barrierefreiheit unterliegt dem Verhältnismäßigkeitsgrundsatz und muss die Grundrechte des Betreibers (Art. 12 und 14 GG) berücksichtigen. Die Anwendung des § 4 Abs. 1 Satz 1 Nr. 2a GastG hat sich somit am jeweiligen Einzelfall „Gaststätte" zu orientieren. Vordergründig dürfte aber die barrierefreie Nutzung für gehbehinderte Menschen in Form von ebenerdigen Zugängen mit Aufzügen oder Rampen sowie behindertengerechten Toiletten als Mindestvoraussetzung anzusehen sein, da diese Art der Funktionsbeeinträchtigung im Rahmen der Körperbehinderungen am häufigsten anzutreffen sein wird[549].

Im Zusammenhang mit den Grenzen der bundesgesetzlich zwingend vorgeschriebenen Barrierefreiheit bleibt zu untersuchen, wie der Gesetzgeber die barrierefreie Gestaltung der Gaststättenräume verstanden wissen wollte. Angesichts der weitreichenden Zielsetzung des § 4 BGG eröffnet sich ein weiter Interpretationsrahmen, der mit den herkömmlichen Auslegungsmethoden zu konkretisieren ist. Zum einen ist fraglich, ob die Neuregelung „lediglich" bauliche Veränderungen oder auch die sonstige Gestaltung der Räume umfasst. Zum anderen bleibt zu untersuchen, ob sich die barrierefreie Gestaltung über die Betriebsräume hinaus auf die zur Gaststätte gehörenden Außenbereiche erstreckt, wie zum Beispiel Biergärten.

a. Wortlaut

Nach dem Wortlaut des § 4 Abs. 1 Satz 1 Nr. 2a GastG hat sich die barrierefreie Ausgestaltung auf die „zum Betrieb des Gewerbes für Gäste bestimmten Räume" zu erstrecken. Damit werden die Räume erfasst, die dem eigentlichen Gaststättenbetrieb dienen[550]. Alle anderen Räumlichkeiten, wie Personalaufenthaltsräume, Küchen und Lagerräume fallen nicht in den Anwendungsbereich der Vorschrift. Auch Biergärten und andere im Außenbereich der Gaststätte befindlichen Orte unterliegen demnach nicht der barrierefreien Gestaltung. Die Vorschrift bezieht sich eindeutig auf „für Gäste bestimmte *Räume*" und nicht auf die zum Betrieb zugehörigen Außenbereiche.

Allerdings lässt sich dem Wortlaut nicht entnehmen, ob sich die Barrierefreiheit nur auf die baulich relevanten Veränderungen (Rollstuhlrampe, Aufzug) oder auch auf die sonstige Gestaltung der Räume bezieht.

---

[549] Die baulich barrierefreie Gestaltung von Gaststätten stößt dort an ihre Grenzen, wo sie Menschen mit Behinderung nicht weiterhilft. In Fällen seelischer und geistiger Behinderung wird dies anzunehmen sein.

[550] *Pöltl*, GewArch. 2003, S. 231 (237).

b. *Systematik*

Der Regelungszusammenhang der Vorschrift unterstreicht zunächst die Wortlautlösung des § 4 Abs. 1 Satz 1 Nr. 2a GastG. § 3 GastG beschreibt den Inhalt der Gaststättenkonzession. Danach ist eine Erlaubnis für eine bestimmte Betriebsart und bestimmte *Räume* zu erteilen.

Aber auch hinsichtlich des Umfangs der Barrierefreiheit sprechen systematische Argumente für ein weites Verständnis der Bestimmung. Vor Einfügung des § 4 Abs. 1 Satz 1 Nr. 2a GastG forderte schon Nr. 2, dass die für die Gäste bestimmten Räume „wegen ihrer Lage, Beschaffenheit, *Ausstattung*, oder Einteilung für den Betrieb“ geeignet sein müssen. Diese Formulierung findet sich auch in dem neu eingefügten Abs. 3 Satz 2 lit. a) wieder, wonach die Landesregierungen Mindestanforderungen an die gemäß Abs. 1 Satz 1 Nr. 2a vorgeschriebene barrierefreie Gestaltung stellen können. In diesen Kontext fügt sich § 4 Abs. 1 Satz 1 Nr. 2a GastG ein, indem an die bisherige Nr. 2 angeknüpft wird. Anhand der systematischen Betrachtung lässt sich im Ergebnis feststellen, dass sich die barrierefreie Gestaltung der Gaststätte nicht nur auf bauliche Veränderungen, sondern auch auf die weitere Lage, Beschaffenheit, Ausstattung und Einteilung bezieht.

c. *Normzweck*

Mit § 4 BGG und der Konkretisierung in § 4 Abs. 1 Satz 1 Nr. 2a GastG sollte eine weitgehende Gleichstellung von Menschen mit und Menschen ohne Behinderung erreicht werden. Wie zuvor schon erwähnt, ist die Barrierefreiheit nicht speziell, sondern allgemein und in einem umfassenden Sinne zu würdigen. Um dieses Ziel in der Praxis adäquat umzusetzen, bedarf es nicht nur der baurechtlich relevanten Veränderung der Räume, darüber hinaus ist auch die sonstige Gestaltung der Räume von der Umsetzung der Barrierefreiheit erfasst. Der Normzweck des § 4 GastG unterstreicht damit den bisherigen Befund und spricht für ein weites Verständnis der Bestimmung.

d. *Zwischenergebnis*

Dem Begriff der Barrierefreiheit in § 4 Abs. 1 Satz 1 Nr. 2a GastG liegt die Definition des § 4 BGG zugrunde. Menschen mit Behinderung müssen in der allgemein üblichen Weise, ohne besondere Erschwernis und möglichst ohne fremde Hilfe Gaststättenräume erreichen und nutzen können. Dabei ist die vom Gesetzgeber eingeforderte Barrierefreiheit allgemein und alle Arten der Funktionsbeeinträchtigung berücksichtigend zu verstehen. Allerdings stößt die Barrierefreiheit im Gaststättenrecht hier an ihre Grenzen. Vor dem Hintergrund der Verhältnismäßigkeit und der somit zwingend zu berücksichtigenden Grundrechte des Gaststättenbetreibers hat sich die Anwendung des § 4 Abs. 1 Satz 1 Nr. 2a am Einzelfall zu orientieren.

Anhand der herkömmlichen Auslegungsmethoden hat die Untersuchung weiterhin gezeigt, dass die Neuregelung sich nur auf die für die Gäste bestimmten Räume bezieht. Hinsichtlich des Umfangs der Gestaltung liegt jedoch ein weites Begriffsverständnis zugrunde. Nicht nur die baurechtlich relevanten Veränderungen, sondern auch die sonstige Gestaltung der Räume hat barrierefrei zu sein. Hierfür sprechen sowohl systematische Argumente als auch der Normzweck.

2. Zumutbarkeitsgrenze des § 4 Abs. 1 Satz 2 GastG

Nach § 4 Abs. 1 Satz 2 GastG kann eine Gaststättenerlaubnis entgegen Satz 1 Nr. 2a erteilt werden, wenn eine barrierefreie Gestaltung der Räume nicht möglich ist oder nur mit unzumutbaren Aufwendungen erreicht werden kann. Die Einführung einer solchen Unzumutbarkeitsgrenze ist im Hinblick auf den Grundsatz der Verhältnismäßigkeit im Gaststättengesetz erfolgt[551]. Vom Grundsatz der Barrierefreiheit kann folglich abgewichen werden, wenn die Herstellung technisch (z.B. bei einem Kellerlokal) nicht möglich oder unzumutbar ist oder baurechtliche Vorschriften dem entgegenstehen. Bei der Zumutbarkeitsprüfung sind alle für den jeweiligen Einzelfall relevanten Gesichtspunkte zu Gunsten und zu Lasten des Gastwirts im Wege der Abwägung zu berücksichtigen[552]. In die Prüfung sind insbesondere die Größe und Art des Betriebs, aus seiner räumlichen Lage resultierende Umstände sowie das Verhältnis des zu erwartenden Umsatzes zu den für eine barrierefreie Ausgestaltung erforderlichen Kosten einzubeziehen[553].

Mit Einführung einer Zumutbarkeitsgrenze ist davon auszugehen, dass sich Gaststättenbetreiber künftig auf diese Möglichkeit berufen werden, um die Umgestaltung ihrer Gaststättenräume und die damit verbundenen Kosten zu vermeiden[554]. Nicht zuletzt vor diesem Hintergrund hat der Ausschuss für Arbeit und Sozialordnung in seiner Beschlussempfehlung angemerkt, der Begriff der Unzumutbarkeit impliziere, „dass eine Einschränkung der Verpflichtung zur Herstellung von Barrierefreiheit mit Rücksicht auf deren zentrale Bedeutung gerade im Bereich der Gaststätten nur durch *schwerwiegende Gründe* gerechtfertigt werden kann.“[555] Für die Erteilung der Konzession bedeutet das konkret, dass der Antragsteller den Nachweis führen muss, dass die finanziellen Aufwendungen zur Herstellung der Barrierefreiheit im Falle wirtschaftlicher Unzu-

---

551 BT-Drs. 14/7420, S. 36.
552 *Michel/Kienzle/Pauly*, § 4 Rn. 47 d.
553 BT-Drs. 14/7420, S. 36.
554 So auch *Pöltl*, GewArch. 2003, S. 231 (238).
555 BT-Drs. 14/8331, S. 52.

mutbarkeit im *groben* Missverhältnis zu den zu erwartenden Einnahmen stehen[556]. Die Berufung auf die Unzumutbarkeit muss eine Ausnahmeerscheinung bleiben und darf nicht zur Umgehung der barrierefreien Gestaltung der Gaststättenräume führen. Unzumutbarkeit darf in diesem Kontext auch nicht als „absolute Befreiung“ von jeglicher barrierefreier Gestaltung begriffen werden. Gelangt die Erlaubnisbehörde nach sorgfältiger Prüfung zu dem Ergebnis, dass ein barrierefreier Zugang in Form einer Rampe mangels ausreichenden Platzes nicht möglich ist, so befreit diese Beurteilung den Gaststättenbetreiber nicht von der barrierefreien Gestaltung der restlichen Räumlichkeiten[557].

Das Vorliegen der Tatbestandsvoraussetzungen des § 4 Abs. 1 Satz 2 GastG vermittelt dem Gaststättenbetreiber keinen Anspruch auf Erteilung der Konzession. Nach dem Wortlaut der Vorschrift *kann* entgegen Satz 1 Nr. 2a die Erlaubnis erteilt werden. Der Gesetzgeber hat damit die Entscheidung in das Ermessen der Behörde gestellt. Dem Gastwirt steht insoweit lediglich ein Anspruch auf ermessensfehlerfreie Entscheidung zu. Im Rahmen des behördlichen Beurteilungsspielraums muss dann eine Abwägung zwischen dem Interesse der Allgemeinheit an der Herstellung der Barrierefreiheit und dem Interesse des Gaststättenbetreibers an einer (teilweisen) Befreiung stattfinden[558].

3. Stichtagsregelung nach § 4 Abs. 1 Satz 1 Nr. 2a GastG

Mit der in § 4 Abs. 1 Satz 1 Nr. 2a GastG eingeführten Stichtagsregelung wird im Interesse des Vertrauensschutzes eine Art Planungssicherheit für Gewerbetreibende gewährleistet[559]. Zudem wird den Gaststättenbetreibern dadurch in Bezug auf den bestehenden baulichen Zustand der Gaststätte der erforderliche Bestandsschutz sichergestellt[560].

Die Stichtagsregelung weist zwei Tatbestandsalternativen auf. Die 1. Alternative betrifft genehmigungspflichtige Gebäude, da vorausgesetzt wird, dass die Räume in einem Gebäude liegen, für das nach dem 1. November 2002 eine Baugenehmigung für die erstmalige Errichtung, für einen wesentlichen Umbau oder eine wesentliche Erweiterung erteilt wurde. Ist eine Baugenehmigung nicht erforderlich (insbesondere im Wege des Kenntnisgabeverfahrens oder für die Fälle einer landesrechtlichen Genehmigungsfreistellung), so gelten gemäß der 2. Alternative die neuen Anforderungen nur dann, wenn der Neubau, die wesentli-

---

556 In Baden-Württemberg wird zur Feststellung der wirtschaftlichen Unzumutbarkeit auf die Praxis zu § 39 Abs. 3 LBO-BW zurückgegriffen, wonach ein Mehraufwand von 20 % der Normalkosten (Kosten für den Neubau bzw. Um- und Erweiterungsbau) noch als zumutbar angesehen werden; *Pauly/Brehm*, GewArch. 2003, S. 57 (65).

557 So können etwa behindertengerechte Toiletten installiert werden.

558 *Pöltl*, GewArch. 2003, S. 231 (239).

559 BT-Drs. 14/7420, S. 36.

560 *Pauly/Brehm*, GewArch. 2003, S. 57 (65).

che Erweiterung oder der wesentliche Umbau nach dem Inkrafttreten des Gesetzes am 1. Mai 2005 durchgeführt wurde.

In der Neuregelung des § 4 GastG nicht explizit erwähnt, aber von Sinn und Zweck des Gesetzes erfasst ist die Variante, dass eine Gaststättenerlaubnis schon vor der erforderlichen Baugenehmigung beantragt und erteilt wird[561]. Der Gesetzgeber bedient sich in § 4 Abs. 1 Satz 1 Nr. 2a GastG hinsichtlich der Stichtagsregelung wiederum der Abstraktion. Die Begriffe „wesentlicher Umbau" und „wesentliche Erweiterung" stellen unbestimmte Rechtsbegriffe dar, die der vollen verwaltungsgerichtlichen Überprüfung unterliegen. Das heißt für die zuständige Behörde, dass ihr bei der Anwendung dieser Rechtsbegriffe kein eigenständiger Beurteilungsspielraum zukommt[562]. Der Begriff der „Wesentlichkeit" findet sich bereits in § 35 Abs. 4 Nr. 1b BauGB. Unter Zugrundelegung dieses Begriffsverständnisses ist ein Umbau oder eine Erweiterung wesentlich, wenn der Umbau oder die Erweiterung zu einer erheblichen Umgestaltung des Gebäudes führt, das Gebäude mithin durch die bauliche Maßnahme ein anderes Gesicht in seinem Äußeren oder Inneren erhält[563].

Wie sich dem Wortlaut des § 4 Abs. 1 Satz 1 Nr. 2a GastG entnehmen lässt, knüpft das Gesetz hinsichtlich des Stichtages nicht an die Gaststättenräume an, sondern an den wesentlichen Umbau oder die wesentliche Erweiterung des *Gebäudes*. Hier stellt sich nunmehr die Frage, ob auch Baumaßnahmen von der Neuregelung erfasst werden, die nicht den Gaststättenbetrieb als solchen betreffen, wie dies bei Wohnräumen der Fall ist. Daran könnte man zunächst zweifeln, da die bauliche Umgestaltung des Wohnraumes in keinem direkten Zusammenhang mit dem im Gebäude befindlichen Gaststättenbereich steht. Die Intention des Gesetzgebers geht jedoch dahin, dass auch bei baulichen Maßnahmen am Gebäude, die nicht die Gaststätte betreffen, die Herstellung der barrierefreien Nutzung der im Gebäude gelegenen Gaststättenräume zu erfolgen hat[564]. Dies sei dem Bauherrn bei der erstmaligen Errichtung oder dem wesentlichem Umbau oder der Erweiterung des Gebäudes finanziell zuzumuten.

4. Zusammenfassung

Die verfassungsrechtliche Verpflichtung, niemanden wegen seiner Behinderung zu benachteiligen, hat durch das Gesetz zur Gleichstellung behinderter Menschen und anderer Gesetze in § 4 Abs. 1 Satz 1 Nr. 2a GastG einfachgesetzli-

---

561 Dies ist nach der Rechtsprechung des Bundesverwaltungsgerichts zulässig. Das Gaststättengesetz verbietet nicht, die gaststättenrechtliche Erlaubnis schon vor der Erteilung einer etwa erforderlichen Baugenehmigung zu erteilen; BVerwG, GewArch. 1990, S. 29.

562 *Maurer*, Allg. VerwR, § 7 Rn. 35; *Ossenbühl* in: Erichsen/Ehlers, Allg. VerwR, § 10 Rn. 23 ff.

563 *Pöltl*, GewArch. 2003, S. 231 (240).

564 *Pöltl*, GewArch. 2003, S. 231 (239).

chen Niederschlag gefunden. Dem unbestimmten Rechtsbegriff der Barrierefreiheit in § 4 GastG liegt die Definition des § 4 BGG zugrunde, wonach eine allgemeine Gestaltung des Lebensumfelds für alle Menschen erfasst werden soll. Wegen der Berücksichtigung kollidierender Grundrechte des Gaststättenbetreibers stellt der Grundsatz der Verhältnismäßigkeit eine rechtliche Grenze der Herstellung der Barrierefreiheit dar. Die Anwendung des § 4 Abs. 1 Satz 1 Nr. 2a GastG hängt somit vom jeweiligen Einzelfall ab, wobei ein Mindestmaß an barrierefreier Gestaltung eingefordert werden kann.

Der Rückgriff auf das Begriffsverständnis von § 4 BGG und dessen weitreichender Zielsetzung eröffnet einen weiten Interpretationsrahmen. Zunächst ist aufgrund grammatikalischer Auslegung festzuhalten, dass sich der Tatbestand des § 4 Abs. 1 Satz 1 Nr. 2a GastG ausschließlich auf die für die Gäste bestimmten Räume und nicht auf zugehörige Außenbereiche bezieht. Hinsichtlich des Umfangs der Herstellung der Barrierefreiheit sprechen sowohl systematische Erwägungen als auch Sinn und Zweck der Vorschrift für ein weites Begriffsverständnis. Die barrierefreie Gestaltung umfasst demnach nicht nur baurechtlich relevante Veränderungen der Räume, sondern auch die weitere Lage, Beschaffung, Ausstattung und Einteilung.

Gesetzliche Grenze der Barrierefreiheit im Gaststättenbereich ist die in § 4 Abs. 1 Satz 2 GastG normierte Unzumutbarkeit aus rechtlichen oder wirtschaftlichen Gründen. Vor dem Hintergrund der Umsetzung der barrierefreien Gestaltung von Gaststätten in der Praxis stellt die Berufung auf die Unzumutbarkeit einen Ausnahmetatbestand dar, der nur bei schwerwiegenden Gründen gerechtfertigt ist. Solch schwerwiegende Gründe seien anzunehmen, wenn die Herstellung der Barrierefreiheit einen Kostenmehraufwand von 20 % der „Normalkosten" der Gesamtherstellung übersteige[565]. Gleichwohl dürfte das Kosten-Nutzen-Verhältnis als Maßstab für die Verhältnismäßigkeit geeigneter erscheinen als ein Kostenvergleich[566]. Danach werden die Mehrkosten für den barrierefreien Zugang in Relation zu dem erzielbaren Nutzen gesetzt. Dieser ist für den geschützten Personenkreis umso größer, je mehr Fläche oder Nutzungseinheiten durch den Mehraufwand barrierefrei erreichbar werden[567].

In diesem Zusammenhang ist zu beachten, dass eine teilweise Unzumutbarkeit nicht von der barrierefreien Gestaltung der restlichen Räumlichkeiten befreit. § 4 Abs. 1 Satz 2 GastG kommt daher nur so weit zur Anwendung, als die Gründe für eine Unmöglichkeit oder Unzumutbarkeit reichen. Die Befreiung von der (teilweisen) Herstellung der Barrierefreiheit ist in das Ermessen der Er-

---

565 *Koch* in: Praxis der Kommunalverwaltung/ Landesausgabe Schleswig-Holstein/LBO, S. 34 f.

566 *Grosse-Suchsdorf/Lindorf/Schmaltz/Wiechert*, § 48 NdsBO, Rn. 39.

567 So ist der Mehraufwand für einen Aufzug, der nur wenige Räume barrierefrei erschließt, eher unverhältnismäßig, als eine Baumaßnahme, die ein ganzes Geschoss für behinderte Menschen erreichbar macht.

laubnisbehörde gestellt und vermittelt dem Gaststättenbetreiber insoweit lediglich einen Anspruch auf ermessensfehlerfreie Entscheidung.

Der Zeitpunkt der Umsetzung bestimmt sich nach der in § 4 Abs. 1 Satz 1 Nr. 2a normierten Stichtagsregelung. Die vom Gesetzgeber gewählten unbestimmten Rechtsbegriffe des „wesentlichen Umbaus" und der „wesentlichen Erweiterung" überlassen der zuständigen Behörde keinen eigenen Beurteilungsspielraum und bedürfen der Konkretisierung. In Anlehnung an den Begriff der Wesentlichkeit in § 35 Abs. 4 Nr. 1b BauGB ist ein Umbau oder eine Erweiterung wesentlich, wenn die innere oder äußere Umgestaltung ein erhebliches Maß annimmt.

IV. Das bauordnungsrechtliche Gebot der behindertengerechten Gestaltung öffentlicher und öffentlich zugänglicher Gebäude

Vor der Einfügung des § 4 Abs. 1 Nr. 2a GastG wurde das Ziel der Barrierefreiheit im Gaststätten- und Hotelwesen bislang im Wesentlichen über die Landesbauordnungen der Länder verfolgt. So schreibt § 59 Abs. 1 LBO SH vor, dass Gaststätten und Beherbergungsbetriebe, zu denen ein allgemeiner Besucherverkehr führt, so herzustellen und instand zu halten sind, dass sie von Menschen mit Behinderungen ohne fremde Hilfe zweckentsprechend genutzt oder aufgesucht werden können. Entsprechende Vorschriften finden sich in den Bauordnungen aller Bundesländer[568]. In einigen Bundesländern war die Geltung nach dem Wortlaut auf solche baulichen Anlagen beschränkt, die von behinderten und alten Menschen nicht nur gelegentlich aufgesucht wurden[569]. Abgesehen von der Schwierigkeit der Definition, welches Maß mehr als nicht nur gelegentlich ist, entsprach diese Formulierung nicht dem Gedanken gleichwertiger Teilhabe[570].

Das Land Mecklenburg-Vorpommern hat die generalklauselartig formulierte Barrierefreiheit dahingehend konkretisiert, dass die Geltung des barrierefreien Bauens auf Gaststätten mit mehr als 100 m² Gastraumfläche beschränkt ist[571]. Zusätzlich müssen bauliche Anlagen und andere Anlagen und Einrichtungen mindestens durch einen Eingang stufenlos erreichbar sein[572]. In Niedersachsen sind Gaststätten hingegen gar nicht erwähnt[573]. Diese Aussparung kann im

---

568 Vgl. § 39 LBO BW, Art. 51 BayBO, § 51 BO Bln, § 56 BbgBO, § 53 BremLBO, § 52 HamBauO, § 46 HessBO, § 52 LBO MV, § 48 NdsBO, § 49 BO RP, § 53 ThürBO, § 54 LBO Saarl, § 53 SächsBO, § 56 BO LSA.

569 So beispielsweise § 59 Abs. 1 LBO SH in der Fassung von 1994.

570 *Welti*, a.a.O., S. 725; SH-Drs. 14/2040, S. 33.

571 § 52 Abs. 2 Nr. 3 LBO MV.

572 § 52 Abs. 6 LBO MV.

573 § 48 NdsBO.

Hinblick auf das Verhältnis zwischen Bauordnungsrecht und Gaststättenrecht zu nicht unerheblichen Unklarheiten führen[574].

Die Anforderungen an das barrierefreie Bauen beschränken sich nicht nur auf die erstmalige Herstellung der baulichen Anlage, sondern beinhalten ein Gebot zur Instandhaltung und zum Bestandsschutz, auch gegenüber Nutzungsänderungen oder wesentlichen baulichen Änderungen[575]. Darüber hinaus sind bauliche Anlagen unter Berücksichtigung der allgemein anerkannten Regeln der Technik zu errichten und instand zu halten, § 3 Abs. 3 LBO SH. Entsprechende technische Regelungen finden sich für das behindertengerechte Bauen in den DIN-Normen 18024 und 18025 zur behindertengerechten Gestaltung baulicher Maßnahmen im öffentlichen Bereich und im Bereich von Wohnungen[576]. Da DIN-Vorschriften keine Rechtsnormen sind, ergeben sich aus ihnen keine gesetzlichen, sondern lediglich tatsächliche und jederzeit widerlegbare Vermutungen, dass die baulichen Maßnahmen nach den allgemein üblichen Regeln der Baukunst erstellt worden sind[577]. Eine Abweichung von den DIN-Normen macht jedoch technisch gleichwertige Alternativlösungen erforderlich[578].

Ausnahmen vom Regelfall einer barrierefreien Bauausführung können gestattet werden, wenn die Erfüllung der Anforderungen einen „unverhältnismäßig hohen Mehraufwand" bedingt[579].

Die Durchsetzung der Verpflichtung zu barrierefreiem Bauen wird trotz der bereits seit längerem bestehenden bauordnungsrechtlichen Vorschriften beklagt. Das mag zum einen daran liegen, dass die zuständigen Behörden die Vorschriften nicht konsequent durchsetzen[580], zum anderen aber auch daran, dass die Betroffenen deren Beachtung im Baugenehmigungsverfahren nicht gerichtlich erzwingen können, da die Landesbauordnungen ihnen nach herrschender Meinung kein subjektives Recht auf barrierefreie Bauausführung bzw. auf Einschreiten der Bauaufsichtsbehörde einräumen[581].

---

574 *Welti*, a.a.O., S. 725.

575 *Arndt/Jensen/Thomsen*, Handkommentar zur LBO SH, § 59 Rn. 5.

576 *Arndt/Jensen/Thomsen*, § 59 Rn. 4.

577 So grundsätzlich BVerwG, WM 1987, S. 413.

578 *Buch*, Das Grundrecht der Behinderten, S. 294.

579 Vgl. § 59 Abs. 5 LBO SH. Hinsichtlich der Berechnung des Mehraufwandes vgl. die Ausführungen zu § 4 Abs. 1 Satz 1 Nr. 2a GastG.

580 Auf Anfrage erläuterte mir der zuständige Amtsleiter eines Bauamtes in einem niedersächsischen Landkreis, dass die „Vorschriften durchaus bekannt" seien, es sich in der behördlichen Praxis jedoch um einen „Good-will-Gedanken" handele.

581 *Grosse-Suchsdorf/Schmaltz/Wiechert*, § 1 NdsBO Rn. 33 ff.; *Bundesverband Selbsthilfe Körperbehinderter*, Leben und Weg, 5/1991, S. 18 ff.

1. Individualschützende Wirkung bauordnungsrechtlicher Vorschriften zum barrierefreien Bauen

Im Hinblick auf die Einführung des Art. 3 Abs. 3 Satz 2 GG in das Grundgesetz scheint die Ablehnung einer individualschützenden Wirkung bauordnungsrechtlicher Vorschriften zum barrierefreien Bauen fragwürdig[582]. Im Folgenden soll daher untersucht werden, ob die Art. 3 Abs. 3 Satz 2 GG konkretisierenden einfachgesetzlichen Normen des Bauordnungsrechts den betroffenen Menschen mit Behinderung ein subjektives Recht auf Beachtung der Vorschriften vermitteln. Nach der Lehre vom subjektiv-öffentlichen Recht kann eine entsprechende Verpflichtung nur dann begehrt werden, wenn und soweit die Norm auch eine darauf gerichtete subjektive Berechtigung einräumt[583]. Die Bestimmung des subjektiv-rechtlichen Gehalts einfachgesetzlicher Baurechtsvorschriften wirft Schwierigkeiten auf. Nicht jede Norm des materiellen öffentlichen Baurechts dient der Rücksichtnahme individueller Interessen und nur selten gibt der Normtext ausdrücklich über seinen subjektivrechtlichen Gehalt Auskunft. In den hier zu untersuchenden Fällen des Bauordnungsrechts ist die Rechtspraxis wegen der teilweise unterschiedlichen Regelungen in den jeweiligen Landesbauordnungen unübersichtlich. Ein weiterer Punkt, der die rechtliche Einordnung erschwert, ist die unterschiedliche Auslegung inhaltlich übereinstimmender Vorschriften durch die jeweils zuständigen Oberverwaltungsgerichte[584]. Regelmäßig wird *Baugestaltungsvorschriften* der subjektive Schutzcharakter jedoch abgesprochen[585]. Deswegen bedarf es der Klärung, ob die in Frage stehenden Normen zum barrierefreien Bauen ausschließlich objektivrechtlichen Charakter haben oder ob sie neben der Allgemeinheit auch dem Schutz individueller Interessen dienen, ob sie also Rücksichtnahme auf Interessen Dritter gebieten. Hinweise können sich in erster Linie unmittelbar aus dem Wortlaut der Vorschrift ergeben, daneben auch aus der Entstehungsgeschichte. Da bauordnungsrechtliche Normen allerdings nur in Ausnahmefällen ausdrücklich (Abwehr-)Rechte Betroffener begründen, kommt der Auslegung der Norm nach ihrem Sinn und ihrem Zweck in aller Regel die größte Bedeutung zu[586]. Aus Gründen der besseren Übersichtlichkeit und Verständlichkeit wird auf eine Darstellung aller jeweils

---

582 Das Problem faktischer Zugangsbarrieren war einer der im Gesetzgebungsverfahren hervorgehobenen Aspekte, bei dem sich die Vertreter der Behindertenverbände durch Einführung des Art. 3 Abs. 3 Satz 2 GG konkrete Verbesserungen der Lebenssituation behinderter Menschen im Alltag erhofften, vgl. *Kriele*, Protokoll der Anhörung der Behindertenverbände bei den Berichterstattern der Gemeinsamen Verfassungskommission vom 15. Januar 1993, in: Materialien zur Verfassungsdiskussion II, S. 743.

583 Vgl. *Maurer*, Allg. VerwR, § 8 Rn. 1 ff; *Krebs* in: Schmidt-Aßmann, 4. Kap., Rn. 234.

584 *Finkelnburg/Ortloff*, BauR, S. 282 ff.

585 OVG Lüneburg, BRS 44 (1985), Nr. 118; OVG Saarlouis, BRS 44 (1985), Nr. 162; OLG Karlsruhe, BauR 1990, S. 459 f.

586 BVerwG, DVBl. 1987, S. 476 (477).

einschlägigen Normen in den jeweiligen Landesbauordnungen verzichtet und die Auslegung exemplarisch an § 59 LBO SH durchgeführt[587].

a. Wortlaut

Nach der Rechtsprechung des Bundesverwaltungsgerichts vermittelt eine Norm subjektivrechtlichen Schutz, wenn sie aufgrund *individualisierender* Tatbestandsmerkmale einen geschützten Personenkreis erkennen lässt, der sich von der Allgemeinheit unterscheidet[588].

Mit der Formulierung „Menschen mit Behinderung" individualisiert § 59 LBO SH einen bestimmten Personenkreis, der sich von der Allgemeinheit abhebt. Die Überschrift „Barrierefreies Bauen" sowie die Festsetzung „ohne fremde Hilfe zweckentsprechend genutzt oder aufgesucht" geben darüber hinaus vor, wann eine Beeinträchtigung der geschützten Interessen behinderter Menschen vorliegt. Damit genügt der Wortlaut des § 59 Abs. 1 LBO SH den vom Bundesverwaltungsgericht aufgestellten Kriterien.

b. Entstehungsgeschichte

Die Begründungen zu den Gesetzesänderungen der schleswig-holsteinischen Landesbauordnung im Jahre 1993[589] sowie im Jahre 1999[590] enthalten keine Aussagen hinsichtlich einer individualschützenden Wirkung des § 52 a.F. LBO SH bzw. § 59 LBO SH. Im Umkehrschluss lassen sich aber auch keine Hinweise entnehmen, die eine Subjektivierbarkeit der Vorschrift ausschließen.

c. Teleologische Auslegung

In der Rechtsprechung sind bisher keine Fälle bekannt, die sich mit der Subjektivierbarkeit bauordnungsrechtlicher Normen zu barrierefreiem Bauen und damit zur Schutzrichtung befassten. Vordergründiges Ziel der Vorschriften über barrierefreies Bauen ist die Sicherstellung der umfassenden Nutzbarkeit öffentlicher und öffentlich zugänglicher Gebäude. Unbestritten sind die Normen damit zunächst den Interessen der Allgemeinheit zu dienen bestimmt. Neben diesen auf Gemeinwohl gestützten Zielen ist darüber hinaus auch der individuelle Schutz bestimmter, in § 59 LBO SH aufgezählter Gruppen bezweckt. Im Bauordnungsrecht besitzen jene Vorschriften individualschützende Qualität, die einen sogenannten „Nachbarschutz" gewähren. Hierzu zählen neben der bauordnungsrecht-

---

587 Hinsichtlich der Vorschriften in den jeweiligen Landesbauordnungen vgl. Fn. 568.
588 BVerwG, DVBl. 1948, S. 476 (477); DVBl. 1978, S. 1265 (1266); BVerGE 81, S. 329 (334).
589 SH-Drs. 13/1335, S. 106 f.
590 SH-Drs. 14/2040, S. 33.

lichen Generalklausel die Vorschriften über Abstandsflächen sowie Vorschriften feuer- und gesundheitspolizeilichen Inhalts. Der Begriff des Nachbarschutzes suggeriert, dass lediglich jene bauordnungsrechtlichen Normen subjektiven Rechtsschutz eröffnen, die im Zusammenhang mit der Nachbareigenschaft stehen und lediglich dieser Persongruppe subjektive Rechte vermitteln. Zu berücksichtigen ist jedoch, dass sich der Adressatenkreis subjektiv öffentlicher Rechte nur von der *jeweiligen Norm* her bestimmen lässt[591]. Insoweit steht bei der Beurteilung baurechtlicher Normen nicht der „Nachbarschutz", sondern „Drittschutz" im Allgemeinen im Vordergrund. Überträgt man diese Überlegungen auf die Vorschriften über barrierefreies Bauen, so werden die *Nutzer* geschützt. Insoweit vermitteln die Vorschriften „Benutzerschutz". Diesen Befund stützt auch die Tatsache, dass § 59 LBO SH eine einfachgesetzliche Konkretisierung des verfassungsrechtlichen Schutzauftrags gem. Art. 3 Abs. 3 Satz 2 GG darstellt. Den grundrechtskonkretisierenden Schutz in § 59 LBO SH lediglich als einen Reflex einer der Interessen der Allgemeinheit dienenden Vorschrift zu betrachten, erscheint äußerst zweifelhaft und entspricht nicht Sinn und Zweck der Norm.

Aufgrund des Wortlauts und der soeben vorgebrachten teleologischen Argumente ist von einer subjektiven Schutzrichtung des § 59 LBO SH auszugehen, die Menschen mit Behinderungen ein subjektives Recht auf Beachtung der Norm vermittelt[592]. Dieser Anspruch kann im Klagewege durch Anfechtung rechtswidrig ergangener Baugenehmigungen durchgesetzt werden.

2. Zwischenergebnis

Das Ziel der Barrierefreiheit im Bereich des Gaststättenwesens wurde vor der Novellierung des Gaststättengesetzes im Wesentlichen über die Landesbauordnungen der Länder verfolgt. Dabei divergieren die Vorschriften, die von den jeweils zuständigen Oberverwaltungsgerichten entsprechend uneinheitlich ausgelegt werden – nicht zuletzt entscheidende Gründe, die flankierende Maßnahmen auf der Ebene des Bundesrechts als Voraussetzung für die Erteilung einer Gaststättenkonzession erforderlich machten, um den Belangen behinderter Menschen durch einheitliche bundesrechtliche Vorgaben Rechnung zu tragen[593]. Das bauordnungsrechtliche Gebot der behindertengerechten Gestaltung öffentlicher und öffentlich zugänglicher Gebäude wurde nur schleppend umgesetzt, bisweilen teilweise gar nicht berücksichtigt. Grund hierfür ist die Ablehnung eines individualschützenden Charakters bauordnungsrechtlicher Vorschriften für barrierefreies Bauen. Die exemplarische Untersuchung des § 59 LBO SH hat jedoch gezeigt, dass entgegen der herrschenden Lehre Individualschutz aus der Norm ab-

[591] *Krebs* in: Schmidt-Aßmann, 4. Kap. Rn. 233.
[592] So auch im Ergebnis für § 51 BauO Bln *Grams*, BauR 1995, S. 195 (198 ff.).
[593] BT-Drucks. 14/7420, S. 36.

geleitet werden kann. Insbesondere der Wortlaut sowie teleologische Argumente weisen auf einen subjektiv-rechtlichen Gehalt hin und vermitteln den Betroffenen „Benutzerschutz“. Dieser neuartige und den vom „Nachbarschutz“ beherrschten Bauordnungsrecht zunächst befremdlich anmutende Begriff findet vor dem verfassungsrechtlichen Hintergrund des Art. 3 Abs. 3 Satz 2 GG seine Berechtigung.

Der daraus resultierende Anspruch kann gegenüber den Bauherren durch eine Anfechtung rechtswidriger Baugenehmigungen durchgesetzt werden.

B. Zusammenfassung

Zwölf Jahre nach der Aufnahme des Art. 3 Abs. 3 Satz 2 GG in das Grundgesetz zur Verbesserung der rechtlichen und tatsächlichen Situation behinderter Menschen haben auf einfachgesetzlicher Ebene einige Veränderungen stattgefunden, die eng mit einem Perspektivwechsel in der Behindertenpolitik zusammenhängen. Zu nennen ist hier nur das im Jahre 2001 in Kraft getretene Sozialgesetzbuch IX, wodurch das Recht der Rehabilitation und Teilhabe neu gefasst wurde. Vor allem der Gedanke umfassender Teilhabe prägt heutzutage das moderne Begriffsverständnis von Behinderung. Verdrängt wurde der bisherige, am Defizit unter Ausblendung der vorhandenen Fähigkeiten orientierte Behinderungsbegriff. Im Bereich des Gaststättenwesens sind durch das Gesetz zur Gleichstellung behinderter Menschen und zur Änderung anderer Gesetze die am weitesten reichenden Veränderungen zur Integration behinderter Menschen eingetreten. Mit dem in Artikel 1 geregelten Behindertengleichstellungsgesetz wird das Ziel verfolgt, behinderten Menschen in allen Lebensbereichen einen umfassenden Zugang zu gewährleisten. Durch die Verankerung von Barrierefreiheit und Gleichstellung im öffentlichen Recht sollen sich Menschen mit Behinderung möglichst vollständig diskriminierungsfrei im Alltag bewegen können. Durch Art. 41 Nr. 1 des Gesetzes zur Gleichstellung behinderter Menschen und anderer Gesetze wurde § 4 Abs. 1 GastG um eine neue Nr. 2a erweitert. Um die Beseitigung räumlicher Barrieren im Gaststättenbereich tatsächlich umzusetzen, wurde die Erteilung der Erlaubnis von der barrierefreien Gestaltung der Gaststättenräume abhängig gemacht. Dabei orientiert sich die Barrierefreiheit in § 4 Abs. 1 Nr. 2a GastG an dem Begriffsverständnis des § 4 BGG, wonach Gaststättenräume für Menschen mit Behinderung in der allgemein üblichen Weise, ohne besondere Erschwernis und möglichst ohne fremde Hilfe erreichbar und nutzbar sein müssen. Die neuen Regelungen sind im Gesetzgebungsverfahren auf Widerstand gestoßen, insbesondere wurde die Gesetzgebungskompetenz des Bundes angezweifelt sowie die Bestimmtheit des Art. 41 in Frage gestellt. Der Gang der Untersuchung hat jedoch gezeigt, dass die vorgebrachte Kritik nicht haltbar ist. Allerdings ist durch die Föderalismusreform das Recht der Gaststätten nunmehr den Ländern übertragen worden.

Zur Gewährleistung einer Planungssicherheit für Gewerbetreibende im Interesse des Vertrauensschutzes wurde in § 4 Abs. 1 Satz 1 Nr. 2a GastG eine Stichtagsregelung für die Anwendung der Bestimmung geschaffen, um den Gaststättenbetreibern in Bezug auf den bestehenden baulichen Zustand der Gaststätte den erforderlichen Bestandsschutz zu garantieren.

Vor dem Hintergrund des Verhältnismäßigkeitsgrundsatzes kann die barrierefreie Ausgestaltung der Räume nicht allgemein gefordert werden, sondern hat sich am jeweiligen Einzelfall zu orientieren. Dem Grundsatz der Verhältnismäßigkeit und damit den Grundrechten des Gastwirts wurde in § 4 Abs. 1 Satz 2 GastG dahingehend Rechnung getragen, dass die Erlaubnis entgegen § 4 Abs. 1 Nr. 2a GastG erteilt werden kann, wenn eine barrierefreie Gestaltung nicht möglich oder unzumutbar ist. Dadurch sollen unangemessene Belastungen der Gastronomie verhindert werden. Die Berufung auf diese Ausnahmeregelung darf jedoch nicht zur Umgehung der barrierefreien Gestaltung führen und ist nicht im Sinne einer „völligen Befreiung" von der bundesgesetzlich vorgeschriebenen Verpflichtung zu verstehen.

Insgesamt können die durch das Behindertengleichstellungsgesetz bedingten Änderungen des Gaststättengesetzes erheblich dazu beitragen, die soziale Wirklichkeit an die verfassungsrechtlichen Vorgaben des Grundgesetzes anzugleichen. Die Auswirkungen in der Praxis bleiben abzuwarten. An dieser Stelle darf die kritische Anmerkung erlaubt sein, ob vor dem Hintergrund zunehmender Deregulierung die Verfolgung dieses Ziels mit einem derart umfangreichen Gesetz zwingend erforderlich war[594].

Bereits vor der Novellierung des Gaststättengesetzes wurde der verfassungsrechtlichen Vorgabe des Art. 3 Abs. 3 Satz 2 GG auf Länderebene durch die Vorschriften über barrierefreies Bauen Rechnung getragen. Danach sind Gaststättenbetriebe, zu denen ein allgemeiner Besucherverkehr führt, so herzustellen und instand zu halten, dass sie von behinderten Menschen ohne fremde Hilfe zweckentsprechend genutzt und aufgesucht werden können. Trotz der einfachgesetzlichen Verankerung in den Landesbauordnungen ist die Umsetzung in der Praxis als zögerlich zu bezeichnen. Grund hierfür ist neben der zum Teil unterschiedlichen Normauslegung durch die Oberverwaltungsgerichte die Ablehnung individualschützender Wirkung der Vorschriften durch die herrschende Lehre. Anhand der exemplarischen Auslegung von § 59 LBO SH konnte jedoch aufgezeigt werden, dass die Vorschriften über barrierefreies Bauen subjektive Rechte im Sinne eines „Benutzerschutzes" vermitteln. Der daraus nunmehr resultierende Anspruch kann durch Anfechtung rechtswidriger Baugenehmigungen durchgesetzt werden.

---

594 So auch *Braun*, MDR 2002, S. 862 (866) und *Michel/Kienzle/Pauly*, GastG, § 4 Rn. 47 a.

Als Fazit der Untersuchungen ist festzustellen, dass auf einfachgesetzlicher Ebene seit Einführung des Art. 3 Abs. 3 Satz 2 GG weitreichende Veränderungen und Neuerungen stattgefunden haben, die zur gesellschaftlichen Gleichstellung behinderter Menschen erheblich beitragen können. Im Gastronomiebereich kann die durch das Behindertengleichstellungsgesetz vorgeschriebene und im Gaststättengesetz umgesetzte Barrierefreiheit dazu beitragen, den barrierefreien Zugang zu Gaststätten und deren Nutzung länderübergreifend zu gewährleisten. Im Zuge der Föderalismusreform hat sich jedoch die Gesetzgebungskompetenz erheblich verlagert. Nach Art. 74 Abs. 1 Nr. 11 GG n. F. unterliegt das Recht der Gaststätten nicht mehr der konkurrierenden Gesetzgebung des Bundes, sondern ist Sache der Länder.

Sechstes Kapitel

A. Das Allgemeine Gleichbehandlungsgesetz

Am 18.08.2006 ist das Gesetz zur Umsetzung europäischer Richtlinien zur Verwirklichung des Grundsatzes der Gleichbehandlung in Kraft getreten, welches in Artikel 1 das Allgemeine Gleichbehandlungsgesetz regelt[595]. Dem Allgemeinen Gleichbehandlungsgesetz ging ein sowohl in den Medien als auch in der juristischen Fachliteratur kontrovers geführter Meinungsstreit über die Umsetzung der Richtlinien voraus[596]. Die Forderung nach einem Antidiskriminierungsrecht lässt sich im Hinblick auf das positive Recht der Bundesrepublik Deutschland grob umschreiben als eine Forderung nach einem Ausführungsgesetz zu Art. 3 Abs. 3 GG, also nach einer Verlängerung des rechtswirksamen Schutzes vor Diskriminierungen in die gesellschaftliche Wirklichkeit. Hauptkritikpunkt gegen Gesetzesentwürfe eines Antidiskriminierungsgesetzes[597] war in jüngster Vergangenheit die überschießende Umsetzung der Antidiskriminierungsrichtlinien, das sogenannte „Draufsatteln" zusätzlicher Regelungen, um einen umfassenden Diskriminierungsschutz zu gewährleisten. So forderte die FDP bis zuletzt eine „1 : 1 – Umsetzung" der Richtlinien[598].

Im Folgenden werden die Richtlinie 2000/43/EG auf ihre Anforderungen an ein „Antidiskriminierungsgesetz" hin untersucht und die für die Arbeit wichtigsten Vorschriften unter Berücksichtigung der dazu gefundenen Ergebnisse erörtert.

I. Einführung

Mit der Neufassung des Europäischen Gemeinschaftsvertrags im Amsterdamer Vertrag darf nach Art. 13 EGV die Europäische Gemeinschaft „geeignete Vorkehrungen treffen, um Diskriminierungen aus Gründen des Geschlechts, der Rasse, der ethnischen Herkunft, der Religion oder der Weltanschauung, einer

---

595 BGBl. 2006 I Nr. 39, S. 1897 ff.

596 Überwiegend wurde die Einführung der europarechtlich geforderten Diskriminierungsverbote als Problem des Eingriffs in die Privatautonomie gesehen, vgl. etwa *Mahlmann*, ZEuS 2002, S. 407 ff.; *Schöbener/Stork*, ZEuS 2004, S. 43 ff. oder *Korell*, Jura 2006, S. 1 ff.

597 Vgl. bspw. den am 17. Juni 2005 im Bundestag von den Abgeordneten der Fraktionen von SPD und Bündnis 90/Die Grünen eingebrachten Entwurf eines Gesetzes zur Umsetzung europäischer Antidiskriminierungsrichtlinien, BT-Drs. 15/4538.

598 Vgl. etwa den Antrag der FDP vom 19.06.2006, BT-Drs, 16/1861, unter Berufung auf Äußerungen von Bundeskanzlerin Angela Merkel in ihrer Regierungserklärung.

Behinderung, des Alters oder der sexuellen Ausrichtung zu bekämpfen". Auf dieser Grundlage verabschiedete der Rat die Richtlinien 2000/43/EG - Antirassismusrichtlinie[599]-, 2000/78/EG - Rahmenrichtlinie Gleichbehandlung in Beschäftigung und Beruf[600]-, 2002/73/EG - Reformrichtlinie Gleichbehandlung Geschlecht in Beschäftigung und Beruf[601]- und 2004/113/EG – Richtlinie Gleichbehandlung Geschlecht bei Gütern und Dienstleistungen[602]. Diese vier Richtlinien sind das Ergebnis unterschiedlicher rechtspolitischer Entwicklungen in der Europäischen Union und verschiedener ihrer Mitgliedsstaaten und bilden die unmittelbare normative Grundlage des Allgemeinen Gleichbehandlungsgesetzes[603].

Während die Richtlinien 2000/78/EG und 2002/73/EG mit den Bereichen Beschäftigung und Beruf in erster Linie das Arbeitsrecht betreffen, erstreckt sich der Anwendungsbereich der beiden anderen Richtlinien auf das allgemeine Zivilrecht („Zugang zu und die Versorgung mit Gütern und Dienstleistungen, die der Öffentlichkeit zur Verfügung stehen, einschließlich Wohnraum", so bspw. Art. 3 Abs. 1 lit. h RL 2000/43/EG). Im Falle der RL 2000/43/EG ist somit eine spezifische Antidiskriminierungsrichtlinie für das Merkmal „Rasse" und „ethnische Herkunft" geschaffen worden, die sich auf alle Lebensbereiche erstreckt. Für den Bereich der auf Behinderungen zurückzuführenden Diskriminierungen ist dies bislang noch nicht der Fall, obwohl der Ausschuss der Regionen[604] und das Europäische Parlament[605] dies gefordert haben.

II. Entstehungsgeschichte des AGG

Bereits 1978 legte die Humanistische Union einen ersten Entwurf eines „Anti-Diskriminierungsgesetzes" vor, allerdings beschränkt auf ein Verbot der Geschlechterdiskriminierung[606]. Ein umfassendes Antidiskriminierungsrecht wurde erstmals 1995 von der PDS vorgelegt[607], weitere Gesetzesentwürfe folgten 1998 von Bündnis 90/Die Grünen mit einem „Antidiskriminierungs- und Minderhei-

599 ABlEG, Nr. L 180/22 (19.07.2000).
600 ABlEG, Nr. L 303/16 (02.12.2000).
601 ABlEG, Nr. L 269/15 (05.10.2002).
602 ABlEG, Nr. L 373/37.
603 Die Umsetzungsfristen (19. Juli 2003 bzw. 2. Dezember 2003) für die ersten beiden Richtlinien hat die Bundesrepublik Deutschland zunächst verstreichen lassen; zur Frage der Konsequenzen aus dem Fristversäumnis, *Thüsing*, NJW 2003, S. 3441 ff.
604 Stellungnahme des Ausschusses der Regionen vom 8. August 2000 (2000/C 226/01), ABl. C 226/1, Ziffer 1.14.
605 Bericht des Europäischen Parlaments vom 11. Juli 2003, A5-0270/2003, S. 16.
606 Humanistische Union, Ein Antidiskriminierungsgesetz für die Bundesrepublik Deutschland, 1978.
607 Antirassismusgesetz, BT-Drs. 13/1466.

tenschutzgesetz“[608] sowie von der SPD mit dem Entwurf eines „Gleichbehandlungsgesetzes“[609]. Eine intensivere Beschäftigung mit den Gesetzesentwürfen unterblieb jedoch zunächst.

Dies änderte sich im Jahre 2000, als die Europäische Union die Mitgliedsstaaten mit den Richtlinien 2000/43/EG und 2000/78/EG verpflichtete, Diskriminierungen wegen des rassischen und ethnischen Ursprungs im Arbeitsrecht, im Sozialrecht, beim Zugang zu Bildung und Gesundheitsdienstleistungen sowie bezüglich des Zugangs zu und der Versorgung mit Gütern und Dienstleistungen, die in der Öffentlichkeit angeboten werden, zu verbieten und die Diskriminierung aufgrund der Religion und Weltanschauung, einer Behinderung, der sexuellen Orientierung und des Alters sowohl im Arbeitsrecht als auch beim Zugang zur selbständigen Berufstätigkeit und zu Berufsverbänden zu untersagen. 2001 legte daraufhin das Bundesjustizministerium einen Diskussionsentwurf vor[610], dem folgender Gedanke zu Grunde lag: es sei dem Eindruck entgegenzuwirken, Diskriminierungen aus anderen Gründen als zugeschriebener Rasse und ethnischem Ursprungs seien unproblematisch; daher müsse ein allgemeines zivilrechtliches Diskriminierungsverbot die gleichen Merkmale erfassen wie das künftige arbeitsrechtliche Diskriminierungsverbot. Die Reaktionen hierauf waren sowohl zustimmend[611] als auch ablehnend[612].

Der entscheidende Schritt zur Umsetzung der Richtlinien im Rahmen eines Antidiskriminierungsgesetzes erfolgte durch Vorlage eines Regierungsentwurfs der Bundesregierung im Dezember 2004[613], nachdem die Kommission der Europäischen Union bereits Vertragsverletzungsklage wegen unterlassener Umsetzung der RL 2000/43/EG vor dem EuGH erhoben hatte. Der Entwurf sah vor, Diskriminierung nicht nur wegen des rassischen und ethnischen Ursprungs zu untersagen, sondern auch wegen der übrigen Gründe und damit ein einheitliches Gesetz für alle Diskriminierungsmerkmale zu schaffen. Dieser Entwurf löste insbesondere wegen der Rechtsfolgen einer gesetzeswidrigen Diskriminierung eine kontroverse Diskussion aus[614]. Obwohl der Gesetzesentwurf daraufhin modifiziert und vom Bundestag am 17.06.2005 angenommen wurde, war dessen Schicksal nach Anrufung des Vermittlungsausschusses durch den Bundesrat unsicher geworden[615].

Im Mai 2006 legte die Bundesregierung, nicht zuletzt wegen der Ankündigung eines Zwangsgeldverfahrens nach Art. 228 EG, schließlich einen eigenen

608 BT-Drs. 13/9706.
609 BT-Drs. 13/10081.
610 Abgedruckt in DB 2002, S. 470 ff.
611 *von Westphalen*, ZGS 2002, S. 283 ff.; *Neuner*, JZ 2003, S. 57 ff.
612 *Wiedemann/Thüsing*, DB 2002, S. 463 ff.; *Picker*, JZ 2002, S. 880 f.
613 BT-Drs. 15/4538.
614 Vgl. *Mahlmann*, ZEuS, S. 407 ff.; *Säcker*, ZG 2005, S. 154 ff.
615 BR-Drs. 445/05.

Entwurf vor[616], der dem heutigen Allgemeinen Gleichbehandlungsgesetz entspricht und nur wenige Änderungen zum Regierungsentwurf von 2005 aufwies. Mit Inkrafttreten des Allgemeinen Gleichbehandlungsgesetzes am 18.08.2006 fand somit eine fast dreißigjährige Entwicklungsgeschichte ihren gesetzlichen Abschluss.

III. Anforderungen der RL 2000/43/EG im Bereich des Zivilrechts

Wie eingangs bereits erwähnt, wurde vielfach die Umsetzung der Richtlinie in dem von SPD und Bündnis 90/Die Grünen vorgelegten Gesetzesentwurf eines Antidiskriminierungsgesetzes und in der jetzigen Fassung des Allgemeinen Gleichbehandlungsgesetzes kritisiert, die weit über eine „Eins-zu-eins-Umsetzung" hinausgehen würde. Ob diese Kritik ihre Berechtigung findet oder ob das Gesetz letztlich eine nur an wenigen Stellen über die Richtlinien hinausgehende, ansonsten aber getreuliche Nachbildung darstellt, soll zunächst anhand der Antidiskriminierungsrichtlinie erörtert werden. Dieses Vorgehen dient auch zur Feststellung, welche Anforderungen tatsächlich an das Allgemeine Gleichbehandlungsgesetz zu stellen waren.

1. Anwendungsbereich

Art. 3 Abs. 1 lit. h RL 2000/43/EG lautet:

„Im Rahmen der auf die Gemeinschaft übertragenen Zuständigkeiten gilt diese Richtlinie für alle Personen in öffentlichen und privaten Bereichen, einschließlich öffentlicher Stellen, in Bezug auf den Zugang zu und die Versorgung mit Gütern und Dienstleistungen, die der Öffentlichkeit zur Verfügung stehen, einschließlich Wohnraum."

Auslegungsschwierigkeiten birgt das Tatbestandsmerkmal „der Öffentlichkeit zur Verfügung stehen". Vertreten hierzu werden ein enger und ein weiter Auslegungsansatz.

a. Weite Auslegung

Der inzwischen zurückgezogene Richtlinienentwurf hielt Güter und Dienstleistungen bereits bei *jedem* öffentlichen Angebot für die Öffentlichkeit zur Verfü-

---

616 BR-Drs. 329/06 und BT-Drs. 16/1780.

gung stehend[617]. Demnach wäre ein ganz erheblicher Teil von Rechtsgeschäften von der Regelung betroffen. Privatpersonen, die in Zeitungsinseraten oder durch Aushänge am „Schwarzen Brett“ beispielsweise ihren Gebrauchtwagen verkaufen möchten, bieten diesem Auslegungsansatz zufolge ein Gut an, das der Öffentlichkeit zur Verfügung steht[618]. Wird also lediglich ein einziger Verkaufsgegenstand angeboten, unterfällt diejenige Privatperson der Definition der Richtlinie.

b. *Einschränkende Auslegung*

Art. 3 Abs. 1 lit. h RL 2000/43/EG wird teilweise auch restriktiv verstanden. Güter und Dienstleistungen, die der Öffentlichkeit zur Verfügung stehen, lägen nur dann vor, wenn es um den Zugang zu öffentlichen Einrichtungen ginge, wenn also eine Vielzahl von Gütern oder Dienstleistungen angeboten wird, die potentiell jedem zugute kommen, der sich mit den Bedingungen der invitatio ad offerendum des Anbieters einverstanden erklärt[619]. Hiernach wären von dem Diskriminierungsverbot nur Angebote von Gütern und Dienstleistungen im Bereich von *Massengeschäften* wie Supermärkten, Gaststätten oder öffentlichen Verkehrsmitteln erfasst.

c. *Stellungnahme*

Die europarechtliche Vorgabe ist enger dahingehend zu interpretieren, dass es sich um den Zugang zu öffentlichen Einrichtungen handeln muss. Für dieses Ergebnis sprechen zunächst die Umsetzungsversuche in anderen Ländern, die sich an einem engeren Verständnis orientieren[620]. Auch ein Vergleich mit dem amerikanischen Antidiskriminierungsrecht stützt diese Ansicht[621].

Entscheidendes Abgrenzungskriterium, ob Güter oder Dienstleistungen der Öffentlichkeit zur Verfügung stehen oder nicht, ist somit, ob der Anbieter auf den Abschluss nur eines Vertrages oder einer Vielzahl von Verträgen abzielt. Nur in letzterem Fall steht der Vertragsgegenstand der Öffentlichkeit zur Verfügung. Dies ist regelmäßig bei Restaurants und Hotels, Warenhäusern und jeglichen unmittelbar der Öffentlichkeit gewidmeten und durch sie nutzbaren Einrichtungen der Fall.

---

617 Abgedruckt in DB 2002, S. 470.

618 Vgl. auch *Korell*, Jura 2006, S. 1 (3).

619 *Thüsing*, NJW 2003, S. 3441 (3442 f.); *Reichold*, JZ 2004, S. 384 (389).

620 Vgl. den irischen Equal Status Act von 2000 und dessen Interpretation von „service“ und „goods“, http://www.justice.ie/80256996005F3617/vWeb/wpJWOD4RYH9Z.

621 Vgl. *US-Supreme Court* in 82 US 296 (1966) Evans vs. Newton.

Die Richtlinie bezieht sich mithin ausschließlich auf Massengeschäfte des täglichen Lebens. Gaststättenbetriebe im Sinne des Gaststättengesetzes unterfallen damit zweifelsohne der Definition der Antidiskriminierungsrichtlinie.

2. Sanktionen

Nach der sog. Antirassismusrichtlinie ist der deutsche Gesetzgeber verpflichtet, Diskriminierungen aufgrund der Rasse oder der ethnischen Herkunft beim Zugang zu oder der Versorgung mit öffentlich angebotenen Gütern und Dienstleistungen zu unterbinden. Hinsichtlich der Sanktionen bei einem Verstoß gibt die Richtlinie vor, dass die Maßnahmen „wirksam, verhältnismäßig und abschreckend" sein müssen, zudem können sie „auch Schadensersatzleistungen an die Opfer umfassen"[622]. Die konkrete Ausformung fällt in den Zuständigkeitsbereich der Mitgliedstaaten.

IV. Umsetzung der inhaltlichen Vorgaben der RL 2000/43/EG durch das Allgemeine Gleichbehandlungsgesetz

Das Gesetz zur Umsetzung europäischer Richtlinien zur Verwirklichung des Grundsatzes der Gleichbehandlung sieht die Umsetzung der vier EG-Richtlinien durch ein einheitliches Gesetz für alle Diskriminierungsmerkmale vor. Kernstück des Gesetzes ist das Allgemeine Gleichbehandlungsgesetz[623]. In § 1 AGG wird das Ziel des Gesetzes vorgegeben:

„Ziel des Gesetzes ist, Benachteiligungen aus Gründen der Rasse oder der ethnischen Herkunft, des Geschlechts, der Religion oder Weltanschauung, einer Behinderung, des Alters oder der sexuellen Identität zu verhindern oder zu beseitigen."

Dabei wird bewusst der Begriff der „Diskriminierung" vermieden, um zu verdeutlichen, dass nicht jede unterschiedliche Behandlung, die mit der Zufügung eines Nachteils verbunden ist, diskriminierenden Charakter hat[624]. § 2 AGG legt den Anwendungsbereich des Gesetzes fest. In § 2 Abs. 1 Nr. 8 AGG wird wörtlich die Bestimmung in Art. 3 Abs. 1 lit. h RL 2000/43/EG für das allgemeine Zivilrecht wiedergegeben, wonach Benachteiligungen unzulässig sind in Bezug auf den Zugang zu und die Versorgung mit Gütern und Dienstleistungen, die der Öffentlichkeit zur Verfügung stehen, einschließlich von Wohnraum. Den für den

622 Vgl. Art. 15 der Richtlinie 2000/43/EG.
623 Dazu kommen noch das Gesetz über die Gleichbehandlung der Soldatinnen und Soldaten sowie zahlreiche Änderungen in anderen Gesetzen, wie z. B. ArbGG, SGB.
624 BT-Drs. 16/1780, S. 30.

Gang der Untersuchung bedeutsamen Teil regelt Abschnitt 3 AGG (Schutz vor Benachteiligungen im Zivilrechtsverkehr). Zentralvorschrift bildet das zivilrechtliche Benachteiligungsverbot des § 19 AGG:

(1) Eine Benachteiligung aus Gründen der Rasse oder wegen der ethnischen Herkunft, wegen des Geschlechts, der Religion, einer Behinderung, des Alters oder der sexuellen Identität bei der Begründung, Durchführung und Beendigung zivilrechtlicher Schuldverhältnisse, die

1. typischerweise ohne Ansehen der Person zu vergleichbaren Bedingungen in einer Vielzahl von Fällen zustande kommen (Massengeschäfte) oder bei denen das Ansehen der Person nach der Art des Schuldverhältnisses eine nachrangige Bedeutung hat und die zu vergleichbaren Bedingungen in einer Vielzahl von Fällen zustande kommen oder
2. eine privatrechtliche Versicherung zum Gegenstand haben,

ist unzulässig.

(2) Eine Benachteiligung aus Gründen der Rasse oder wegen der ethnischen Herkunft ist darüber hinaus auch bei der Begründung, Durchführung und Beendigung sonstiger zivilrechtlicher Schuldverhältnisse im Sinne des § 2 Abs. 1 Nr. 5 – 8 unzulässig.

(...)

Die Rechtsfolgen bei Verstößen gegen das Benachteiligungsverbot regelt § 21 AGG. Nach Abs. 1 kann der Benachteiligte die Beseitigung der Beeinträchtigung verlangen und auf Unterlassung klagen, Abs. 2 gewährt darüber hinaus Schadenssersatz. Eine entscheidende Änderung gegenüber dem Parlamentsbeschluss vom Juni 2005 liegt in der Streichung der Verpflichtung zum Abschluss eines Vertrags als Rechtsfolge von Benachteiligungen[625]. Damit wird im zivilrechtlichen Bereich ein *Kontrahierungszwang* von der Rechtsfolge ausgenommen.

1. Rechtliche Bewertung des AGG

Die EG-Richtlinien beschränken das Antidiskriminierungsrecht im Zivilrecht lediglich auf die Diskriminierungsmerkmale Rasse und ethnische Herkunft und formulieren ausdrücklich nur Mindestanforderungen. Sie stellen es also dem nationalen Gesetzgeber frei, über die in ihnen formulierten Anforderungen hinaus-

[625] So noch § 21 Abs. 2 E-ADG.

zugehen. Während § 19 Abs. 2 AGG die Anforderungen der Richtlinie 2000/43/EG eins zu eins umsetzt, geht die Regelung des § 19 Abs. 1 AGG mit den dort enthaltenen Merkmalen Religion oder Weltanschauung, Behinderung, Alter und sexuelle Ausrichtung weit über das hinaus, was europarechtlich verlangt wird. In der Begründung des Gesetzesentwurfs wird das Einbeziehen der zusätzlichen Merkmale damit begründet, dass diese Bereiche ansonsten ungeregelt blieben[626]. Verwiesen wird zudem auf die angespannte soziale Lage bestimmter Gruppen in Deutschland[627]. Vor dem Hintergrund der hieran vielfach ansetzenden Kritik („Draufsatteln") sind bei der Umsetzung europarechtlicher Verpflichtungen durch den Gesetzgeber die Gebote des Grundgesetzes zu berücksichtigen. Das Grundgesetz setzt mit dem ausdrücklichen Gleichstellungsgebot des Art. 3 Abs. 2 GG die Geschlechtergleichheit vor alle anderen Gleichheiten. Art. 3 Abs. 3 Satz 2 GG enthält zwar kein Gleichstellungsgebot und ist somit schwächer als Art. 3 Abs. 2 GG. Dennoch intendiert er eine spezifische staatliche Handlungspflicht zugunsten behinderter Menschen. Damit entspricht die überschießende Umsetzung der Richtlinien dem Aussagegehalt der besonderen Gleichheitssätze des Art. 3 Abs. 2 und 3 GG. Die Einbeziehung der übrigen Merkmale neben denen der Rasse und des ethnischen Ursprungs erfüllt somit zum einen europarechtliche Vorgaben und bewegt sich zum anderen im Rahmen verfassungsrechtlicher Gebote, die der hier dargestellten Kritik die Grundlage entziehen. Hinsichtlich der Erweiterung des Anwendungsbereichs des Allgemeinen Gleichheitsgesetzes bei sog. Massengeschäften des täglichen Lebens über Rasse und ethnische Herkunft sowie Geschlecht hinaus könnten im Gaststättenbereich insoweit Bedenken bestehen, als Vorteilsgewährungen durch Preisnachlässe und andere Vergünstigungen aufgrund des Alters („Ü-30-Partys") oder des Geschlechts (freier Eintritt für Frauen oder Männer) hier regelmäßig der Fall sind. Ob dieser Umstand zu einer Rechtsunsicherheit führen mag, bleibt abzuwarten[628].

Die Verpflichtung zum Vertragsabschluss (Kontrahierungszwang) ist bei einem Verstoß gegen das Benachteiligungsverbot in § 21 AGG nicht vorgesehen und im Gegensatz zum Entwurf eines Antidiskriminierungsgesetzes vom Juni 2005 ersatzlos gestrichen worden. Die vorgesehen Ansprüche leisten Unterlassungs- und Beseitigungs-, sowie Schadensersatzansprüche im Einklang mit allgemeinen Prinzipien des Schadensersatzrechts. Unter Berücksichtigung der von den Richtlinien vorgegeben Sanktionen („wirksam, verhältnismäßig und abschreckend") gehen die im AGG vorgesehenen Ansprüche nicht weit genug. Die

---

626 BT-Drs. 16/1780, S. 26.

627 BT-Drs. 16/1780, S. 23.

628 Vgl. hierzu die Stellungnahme des DEHOGA zum Entwurf eines Gesetzes zur Umsetzung europäischer Antidiskriminierungsrichtlinien vom 27. Februar 2005, S. 7. Solange noch nicht auf eine gefestigte Rechtsprechung zurückgegriffen werden könne, bestünde für den Gastwirt eine erhebliche Planungsunsicherheit.

Statuierung eines Kontrahierungszwangs würde das von den Betroffenen gewünschte Begehren (bspw. Zutritt zur Gaststätte durch Abschluss eines Bewirtungsvertrags) befriedigen, zugleich abschreckende Wirkung erzielen und sich zudem als verhältnismäßig erweisen, wie die Ausführungen im Allgemeinen Teil bereits gezeigt haben. Die Verankerung eines Kontrahierungszwangs wäre hier wünschenswert gewesen[629].

An dieser Stelle stellt sich die Frage, ob das Allgemeine Gleichbehandlungsgesetz den notwendigerweise einzig gangbaren Weg darstellt, Diskriminierung beim Zugang zu Gaststätten effektiv zu bekämpfen[630]. Dazu ein kurzer Rückblick auf die bisherigen Ergebnisse:

Das verfassungsrechtliche Diskriminierungsverbot des Art. 3 Abs. 3 GG und die daraus erwachsende staatliche Schutzpflicht sowie die Ausformungen durch die Rechtsprechung bieten den Gästen zunächst hinreichenden Schutz. Unmittelbarer Zugang unter Berufung auf Art. 3 Abs. 3 GG kann mangels unmittelbarer Drittwirkung im Privatrechtsverkehr zwar nicht erzwungen werden, auf einfachgesetzlicher Ebene hat der Betroffene gemäß §§ 1 GastG iVm. 249 Abs. 1 BGB jedoch einen Anspruch auf Vertragsabschluss. Bei der Auslegung nationaler Bestimmungen steht darüber hinaus den deutschen Behörden und Gerichten mit Art. 5 (f) RDK ein Instrumentarium zur Verfügung, um Diskriminierungen im Gaststättenbereich effektiv zu begegnen. Die Untersuchung hat weiterhin gezeigt, dass das Gefahrenabwehrrecht über ein weites Spektrum an Handlungsmöglichkeiten verfügt, diskriminierender Zugangspraxis entgegenzuwirken. Insbesondere die spezielleren Vorschriften des Gaststättengesetzes mit der Möglichkeit des Konzessionswiderrufs nach §§ 15 Abs. 2 iVm. 4 Abs. 1 Nr. 1 GastG verfügen über durchgreifende Mittel.

Behinderten Menschen wurde durch das Behindertengleichstellungsgesetz und den daraus folgenden Gesetzesänderungen auf einfachrechtlicher Ebene Rechnung getragen. Durch die Vorschriften über barrierefreies Bauen in den jeweiligen Landesbauordnungen sowie insbesondere § 4 Abs. 1 Nr. 2 a GastG kann der barrierefreie (und damit diskriminierungsfreie) Zugang zu Gaststätten gewährleistet werden.

Das deutsche Rechtssystem enthält somit eine Vielzahl von Möglichkeiten, das Diskriminierungsverbot im Gaststättenbereich durchzusetzen. Problematisch erweist sich allein die faktische Umsetzung in der Praxis. Eine effektive

---

[629] Vgl. hierzu die Ausführungen von *Thüsing/von Hoff*, NJW 2007, S. 21 ff. Danach lässt sich aus § 21 Abs. 1 Satz 1 AGG ein Kontrahierungszwang herleiten. Im Gegensatz zum Schadensersatz sei der Kontrahierungszwang sogar das mildere Mittel, da bei einem – wenn auch erzwungenem – Vertragsschluss zu den übrigen Konditionen das Gewinninteresse des Gastwirts gewahrt bliebe.

[630] Diese Fragestellung mag nach Inkrafttreten des AGG überflüssig erscheinen, sie kann aber zur Verdeutlichung beitragen, dass das deutsche Rechtssystem durchaus in der Lage ist, effektiven Diskriminierungsschutz zu vermitteln.

Rechtsdurchsetzung hängt unmittelbar von der Handlungsbereitschaft der Betroffenen ab, ihre Rechte öffentlich geltend zu machen. Daran mangelt es oftmals. Das beweist das Fehlen zivilrechtlicher Schadensersatzverfahren wegen Diskriminierungen im Gastronomiebereich. Einen Anreiz dazu soll nunmehr § 23 AGG setzen. Danach können Antidiskriminierungsverbände die Interessen von benachteiligten Personen wahrnehmen. Ob diese Einrichtungen tatsächlich zu einer merklichen Verbesserung beitragen, wird sich in Zukunft zeigen.

2. Zwischenergebnis

Mit dem Allgemeinen Gleichbehandlungsgesetz steht ein kompaktes Regelwerk zur Verfügung, um Diskriminierungen beim Zugang zu Gaststätten effektiv zu bekämpfen. Das Gesetz stellt einen sicheren, aber nicht den einzigen Weg dar, wie ein Vergleich mit der bisherigen Gesetzeslage gezeigt hat. Insbesondere die Statuierung eines Kontrahierungszwangs wäre angebracht und wünschenswert gewesen.

B. Zusammenfassung

Die Untersuchung hat einen Überblick über die für die Arbeit wichtigsten Vorschriften des Allgemeinen Gleichbehandlungsgesetzes und deren rechtlichen Auswirkungen im Gaststättenbereich geliefert. Neben der Darstellung der Entwicklungsgeschichte des AGG wurde der Anwendungsbereich der Richtlinie 2000/43/EG näher beleuchtet, um Rückschlüsse auf die Anforderungen an ein „Antidiskriminierungsgesetz" ziehen zu können. Festzuhalten bleibt, dass die einschlägigen Vorschriften (§ 19 AGG) weit über die gemeinschaftsrechtlichen Vorgaben hinausgehen, sich aber im Rahmen der besonderen Gleichheitssätze des Art. 3 GG bewegen und damit wenig Anlass zur Kritik geben. Aufgezeigt wurde weiterhin, dass es aufgrund der momentanen deutschen Rechtslage ohne die europarechtlichen Verpflichtungen eines Allgemeinen Gleichbehandlungsgesetzes nicht zwingend bedurft hätte, da die einschlägigen Vorschriften den von Diskriminierung Betroffenen ausreichenden Schutz gewähren. Insbesondere die Abstandnahme des Gesetzgebers von der Verpflichtung zum Vertragsabschluss als Rechtsfolge bei Verstoß gegen das zivilrechtliche Benachteiligungsverbot zeigt, dass mit §§ 1 GastG iVm. 249 Abs. 1 BGB und dem hieraus resultierenden Kontrahierungszwang die nationale Gesetzeslage im Gaststättenbereich sogar wirksameren Rechtsschutz vermitteln kann.

Schlussbemerkungen

A. Zusammenfassung der Ergebnisse

Die vorliegende Arbeit hat Fragen des Zugangs zu Gaststätten innerhalb verschiedener Rechtsgebiete unter Beachtung der jeweiligen Besonderheiten behandelt. Im Einzelnen lassen sich folgende Untersuchungsergebnisse zusammenfassen:

1. Im dritten Kapitel wurde aufgezeigt, dass Gaststättenbetreiber bei diskriminierenden Zurückweisungen potenzieller Gäste zum Vertragsabschluss verpflichtet sind. Mit dem aus §§ 311 Abs. 2, 241 Abs. 2 BGB iVm. § 1 GastG im Wege der verfassungskonformen Auslegung des dem Bewirtungsvertrag zu Grunde liegenden Bürgerlichen Rechts abzuleitenden Anspruch auf Vertragsschluss steht den Betroffenen ein effektives Mittel zur Verfügung, um den Zugang zu Gaststätten zu erwirken. Die Grundlage für dieses Ergebnis ist das verfassungsrechtliche Diskriminierungsverbot des Art. 3 Abs. 3 GG, dessen Aussagegehalt mittelbar auf die Rechtsordnung ausstrahlt. Um den normativen Inhalt zu bestimmen, wurde die Struktur des Art. 3 Abs. 3 GG im ersten Kapitel hinsichtlich der für den Gang der Arbeit bedeutsamen Unterscheidungsmerkmale untersucht. Dabei hat sich die elementare Erkenntnis gezeigt, dass aus den besonderen Gleichheitssätzen die staatliche Schutzpflicht erwächst, den einzelnen Bürger vor Übergriffen Privater durch das Ergreifen geeigneter Maßnahmen zu schützen. Dieser Schutz manifestiert sich im Privatrechtsverkehr in seiner stärksten Ausprägung durch die Statuierung eines Kontrahierungszwangs, wonach der Gastwirt zur Bewirtung verpflichtet wird.

2. Im Gegensatz zu dem von der damaligen Bundesregierung eingebrachten Entwurf eines Antidiskriminierungsgesetzes vom 17. Juni 2005, wonach bei Verstößen gegen das zivilrechtliche Benachteiligungsverbot als Rechtsfolge ein Kontrahierungszwang vorgesehen war, sieht das Allgemeine Gleichbehandlungsgesetz diese Rechtsfolge in § 21 AGG nicht mehr vor, sondern verweist auf Schadensersatz- und Unterlassungsansprüche. Die Umsetzung der EU-Richtlinien durch das Allgemeine Gleichbehandlungsgesetz hätte der Gesetzgeber zum Anlass nehmen können, einen zivilrechtlichen Kontrahierungszwang auf der Ebene des Diskriminierungsschutzes einfachgesetzlich zu normieren. Dabei wäre die verfassungsrechtlich garantierte Privatautonomie nicht unverhältnismäßig eingeschränkt worden, wie die Ausführungen im dritten Kapitel gezeigt haben.

Hinsichtlich der vielfach vorgebrachten Kritik gegen ein Antidiskriminierungsgesetz hat die Untersuchung gezeigt, dass die überschießende Umsetzung der EG-Richtlinien zum einen europarechtliche Vorgaben erfüllt und sich zum anderen im Rahmen verfassungsrechtlicher Gebote bewegt und damit die entgegengebrachten Vorbehalte teilweise widerlegen kann.

3. Flankiert wird der Diskriminierungsschutz beim Zugang zu Gaststätten durch Art. 5 (f) der Rassendiskriminierungskonvention, dessen völkerrechtliche Vorgaben ebenfalls mittelbar auf die deutsche Rechtsordnung einstrahlen und insbesondere bei der Auslegung unbestimmter Rechtsbegriffe bzw. im Rahmen der zwingenden Berücksichtigung höherrangigen Rechts bei der Anwendung einfachgesetzlicher Normen zur Geltung kommen. Da Verpflichtete des dem Art. 5 (f) RDK zu entnehmenden Verbots der Rassendiskriminierung nur die Vertragsstaaten und nicht die Privaten selbst sind, vermittelt die Vorschrift jedoch kein Individualrecht auf ungehinderten Zugang.

4. Die diskriminierende Zugangsverweigerung verstößt gegen Tatbestände des allgemeinen und besonderen Gefahrenabwehrrechts. Durch das Zutrittsverbot werden Straf- und Ordnungswidrigkeitentatbestände verletzt (§§ 130, 185 StGB und 118 OWiG) und mit dem damit beeinträchtigten Schutzgut der öffentlichen Sicherheit der Anwendungsbereich der polizeilichen Generalklausel eröffnet. Das tatbestandsauslösende Überschreiten der Gefahrengrenze liegt nicht vor, wenn der Gaststättenbetreiber in Fällen gewalttätiger Auseinandersetzungen oder aus Furcht vor dem Ausbleiben der Kundschaft gerechtfertigt handelt und somit von dem ihm zustehenden Hausrecht Gebrauch macht. Mit der spezialgesetzlich geregelten Möglichkeit des Konzessionswiderrufs nach §§ 15 Abs. 2 iVm. 4 Abs. 1 Nr. 1 GastG steht ein durchgreifendes Mittel zur Verfügung, um Diskriminierungen im Gaststättenbereich gezielt zu begegnen. Das zentrale Tatbestandsmerkmal der Unzuverlässigkeit ist mittels wiederholter Verstöße gegen straf- und ordnungsrechtliche Normen durch die diskriminierende Einlasspraxis erfüllt, die zwingende Rechtsfolge der Erlaubnisversagung hinsichtlich der grundrechtlich garantierten Berufsfreiheit gemäß Art. 12 GG auch verhältnismäßig.

5. Neben rassistisch motivierten Zurückweisungen lag der Schwerpunkt der Arbeit auf der Auseinandersetzung mit Zutrittsverboten bzw. –hindernissen für behinderte Menschen. Im Vordergrund stand dabei die rechtliche Beurteilung der Barrierefreiheit in einfachgesetzlichen Vorschriften. Durch das Gesetz zur Gleichstellung behinderter Menschen und anderer Gesetze hat die Barrierefreiheit in § 4 Abs. 1 Satz 1 Nr. 2a GastG einfachgesetzlichen Niederschlag gefunden und stellt diesbezüglich die zentrale Norm im Gaststättenbereich dar. Dem unbestimmten Rechtsbegriff der Barrierefreiheit liegt die Definition des § 4 BGG zugrunde, wonach eine allgemeine Gestaltung des Lebensumfelds für alle Menschen erfasst werden soll. Diese Zielsetzung eröffnet somit einen weiten

Interpretationsrahmen. Im Gaststättenbereich beschränkt sich die barrierefreie Gestaltung ausschließlich auf die für die Gäste bestimmten Räume; hinsichtlich des Umfangs erstreckt sich die Herstellung der Barrierefreiheit über baurechtlich relevante Veränderungen der Räume hinaus auch auf die weitere Lage, Beschaffung, Ausstattung und Einteilung. Vor dem Hintergrund der Grundrechte des Gaststättenbetreibers findet die barrierefreie Ausgestaltung ihre gesetzliche Grenze in der in § 4 Abs. 1 Satz 2 GastG geregelten Unzumutbarkeit.

Flankiert wird die gaststättenrechtliche Umsetzung der Barrierefreiheit von dem bauordnungsrechtlichen Gebot der behindertengerechten Gestaltung öffentlicher und öffentlich zugänglicher Gebäude in den jeweiligen Landesbauordnungen. Anhand des § 59 LBO SH wurde aufgezeigt, dass der Vorschrift entgegen der herrschenden Lehre individualschützende Wirkung in Form eines „Benutzerschutzes" entnommen werden kann, der den Betroffenen einen Anspruch auf Umsetzung der Barrierefreiheit vermittelt.

B. Abschließende Wertung

Der Diskriminierungsschutz in der Bundesrepublik Deutschland hat nicht zuletzt durch das jüngst in Kraft getretene Allgemeine Gleichbehandlungsgesetz an Aktualität erfahren. Diskriminierung ist ein alltäglich stattfindendes Ereignis, auch in demokratisch verfassten Gesellschaften, die sich der Achtung der Menschenwürde verpflichtet fühlen. Dies zeigt sich beispielsweise dadurch, dass Menschen mit einem „ausländisch" klingenden Namen bei ansonsten gleichen Bewerbungsunterlagen eine geringere Chance auf Einladung zu einem Bewerbungsgespräch haben als Menschen mit einem „traditionell deutschen" Namen. Ähnliches gilt für den Wohnungsmarkt. Die vorliegende Arbeit hat mit Diskriminierungen beim Zugang zu Gaststätten einen Teilbereich dieses gesellschaftlichen Phänomens behandelt. Im Rahmen der Einführung wurde die Frage aufgeworfen, ob jedem Besuchwilligen vor dem Hintergrund des § 1 Abs. 1 GastG ein Anspruch auf (diskriminierungsfreien) Zugang zur Gaststätte zusteht. Hiermit hängt unmittelbar die Frage zusammen, inwieweit sich eine Lösung mit Mitteln des Rechts herbeiführen lässt. Gesetze können zunächst nur einen rechtlichen Rahmen bzw. Vorgaben bilden. Ein diskriminierungsfreies Zusammenleben hängt primär von der Einstellung der Mitglieder einer Gesellschaft ab. Insoweit kommt dem Recht eine begrenzte, aber *unverzichtbare* Funktion zu. Denn das Recht gibt durch die Schaffung bzw. Weiterentwicklung von Rechtsmitteln den von Diskriminierung Betroffenen die Möglichkeit, Gleichberechtigung einzufordern und sich gegen konkrete Beeinträchtigungen wirksam zur Wehr zu setzen.

Vor Inkrafttreten des Allgemeinen Gleichbehandlungsgesetzes bot die deutsche Rechtslage Diskriminierungsopfern diesen rechtlichen Rahmen und konnte als grundsätzlich ausreichend bezeichnet werden, um dass Ziel der Gleichberechtigung beim Zugang zu Gaststätten zu erfüllen. Dem gegenüber stand aber die bisher faktisch unzureichende Praxis. Das Allgemeine Gleichbehandlungsgesetz in Verbindung mit dem aus §§ 311 Abs. 2, 241 Abs. 2 BGB unter Heranziehung von § 1 GastG ableitbaren Kontrahierungszwang scheint geeignet, diese Diskrepanz zu beheben, indem es Ausstrahlungswirkung sowohl auf die Rechtsanwender, die Diskriminierungsopfer und nicht zuletzt auf die Gastwirte erzielen kann.

Literaturverzeichnis

Achterberg, Norbert / Püttner, Günter / Würtenberger, Thomas: Besonderes Verwaltungsrecht, Band I, Wirtschafts-, Umwelt-, Bau-, Kultusrecht, 2. Auflage; Heidelberg 2000.

Alexy, Robert: Recht, Vernunft, Diskurs: Studien zur Rechtsphilosophie; Frankfurt a. M. 1995.

ders.: Theorie der Grundrechte, 3. Auflage; Frankfurt a. M. 1996.

ders.: Grundrechte als subjektive Rechte und als objektive Normen, in: Der Staat 1990, S. 49 – 68.

Alpmann Brockhaus: Fachlexikon Recht; Mannheim 2004.

Alsberg, Max: Anmerkung zu Nr. 32: Sonstiges materielles Recht, JW 1931, S. 888.

Arndt, Volker / Jensen, Uwe / Thomsen, Frank / Witt, Arno: Handkommentar zur LBO Schleswig-Holstein, 1. Auflage; München 2001.

Aßfalg, Dieter: Gaststättenrechtliche Besonderheiten der Diskotheken, GewArch 1987, S. 119 – 122.

Auer, Marietta: Materialisierung, Flexibilisierung, Richterfreiheit – Generalklauseln im Spiegel der Antinomien des Privatrechtsdenkens; Tübingen 2005.

Baer, Susanne: Recht gegen Fremdenfeindlichkeit und andere Ausgrenzungen, ZRP 2001, S. 500 – 504.

Battis, Ulrich / Gusy, Christoph: Einführung in das Staatsrecht, 4. Auflage; Heidelberg 1999.

Baum, Gerhart / Riedel, Eibe / Schaefer, Michael: Menschenrechtsschutz in der Praxis der Vereinten Nationen, 1. Auflage; Zürich 1998.

Bauer, Jobst-Hubertus / Göpfert, Burkard / Krieger, Steffen: Kommentar zum Allgemeinen Gleichbehandlungsgesetz, 1. Auflage; München 2007.

Beaucamp, Guy: Das Behindertengrundrecht (Art. 3 Abs. 3 Satz GG) im System der Grundrechtsdogmatik, DVBl. 2002, S. 997 – 1004.

Becker, Werner: Diskriminierung und Toleranz, in: Joerden, Diskriminierung – Antidiskriminierung, S. 1 ff.; Berlin 1996.

Benda, Ernst / Maihofer, Werner / Vogel, Hans-Jochen: Handbuch des Verfassungsrechts der Bundesrepublik Deutschland, 2. Auflage; Berlin, New York 1994.

Berlit, Uwe: Rechtspolitik zur Gleichstellung behinderter Menschen, RdJB 1996, S. 145 ff.

Bernhardt, Rudolf: Internationaler Menschenrechtsschutz und nationaler Gestaltungsspielraum, in: Völkerrecht als Rechtsordnung, Internationale Gerichtsbarkeit, Menschenrechte – Festschrift für Hermann Mosler, S. 75 – 88; Berlin, Heidelberg, New York 1983.

Bezzenberger, Tilman: Ethnische Diskriminierung, Gleichheit und Sittenordnung im bürgerlichen Recht, AcP 196 (1996), S. 395 – 434.

Biermann, Johannes: Rechtszwang zum Kontrahiren, in: Jherings Jahrbücher für die Dogmatik des bürgerlichen Rechts, Bd. 32 (Bd. 20 N. F.), S. 267 - 322; Jena 1893.

Blau, G.: Anmerkung zu: Urteil des OLG Frankfurt a. M. vom 8.1.1985 – 5 Ss 286/84, JR 1986, S. 82 – 84.

Bleckmann, Albert: Staatsrecht II – Die Grundrechte, 4. Auflage; Köln, Berlin, Bonn, München 1997.

ders.: Grundgesetz und Völkerrecht; Berlin 1975.

Böckenförde, Ernst-Wolfgang: Grundrechtsgeltung gegenüber Trägern gesellschaftlicher Macht? in: Posser/Wassermann, Freiheit der sozialen Demokratie, S. 77 ff.; Karlsruhe 1975.

Bohnert, Joachim: Kommentar zum Ordnungswidrigkeitenrecht; München 2003.

Borowski, Martin: Grundrechte als Prinzipien: Die Unterscheidung von Prima-facie-Position und definitiver Position als fundamentaler Konstruktionsgrundsatz der Grundrechte; Baden-Baden 1998.

ders.: Grundrechtliche Leistungsrechte, JöR 50 (2002), S. 301 – 329.

Braun, Stefan: SGB IX – Überblick über die Neuregelungen, MDR 2001, S. 1157 – 1160.

ders.: Bundesgleichstellungsgesetz für behinderte Menschen – Die Neuregelungen im Überblick, MDR 2002, S. 862 – 866.

ders.: Das Gesetz zur Gleichstellung behinderter Menschen im Bereich des Bundes, RiA 49 (2002), S. 177 – 182.

Brugger, Winfried: Elemente verfassungsliberaler Grundrechtstheorie, JZ 1987, S. 633 – 640.

Buch, Michael: Das Grundrecht der Behinderten (Art. 3 Abs. 3 Satz 2 GG); Osnabrück 2001.

Buchs, Gaby: Die unmittelbare Anwendbarkeit völkerrechtlicher Vertragsbestimmungen; Baden-Baden 1993.

Buergenthal, Thomas: Implementing the UN Racial Convention, TILJ 12 (1977), S. 187 ff.

Bülck, Hartwig: Vom Kontrahierungszwang zur Abschlusspflicht – Untersuchung zum Begriffswandel der Vertragsfreiheit; Heide i. Holst. 1940.

Busche, Jan: Privatautonomie und Kontrahierungszwang; Tübingen 1999.

Bydlinski, Franz: Zu den dogmatischen Grundfragen des Kontrahierungszwanges, AcP 1980, S. 1 – 46.

Canaris, Claus-Wilhelm: Grundrechte und Privatrecht, AcP 184 (1984), S. 201 – 246.

Caspar, Johannes: Das Diskriminierungsverbot behinderter Menschen nach Art. 3 Abs. 3 S. 2 GG und seine Bedeutung in der aktuellen Rechtsprechung, EuGRZ 2000, S. 135 – 144.

Classen, Claus Dieter: Die Drittwirkung der Grundrechte in der Rechtsprechung des Bundesverfassungsgerichts, AöR 122 (1997), S. 65 – 107.

ders.: Gesetzesvorbehalt und Dritte Gewalt – Zur demokratischen Legitimation der Rechtsprechung, JZ 2003, S. 693 – 701.

Dahm, Georg / Delbrück, Jost / Wolfrum, Rüdiger: Völkerrecht, Band I/1, 2. Auflage; Berlin, New York 1989.

Degenhart, Christoph: Staatsrecht I – Staatsorganisationsrecht, 21. Auflage; Heidelberg 2005.

ders.: Die Neuordnung der Gesetzgebungskompetenzen durch die Föderalismusreform, NVwZ 2006, S. 1209 – 1216.

Degener, Theresia: Verfassungsrechtliche Probleme mit der Behindertendiskriminierung in Deutschland, KJ 33 (2000), S. 425 – 447.

Dehn, Klaus-Dieter: Praxis der Kommunalveraltung, Landesausgabe Schleswig-Holstein, Landesbauordnung; Stand: Oktober 2003.

Delbrück, Jost: Drittwirkung der Grundrechte durch völkerrechtliche Verpflichtung? in: Im Dienst an Recht und Staat, Festschrift für Werner Weber zum 70. Geburtstag, S. 223 – 238; Berlin 1974.

ders.: Die Rassenfrage als Problem des Völkerrechts und nationaler Rechtsordnungen; Frankfurt a. M. 1971.

Denninger, Erhard / Hoffmann-Riem, Wolfgang / Schneider, Hans-Peter / Stein, Ekkehart: Kommentar zum Grundgesetz für die Bundesrepublik Deutschland, 3. Auflage; Neuwied, Krieftel 2001.

Denninger, Erhard: Polizei und demokratische Politik, JZ 1970, S. 145 – 152.

Detterbeck, Steffen: Vorrang und Vorbehalt des Gesetzes, Jura 2002, S. 235 – 241.

Dietlein, Johannes: Die Lehre von den grundrechtlichen Schutzpflichten; Berlin 1992.

Dolzer, Rudolf / Vogel, Klaus / Graßhof, Karin: Bonner Kommentar zum Grundgesetz, Band 1, Einleitung – Art. 4; Heidelberg 2005.

Dreier, Horst: Kommentar zum Grundgesetz, Band I: Präambel, Artikel 1 – 19, 2. Auflage; Tübingen 2004.

ders.: Subjektiv-rechtliche und objektiv-rechtliche Grundrechtsgehalte, Jura 1994, S. 505 – 513.

Dreier, Ralf: Der Begriff des Rechts, NJW 1986, S. 890 – 896.

Drews, Bill / Wacke, Gerhard / Vogel, Klaus / Martens, Wolfgang: Gefahrenabwehr: Allgemeines Polizeirecht des Bundes und der Länder, 9. Auflage; Köln, Berlin, Bonn, München 1986.

Dürig, Günter: Grundrechte und Zivilrechtsprechung, S. 157 – 190, in: Maunz, Theodor, Vom Bonner Grundgesetz zur gesamtdeutschen Verfassung, Festschrift für Hans Nawiasky; München 1956.
Dwarkin, Ronald: Taking rights seriously; Cambridge, Massachusetts 1978.
Eckert, Jörn: Lehrbuch zum Schuldrecht AT, 4. Auflage; Baden-Baden 2004.
Erichsen, Hans-Uwe: Grundrechtliche Schutzpflichten in der Rechtsprechung des Bundesverfassungsgerichts, Jura 1997, S. 85 – 89.
ders. / Ehlers, Dirk: Allgemeines Verwaltungsrecht, 12. Auflage; Berlin 2002.
ders.: Die Drittwirkung der Grundrechte, Jura 1996, S. 527 – 533.
ders.: Vorrang und Vorbehalt des Gesetzes, Jura 1995, S. 550 – 554.
Fezer, Karl-Heinz: Diskriminierende Werbung – Das Menschenbild der Verfassung im Wettbewerbsrecht, JZ 1998, S. 265 – 275.
Finkelnburg, Klaus / Ortloff, Karsten-Michael: Öffentliches Baurecht, Band II: Bauordnungsrecht, Nachbarschutz, Rechtsschutz, 5. Auflage; München 2005.
Friauf, Karl Heinrich: Handbuch für die öffentliche Verwaltung (HÖV), Bd. 2, Neuwied und Darmstadt 1984.
Fries, Michaela: Die Bedeutung von Artikel 5 (f) der Rassendiskriminierungskonvention im deutschen Recht - Diskriminierung durch Private beim Zugang zu Gaststätten; Berlin, Heidelberg, New York 2003.
Frotscher, Werner: Der Schutz der Allgemeinheit und der individuellen Rechte im Polizei- und Ordnungsrecht, DVBl. 1976, S. 695 – 703.
Frowein, Jochen Abr.: Kritische Bemerkungen zur Lage des deutschen Staatsrechts aus rechtsvergleichender Sicht, DÖV 1998, S. 806 – 811.
ders.: Die Überwindung von Diskriminierung als Staatsauftrag in Art. 3 Abs. 3 GG, S. 157 – 168, in: Ruland/Maydell/Papier, Verfassung, Theorie und Praxis des Sozialstaats, Festschrift für Hans Zacher; Heidelberg 1998.
Geiger, Rudolf: Grundgesetz und Völkerrecht, 3. Auflage; München 2002.
Geilen, Gerd: Zur Problematik des volksverhetzenden Leserbriefs, NJW 1976, S. 279 – 281.
Geppert, Klaus: Straftaten gegen die Ehre (§§ 185 ff. StGB), Jura 1983, S. 530 – 544.
Göhler, Erich: Kommentar zum Ordnungswidrigkeitengesetz, 14. Auflage; München 2006.
Götz, Volkmar: Allgemeines Polizei- und Ordnungsrecht, 13. Auflage; Göttingen 2001.
Grams, Hartmut A.: Anspruch auf behindertengerechten Zugang zu öffentlichen Einrichtungen?, BauR 1995, S. 195 – 207.
Grosse-Suchsdorf, Ulrich / Lindorf, Dietger / Schmaltz Hans Karsten / Wiechert, Reinald: Kommentar zur Niedersächsischen Bauordnung, 8. Auflage; München 2006.

Großmann, Ruprecht / Schimanski, Werner: Gemeinschaftskommentar zum Sozialgesetzbuch – Rehabilitation und Teilhabe, §§ 1 – 79, Stand der Lieferung: Mai 2005; Neuwied und Krieftel 2002.
Gusy, Christoph: Polizeirecht, 5. Auflage; Tübingen 2003.
ders.: Verbot mit Erlaubnisvorbehalt – Verbot mit Dispensvorbehalt, JA 1981, S. 80 – 84.
Habermehl, Kai: Polizei- und Ordnungsrecht, 2. Auflage; Baden-Baden 1993.
Hager, Johannes: Grundrechte im Privatrecht, JZ 1994, S. 373 – 383.
Hahn, Dittmar: Ausgewählte Rechtsprechung des Bundesverwaltungsgerichts der Jahre 1992 bis 1994 zur Gewerbeordnung und zum Gaststättengesetz, GewArch 1995, S. 89 – 96.
Hamann, Andreas / Lenz, Helmut: Kommentar zum Grundgesetz, 3. Auflage; Neuwied 1970.
Herdegen, Matthias: Der neue Diskriminierungsschutz für Behinderte im Grundgesetz, 2. Auflage; Bonn 1998.
ders.: Völkerrecht, 4. Auflage; München 2005.
Herrmann, Elke: Die Abschlussfreiheit – ein gefährdetes Prinzip, ZfA 27 (1996), S. 19 – 68.
Hesse, Konrad: Grundzüge des Verfassungsrechts der Bundesrepublik Deutschland, 20. Auflage; Heidelberg 1995.
Hill, Hermann: Abschied von der öffentlichen Ordnung im Polizei- und Ordnungsrecht?, DVBl. 1985, S. 88 – 96.
Hodenberg, Philipp von: Das Bekenntnis des deutschen Volkes zu den Menschenrechten in Art. 1 Abs. 2 GG; Baden-Baden 1997.
Hoffmann, Egon / Seitter, Oswald: Kommentar zum Gaststättengesetz, 2. Auflage; Heidelberg, Karlsruhe 1979.
Igstadt, Volker: Die Rechtsstellung von Ausländern der 2. Generation, ZAR 1998, S. 99 ff.
Ipsen, Jörn: Staatsrecht I – Staatsorganisationsrecht, 18. Auflage; Neuwied 2006.
ders.: Staatsrecht II – Grundrechte, 9. Auflage; Neuwied 2006.
ders.: Die Kompetenzverteilung zwischen Bund und Ländern nach der Föderalismusnovelle, NJW 2006, S. 2801 – 2802.
Isensee, Josef: Die staatsrechtliche Stellung der Ausländer in der Bundesrepublik Deutschland, VVDStRL 32 (1974), S. 49 - 54.
ders.: Das Grundrecht auf Sicherheit, Zu den Schutzpflichten des freiheitlichen Verfassungsstaates; Berlin, New York 1983.
ders.: Vertragsfreiheit im Griff der Grundrechte - Inhaltskontrolle von Verträgen am Maßstab der Verfassung, in: Festschrift für Bernhard Großfeld zum 65. Geburtstag, S. 485 – 514; Heidelberg 1999.
ders. / Kirchhof, Paul: Handbuch des Staatsrechts der Bundesrepublik Deutschland, Band V – Allgemeine Grundrechtslehren; Heidelberg 1992.

Jähnke, Burkhard / Laufhütte, Heinrich Wilhelm / Odersky, Walter: Leipziger Kommentar zum Strafgesetzbuch, 11. Auflage; Berlin 2005.
Jarass, Hans D.: Bausteine einer umfassenden Grundrechtsdogmatik, AöR 120 (1995), S. 345 – 381.
Jarass, Hans D. / Pieroth, Bodo: Kommentar zum Grundgesetz, 7. Auflage; München 2004.
Jauernig, Othmar: Kommentar zum Bürgerlichen Gesetzbuch, 11. Auflage; München 2004.
Joecks, Wolfgang: Studienkommentar zum StGB, 6. Auflage; München 2005.
Jositsch, Daniel: Strafrecht gegen Rassendiskriminierung - Rechtsvergleich zwischen der Bundesrepublik Deutschland und Kolumbien mit Blick auf die Revision des schweizerischen Strafrechts; Bamberg 1993.
Kilian, Wolfgang: Kontrahierungszwang und Zivilrechtssystem, AcP 180 (1980), S. 47 – 83.
Kirchhof, Paul: Gleichheit vor dem Grundgesetz, NJW 1987, S. 2354 – 2356.
ders.: Sicherungsauftrag und Handlungsvollmachten der Polizei, DÖV 1976, S. 449 – 457.
Klein, Eckart: Grundrechtliche Schutzpflicht des Staates, NJW 1989, S. 1633 – 1640.
Klein, Hans: Die grundrechtliche Schutzpflicht, DVBl. 1994, S. 489 – 497.
ders.: Zur Auslegung des Rechtsbegriffs der „öffentlichen Sicherheit und Ordnung“, DVBl. 1971, S. 233 – 243.
Knemeyer, Franz-Ludwig: Polizei- und Ordnungsrecht, 10. Auflage; München 2004.
Korell, Julia: Diskriminierungsverbote im allgemeinen Zivilrecht? – Probleme bei der Umsetzung europäischer Antidiskriminierungsrichtlinien -, Jura 2006, S. 1 – 9.
Kreuzer, Christine: Die unmittelbare Anwendbarkeit völkerrechtlicher Verträge, JA 1998, S. 731 – 735.
Kühner, Rolf: Das Recht auf Zugang zu Gaststätten und das Verbot der Rassendiskriminierung, NJW 1986, S. 1397 – 1402.
Lachwitz, Klaus / Schellhorn, Walter / Welti, Felix: Handkommentar zum SGB IX – Rehabilitation und Teilhabe behinderter Menschen; Neuwied 2002.
Lackner, Karl / Kühl, Kristian: Kommentar zum StGB, 25. Auflage; München 2004.
Landmann, Robert von / Rohmer, Gustav: Kommentar zur Gewerbeordnung, Band I, Stand der Lieferung: § 1: August 1993, § 35: Februar 2000, § 51: Juli 1983; München 2006.
Langner, Thomas: Die Problematik der Geltung der Grundrechte zwischen Privaten; Frankfurt a. M. 1998.
Larenz, Karl: Lehrbuch des Schuldrechts, Erster Band, Allgemeiner Teil, 14. Auflage; München 1987.

ders.: Methodenlehre der Rechtswissenschaft, 6. Auflage; Berlin, u. a. 1991.
ders. / Canaris, Claus-Wilhelm: Methodenlehre der Rechtswissenschaft, 3. Auflage; Berlin, u. a. 1995.
ders. / Möller, Johannes: Allgemeiner Teil des bürgerlichen Rechts, 9. Auflage; München 2004.
Laubinger, Hans-Werner: Die gewerberechtliche Unzuverlässigkeit und ihre Folgen – Teil 1 –, VerwArch. 89 (1998), S. 145 – 188.
Lemke, Michael / Mosbacher, Andreas: Kommentar zum Ordnungswidrigkeitengesetz, 2. Auflage; Heidelberg 2005.
Lepa, Manfred: Der Inhalt der Grundrechte, 4. Auflage; Köln 1981.
Lisken, Hans / Denninger, Erhard: Handbuch des Polizeirechts, 3. Auflage; München 2001.
Lohse, Volker: „Türken ist der Zutritt verboten“ – Volksverhetzung durch Zugangsverweigerung, NJW 1985, S. 1677 – 1681.
ders.: Werden Gastarbeiter und andere Ausländer durch § 130 StGB gegen Volksverhetzung wirksam geschützt?, NJW 1971, S. 1245 – 1247.
Mager, Ute: Möglichkeiten und Grenzen rechtlicher Maßnahmen gegen die Diskriminierung von Ausländern, ZAR 1992, S. 170 – 174.
Mahlmann, Matthias: Gleichheitsschutz und Privatautonomie. Probleme und Perspektiven der Umsetzung der Richtlinie 2000/43/EG gegen Diskriminierungen aufgrund von Rasse und ethnischer Herkunft, ZEuS 2002, S. 407 – 425.
Mangoldt, Hermann von / Klein, Friedrich / Starck, Friedrich: Kommentar zum Grundgesetz, Band 1: Präambel, Artikel 1 – 19, 5. Auflage; München 2005.
dies.: Kommentar zum Grundgesetz, Band 2: Art. 20 – 82, 5. Auflage; München 2005.
Mania, Thomas: „Weißte was - ´nen Schnaps?“ – Die Gaststätte als Kommunikationszentrum; Theorie und Praxis am Beispiel eines Dortmunder Wohnquartiers; Münster 1997.
Martens, Wolfgang: Der Schutz des einzelnen im Polizei- und Ordnungsrecht, DÖV 1976, S. 457 – 463.
Maunz, Theodor / Dürig, Günther: Kommentar zum Grundgesetz; München 2005.
Maurach, Reinhart / Schröder, Friedrich-Christian / Maiwald, Manfred: Strafrecht Besonderer Teil, Teilband 2, 9. Auflage; Heidelberg 2005.
Maurer, Hartmut: Allgemeines Verwaltungsrecht, 15. Auflage; München 2004.
Medicus, Dieter: Schuldrecht I – Allgemeiner Teil, 16. Auflage; München 2005.
ders.: Bürgerliches Recht, 20. Auflage; Köln, Berlin, München 2004.
Mehren, Arthur Taylor v. / Gordeley, James Russell: The civil law system, 2. Auflage; Boston, Toronto 1977.

Meron, Theodor: The Meaning and Reach of the International Convention of All Forms of Racial Discrimination, AJIL 79 (1985), S. 283 ff.

Metzner, Richard: Kommentar zum Gaststättengesetz, 6. Auflage; München 2002.

Michel, Helmut: Die verfassungskonforme Auslegung, Korreferat, JuS 1961, S. 274 – 281.

Michel, Elmar / Kienzle, Werner: Das Gaststättengesetz, Kommentar, 13. Auflage; Köln, Berlin, Bonn, München 1999.

Michel, Elmar / Kienzle, Werner / Pauly, Renate: Das Gaststättengesetz, Kommentar, 14. Auflage; Köln, Berlin, Bonn, München 2003.

Molketin, Rüdiger: Strafrecht und Zurückweisung von Gästen durch den Wirt, GewArch 1989, S. 86 – 92.

Mörtel, Georg / Metzner, Richard: Kommentar zum Gaststättengesetz, 4. Auflage; München 1988.

Moritz, Heinz Peter: Die rechtliche Integration behinderter Menschen nach SGB IX, BGG und Antidiskriminierungsgesetz, ZfSH/SGB 2002, S. 204 – 214.

Münch, Ingo von: Staatsrecht II, 5. Auflage; Stuttgart, Berlin, Köln 2002.

Münch, Ingo von / Kunig, Philip: Grundgesetzkommentar, Band 1, Präambel, Art. 1 – 19, 5. Auflage

Neuner, Jörg: Die Stellung Körperbehinderter im Privatrecht, NJW 2000, S. 1822 – 1833.

ders.: Privatrecht und Sozialstaat; München 1999.

ders.: Diskriminierungsschutz und Privatrecht, JZ 2003, S. 57 – 66.

Nickel, Rainer: Gleichheit und Differenz in der vielfältigen Republik: Plädoyer für ein erweitertes Antidiskriminierungsrecht, Baden-Baden 1999.

ders.: Handlungsaufträge zur Bekämpfung von ethnischen Diskriminierungen in der neuen Gleichbehandlungsrichtlinie 2000/43/EG, NJW 2001, S. 2668 – 2672.

Nipperdey, H. C.: Grundrechte und Privatrecht; Krefeld 1961.

ders.: Boykott und freie Meinungsäußerung, DVBl. 1958, S. 445 – 452.

ders.: Kontrahierungszwang und diktierter Vertrag; Jena 1920.

Nolte, Martin: Renaissance der öffentlichen Ordnung?, NordÖR, S. 52 – 56.

Oeter, Stefan: „Drittwirkung" der Grundrechte und die Autonomie des Privatrechts – Ein Beitrag zu den funktionellrechtlichen Dimensionen der Drittwirkungsdebatte, AöR 119 (1994), S. 529 – 563.

Otto, Hansjörg: Personale Freiheit und soziale Bindung – zur Kontrolle und Gewährleistung personal motivierten Verhaltens im Privatrecht; München 1978.

Palandt, Otto: Kommentar zum Bürgerlichen Gesetzbuch, 65. Auflage; München 2006.

Papier, Hans-Jürgen / Möller, Johannes: Das Bestimmtheitsgebot und seine Durchsetzung, AöR 122 (1997), S. 177 – 211.

Partsch, Karl Josef: Rassendiskriminierung – Die UN-Konvention und ihre Wirkungsweise; Bonn 1971.

ders.: Die Strafbarkeit der Rassendiskriminierung nach dem Internationalen Abkommen und die Verwirklichung der Verpflichtungen in nationalen Rechtsordnungen, GYIL 20 (1977), S. 119 – 138.

Paulus, Christoph / Zenker, Wolfgang: Grenzen der Privatautonomie, JuS 2001, S. 1 – 9.

Pauly, Renate / Brehm, Matthias: Aktuelle Rechtsfragen des Gewerberechts, GewArch 2003, S. 57 – 68.

Picker, Eduard: Antidiskriminierung als Zivilrechtsprogramm?, JZ 2003, S. 540 – 545.

ders.: Antidiskriminierungsgesetz – Der Anfang vom Ende der Privatautonomie?, JZ 2002, S. 880 – 882.

Pieroth, Bodo / Schlink, Bernhard: Grundrechte – Staatsrecht II, 21. Auflage; Heidelberg 2005.

Pieroth, Bodo / Schlink, Bernhard / Kniesel, Michael: Polizei- und Ordnungsrecht, 3. Auflage; München 2005.

Podlech, Adalbert: Gehalt und Funktionen des allgemeinen verfassungsrechtlichen Gleichheitssatzes; Berlin 1971.

Pöltl, René: Kommentar zum Gaststättengesetz, 5. Auflage; Heidelberg 2003.

ders.: Die Auswirkungen des Behindertengleichstellungsgesetzes auf das Gaststättenrecht, GewArch 2003, S. 231 – 241.

Rädler, Peter: Verfahrensmodelle zum Schutz vor Rassendiskriminierung; Berlin, Heidelberg, New York, etc. 1999.

ders.: Die Unverfügbarkeit der Menschenwürde in Deutschland und Frankreich, DÖV 1997, S. 109 – 116.

ders.: Art. 3 III GG als Schutzgesetz i. S. von § 823 II BGB? – Zur Renaissance der unmittelbaren Drittwirkung in der Gestalt des Schutzgesetzes, NJW 1998, S. 1621 – 1623.

Rebmann, Kurt / Säcker, Franz Jürgen / Rixecker, Roland: Münchener Kommentar zum Bürgerlichen Gesetzbuch, Band 1, §§ 1 – 240, AGB-Gesetz, 4. Auflage; München 2001.

Reichert, Bernd / Ruder, Karl-Heinz / Fröhler, Oliver: Polizeirecht, Besonderes Verwaltungsrecht für Baden-Württemberg, 5. Auflage; Baden-Baden 1997.

Reichold, Hermann: Sozialgerechtigkeit versus Vertragsgerechtigkeit – arbeitsrechtliche Erfahrungen mit Diskriminierungsregeln, JZ 2004, S. 384 – 393.

Rengier, Rudolf: Strafrecht Besonderer Teil II, 7. Auflage; München 2006.

Riesenhuber, Karl / Franck, Jens-Uwe: Verbot der Geschlechtsdiskriminierung im Europäischen Vertragsrecht, JZ 2004, S. 529 – 538.
dies.: Münchener Kommentar zum Bürgerlichen Gesetzbuch, Band 5, §§ 705 – 853, PartGG, ProdHaftG, 3. Auflage; München 1997.
Rips, Franz-Georg: Barrierefreiheit gemäß § 554a BGB – Ein neues Rechtsinstitut im Mietrecht und dessen Einordnung in das allgemeine deutsche Recht; Berlin 2003.
Rittstieg, Helmut: Anmerkung zu: Ausschluß für die Beseitigung von Rassendiskriminierung, InfAuslR 1993, S. 250.
Robinski, Severin: Gewerberecht, 2. Auflage; München 2002.
Roellecke, Gerd: Keine Freiheit den Feinden der Freiheit!, NJW 1993, S. 3306 – 3308.
Röhrig, Stefan: Die zeitliche Komponente der Begriffe „Gefahr" und „Gefahrenabwehr" und ihre Konkretisierung bei Grundwasserverunreinigungen, DVBl. 2000, S. 1658 – 1662.
Römer, Wilhelm: Nochmals: Werden Gastarbeiter und andere Ausländer durch § 130 StGB gegen Volksverhetzung wirksam geschützt?, NJW 1971, S. 1735 – 1736.
Rudolphi, Hans-Joachim / Horn, Eckhard / Samson, Erich / u. a.: Systematischer Kommentar zum StGB, Band 2, Besonderer Teil (§§ 80 – 200), Stand der Lieferung: Oktober 2005, 7., teilweise 8. Auflage; Neuwied 2005.
Rüfner, Wolfgang: Die mittelbare Diskriminierung und die speziellen Gleichheitssätze in Art. 3 Abs. 2 und 3 GG, in: Staat Steuern Wirtschaft, Festschrift für Karl Heinrich Friauf zum 65. Geburtstag; Heidelberg 1996, S. 331 – 341.
Sachs, Michael: Kommentar zum Grundgesetz, 3. Auflage; München 2003.
ders.: Das Grundrecht der Behinderten aus Art. 3 Abs. 3 Satz 2 GG, RdJB 1996, S. 154 ff.
Säcker, Franz Jürgen: Fundamente der Privatrechtsgesellschaft nach dem Antidiskriminierungsgesetz, ZG 2005, S. 154 – 164.
Salzwedel, Jürgen: Gleichheitssatz und Drittwirkung, in: Carstens / Peters (Hrsg.), Festschrift Hermann Jahrreiß zu seinem 70. Geburtstag, S. 339 - 353; Köln, Berlin, Bonn, München 1964.
Scherr, Albert: Forschungsbefunde zum Rechtsextremismus, Neue Kriminalpolitik 1999, S. 23 ff.
Schiek, Dagmar: Differenzierte Gerechtigkeit - Diskriminierungsschutz und Vertragsrecht, Baden-Baden 2000.
dies.: Allgemeines Gleichbehandlungsgesetz, Ein Kommentar aus europäischer Perspektive, 1. Auflage; München 2007.

Schlachter, Monika: Wege zur Gleichberechtigung: Vergleich des Arbeitsrechts der Bundesrepublik Deutschland und der Vereinigten Staaten; München 1993.

Schlacke, Sabine: Verbandsklagerecht im Behindertenrecht, RsDE 52 (2003), S. 60 – 86.

Schliesky, Utz: Öffentliches Wirtschaftsrecht, 2. Auflage; Heidelberg 2003.

Schmidt-Aßmann, Eberhard: Besonderes Verwaltungsrecht, 13. Auflage; Berlin 2005.

Schmidt-Bleibtreu, Bruno / Klein, Franz: Kommentar zum Grundgesetz, 10. Auflage; München 2004.

Schmidt-Jortzig, Edzard: Herausforderungen für den Föderalismus in Deutschland - Plädoyer für einen neuen Wettbewerbsföderalismus –, DÖV 1998, S. 746 – 751.

Schnur, Roman: Probleme um den Störerbegriff im Polizeirecht, DVBl. 1961, S. 1 – 8.

Schoch, Friedrich: Zur Tagung der Vereinigung der Deutschen Staatsrechtslehrer in Tübingen 1988, DVBl. 1988, S. 863 – 882.

ders.: Grundfälle zu Polizei- und Ordnungsrecht, 4. Teil: Gefahrenabwehr nach der Generalklausel, JuS 1994, S. 570 – 575.

ders.: Die Schutzgüter der polizei- und ordnungsrechtlichen Generalklausel, Jura 2003, S. 177 – 181.

Schöbener, Burkhard / Stork, Florian: Anti-Diskriminierungsregeln der Europäischen Union im Zivilrecht – Bedeutung der Vertragsfreiheit und des Rechts auf Privatleben, ZEuS 2004, S. 43 – 82.

Schönke, Adolf / Schröder, Horst: Kommentar zum StGB, 27. Auflage; München 2006.

Schulze, Reiner (Schriftltg.): Handkommentar zum Bürgerlichen Gesetzbuch, 4. Auflage; Baden-Baden 2005.

Schwabe, Jürgen: Die sogenannte Drittwirkung der Grundrechte: zur Einwirkung der Grundrechte auf den Privatrechtsverkehr; München 1971.

Schweer, Joseph: Diskriminierungsverbot und Kontrahierungszwang; Münster 1962.

Schweitzer, Michael: Staatsrecht III – Staatsrecht, Völkerrecht, Europarecht, 8. Auflage; Heidelberg 2004.

Seidel, Rainer: Begleitende Hilfen für behinderte Menschen nach dem SGB IX, Sozialrecht und Praxis, S. 243 – 252.

Selmer, Peter: Der Begriff der Verursachung im allgemeinen Polizei- und Ordnungsrecht, JuS 1992, S. 97 – 102.

Senge, Lothar: Karlsruher Kommentar zum Gesetz über Ordnungswidrigkeiten, 3. Auflage; München 2006.

Soergel, Hs. Th.: Kommentar zum BGB, Band 2, Allgemeiner Teil 2, §§ 104 - 240, 13. Auflage; Stuttgart, Berlin, Köln, Mainz 1999.

Stähler, Thomas P.: Rechte behinderter Menschen – Änderungen und Neuregelungen durch das Behindertengleichstellungsgesetz, NZA 2002, S. 777 – 781.
Starck, Christian: Die Grundrechte des Grundgesetzes, JuS 1981, S. 237 – 246.
ders.: Praxis der Verfassungsauslegung, 1. Auflage; Baden-Baden 1994.
Staudinger, Julius von: Kommentar zum Bürgerlichen Gesetzbuch mit Einführungsgesetz und Nebengesetzen, Buch 2, Recht der Schuldverhältnisse, §§ 249 – 254 (Schadensersatzrecht); Berlin 2005.
ders.: Kommentar zum Bürgerlichen Gesetzbuch mit Einführungsgesetz und Nebengesetzen, Buch 2, Recht der Schuldverhältnisse, §§ 826 – 829, Produkthaftungsgesetz; Berlin 2003.
Steinberg, Rudolf: Öffentlich-rechtlicher Nachbarschutz im Gaststättenrecht, DÖV 1991, S. 354 – 362.
Steiner, Udo: Besonderes Verwaltungsrecht, 7. Auflage; Heidelberg 2003.
Stemmler, Jochen: Grundrechtswirkung und Privatrechtsentfaltung; Frankfurt a. M. 1998.
Stern, Klaus: Das Staatsrecht der Bundesrepublik Deutschland, Band III/1 – Allgemeine Lehren der Grundrechte; München 1988.
ders.: Das Staatsrecht der Bundesrepublik Deutschland, Band I – Grundbegriffe und Grundlagen des Staatsrechts, Strukturprinzipien der Verfassung; München 1997.
Stober, Rolf: Besonderes Wirtschaftsverwaltungsrecht, 13. Auflage; Stuttgart 2004.
Stock, Remmert: Zugang zu Gaststätten und Rassendiskriminierung, ZAR 1999, S. 118 – 127.
Strauss, Roland: Das Verbot der Rassendiskriminierung - Völkerrecht, internationales Übereinkommen und schweizerische Rechtsordnung; Zürich 1991.
Streinz, Rudolf: Kommentar zum EUV/EGV, 1. Auflage; München 2003
Streng, Franz: Das Unrecht der Volksverhetzung, in: Küper, Wilfried (Hrsg.), Festschrift für Karl Lackner zum 70. Geburtstag, S. 501 – 526; Berlin, New York 1987.
Suelmann, Heinz-Gerd: Die Horizontalwirkung des Art. 3 Abs. 2 GG; Baden-Baden 1994.
Tettinger, Peter / Wank, Rolf: Kommentar zur Gewerbeordnung, 6. Auflage; München 1999.
Theben, Bettina: Zur Diskussion um ein Gleichstellungsgesetz - Erfahrungen und Ausblick, in: Igl, Gerhard/ Welti, Felix (Hrsg.), Die Verantwortung des sozialen Rechtstaats für Personen mit Behinderung und für die Rehabilitation; Wiesbaden 2001, S. 33 – 64.
Thiele, Willi: Bedeutungswandel des polizeirechtlichen Begriffs der „öffentlichen Ordnung“, ZRP 1979, S. 7 – 11.

Thüsing, Gregor: Richtlinienkonforme Auslegung und unmittelbare Geltung von EG-Richtlinien im Anti-Diskriminierungsrecht, NJW 2003, S. 3441 – 3445.

Thüsing, Gregor / von Hoff, Konrad: Vertragsschluss als Folgenbeseitigung: Kontrahierungszwang im zivilrechtlichen Teil des Allgemeinen Gleichbehandlungsgesetzes, NJW 2007, S. 21 – 26.

Timme, Michael: Rechtliche Behandlung von Zutrittsverweigerungen gegenüber Ausländern im Gaststättengewerbe, ZAR 1997, S. 130 – 136.

Tomuschat, Christian: Grundpflichten des Individuums nach Völkerrecht, AVR 1983, S. 299 – 315.

ders.: Equality and Non-Discrimination under the International Covenant on Civil and Political Rights, S. 691 – 716, in: Münch, Ingo von, Staatsrecht - Völkerrecht – Europarecht, Festschrift für Hans-Jürgen Schlochauer; Berlin, New York 1981.

Tröndle, Herbert / Fischer, Thomas: Kommentar zum Strafgesetzbuch, 53. Auflage; München 2006.

Umbach, Dieter / Clemens, Thomas: Grundgesetz – Mitarbeiterkommentar, Band I, Art. 1 – 37 GG; Heidelberg 2002.

Verdross, Alfred / Simma, Bruno: Universelles Völkerrecht, 3. Auflage; Berlin 1984.

Vollmuth, Joachim: Unmittelbare und rechtswidrige Verursachung als Voraussetzungen der Störerhaftung im allgemeinen Polizei- und Ordnungsrecht, VerwArch 68 (1977), S. 45 – 64.

Wank, Rolf: Die Auslegung von Gesetzen, 3. Auflage; Köln, Berlin, München 2005.

Wehinger, Markus: Kollektivbeleidigung – Volksverhetzung, Der strafrechtliche Schutz von Bevölkerungsgruppen durch die §§ 185 ff. und 130 StGB; Baden-Baden 1994.

Welti, Felix: Behinderung und Rehabilitation im sozialen Rechtsstaat; Tübingen 2005.

ders.: Das neue SGB IX – Recht der Rehabilitation und Teilhabe behinderter Menschen, NJW 2001, S. 2210 – 2215.

ders. / Sulek, Constanze: Die Ordnungsfunktion des SGB IX für das Recht der Rehabilitation und Teilhabe, in: Igl/Welti, Die Verantwortung des sozialen Rechtsstaats für Personen mit Behinderung und für die Rehabilitation, S. 131 – 162; Wiesbaden 2001.

Wengler, Wilhelm: Völkerrecht, Band 1, Berlin 1964.

Westphalen, Friedrich von: Einige Überlegungen zum Gesetzesentwurf zur Verhinderung von Diskriminierungen im Zivilrecht, ZGS 2002, S. 283 – 289.

Wiedemann, Herbert / Thüsing, Gregor: Fragen zum Entwurf eines zivilrechtlichen Anti-Diskriminierungsgesetzes, DB 2002, S. 463 – 470.

Wolfrum, Rüdiger: Das Verbot der Rassendiskriminierung im Spannungsfeld zwischen dem Schutz individueller Freiheitsrechte und der Verpflichtung des einzelnen im Allgemeininteresse, in: Kritik und Vertrauen, Festschrift für Peter Schneider zum 70. Geburtstag, S. 515 – 525; Frankfurt a. M. 1990.

Wölker, Ulrich: Zu Freiheit und Grenzen der politischen Betätigung von Ausländern; Berlin u. a. 1987.

Zacher, Hans F.: Soziale Gleichheit, AöR 93 (1968), S. 341 – 383.

Zimmer, Anja: Hate Speech im Völkerrecht - Rassendiskriminierende Äußerungen im Spannungsfeld zwischen Rassendiskriminierungsverbot und Meinungsfreiheit; Frankfurt a. M. 2001.

Zuleeg, Manfred: Zur staatsrechtlichen Stellung der Ausländer in der Bundesrepublik Deutschland, DÖV 1973, S. 361 – 370.

ders.: Zum Standort des Verfassungsstaats im Geflecht der internationalen Beziehungen, DÖV 1977, S. 462 – 467.

ders.: Die innerstaatliche Anwendbarkeit völkerrechtlicher Verträge am Beispiel des GATT und der Europäischen Sozialcharta, ZaöRV 35 (1975), S. 341 – 363.

Kolibri 360 GmbH
Ferdinand-Jühlke-Straße 7
99095 Erfurt, Deutschland
produktsicherheit@kolibri360.de

Druck:
CPI Druckdienstleistungen GmbH
im Auftrag der
Kolibri 360 GmbH
Ferdinand-Jühlke-Str. 7
99095 Erfurt